编委会

普通高等学校"十四五"规划旅游管理类精品教材
教育部旅游管理专业本科综合改革试点项目配套规划教材

总主编

马　勇　教育部高等学校旅游管理类专业教学指导委员会副主任
　　　　中国旅游协会教育分会副会长
　　　　中组部国家"万人计划"教学名师
　　　　湖北大学旅游发展研究院院长，教授、博士生导师

编　委（排名不分先后）

田　里　教育部高等学校旅游管理类专业教学指导委员会主任
　　　　云南大学工商管理与旅游管理学院原院长，教授、博士生导师
高　峻　教育部高等学校旅游管理类专业教学指导委员会副主任
　　　　上海师范大学环境与地理学院院长，教授、博士生导师
韩玉灵　北京第二外国语学院旅游管理学院教授
罗兹柏　中国旅游未来研究会副会长，重庆旅游发展研究中心主任，教授
郑耀星　中国旅游协会理事，福建师范大学旅游学院教授、博士生导师
董观志　暨南大学旅游规划设计研究院副院长，教授、博士生导师
薛兵旺　武汉商学院旅游与酒店管理学院院长，教授
姜　红　上海商学院酒店管理学院院长，教授
舒伯阳　中南财经政法大学工商管理学院教授、博士生导师
朱运海　湖北文理学院资源环境与旅游学院副院长
罗伊玲　昆明学院旅游学院副教授
杨振之　四川大学中国休闲与旅游研究中心主任，四川大学旅游学院教授、博士生导师
黄安民　华侨大学城市建设与经济发展研究院常务副院长，教授
张胜男　首都师范大学资源环境与旅游学院教授
魏　卫　华南理工大学旅游管理系教授、博士生导师
毕斗斗　华南理工大学旅游管理系副教授
蒋　昕　湖北经济学院旅游与酒店管理学院副院长，副教授
窦志萍　昆明学院旅游学院教授，《旅游研究》杂志主编
李　玺　澳门城市大学国际旅游与管理学院执行副院长，教授、博士生导师
王春雷　上海对外经贸大学会展与传播学院院长，教授
朱　伟　天津农学院人文学院副院长，副教授
邓爱民　中南财经政法大学旅游发展研究院院长，教授、博士生导师
程丛喜　武汉轻工大学旅游管理系主任，教授
周　霄　武汉轻工大学旅游研究中心主任，副教授
黄其新　江汉大学商学院副院长，副教授
何　彪　海南大学旅游学院副院长，教授

普通高等学校"十四五"规划旅游管理类精品教材

教育部旅游管理专业本科综合改革试点项目配套规划教材

总主编 ◎ 马 勇

酒店餐饮管理（第二版）

原理·实务·技巧

Hotel Food & Beverage Management（Second Edition）

主　编 ◎ 陈业玮

副主编 ◎ 李　娜　毛红辉　邹益民　黄刚臣

华中科技大学出版社
http://press.hust.edu.cn
中国·武汉

图书在版编目(CIP)数据

酒店餐饮管理:原理·实务·技巧/陈业玮主编.—2版.—武汉:华中科技大学出版社,2023.9(2025.2重印)
ISBN 978-7-5680-9977-6

Ⅰ.①酒… Ⅱ.①陈… Ⅲ.①饮食业-商业管理 Ⅳ.①F719.3

中国国家版本馆 CIP 数据核字(2023)第 181911 号

酒店餐饮管理（第二版）

原理·实务·技巧

陈业玮　主编

Jiudian Canyin Guanli（Di-er Ban）
Yuanli·Shiwu·Jiqiao

策划编辑：李　欢
责任编辑：张　琳　王梦嫣
封面设计：原色设计
责任校对：李　弋
责任监印：周治超
出版发行：华中科技大学出版社（中国·武汉）　　电话：(027)81321913
　　　　　武汉市东湖新技术开发区华工科技园　　邮编：430223
录　　排：华中科技大学惠友文印中心
印　　刷：武汉市籍缘印刷厂
开　　本：787mm×1092mm　1/16
印　　张：14.75
字　　数：353 千字
版　　次：2025 年 2 月第 2 版第 2 次印刷
定　　价：59.80 元

Abstract | 内容提要

本教材从酒店餐饮业务的原理、实务和技巧三个层面出发,建立餐饮管理的基本体系,注重各种业务的逻辑关系和理论应用,内容包括餐饮管理基本决策、餐饮产品生产管理、常规餐饮产品管理、宴会产品设计与控制、餐饮促销业务管理、餐饮服务品质管理、餐饮经营效益管理、餐饮的挑战与创新发展。本教材突出"目标导向,学思结合,学以致用"的教学思想,融入了酒店餐饮管理的思政元素,以"为人民服务"切入"立德树人",促进服务意识和服务能力的提高,弘扬社会主义核心价值观。本书既可作为高等学校旅游与酒店管理专业的教材,也可作为酒店管理培训教材、酒店经理人的参考读物。

This textbook provides a thorough guide to the management of food and beverage in hotels from the principles, practice and skill. A basic system with logic relations between each operation and theoretical applications is established. It covers the contents as basic decisions of hotel food and beverage management, production management of hotel food and beverage, regular products management of hotel food and beverage, product design and supervising of hotel banquet, promotion management of hotel food and beverage, service quality management of hotel food and beverage, operation benefit management of hotel food and beverage, challenges and innovative development of hotel food and beverage. It explores the teaching approaches with objective orientation, studying and thinking combination, and studying for the purpose of application. Integrating the ideological and political elements of hotel food and beverage management, focused serving people on moral education, it intends to improve service consciousness and skill with developing the socialism core values. It could be regarded as not only the textbook for students major in hotel management of universities and colleges, but also the training materials for hotel management, or additional reading for hotel managers.

Introduction 总 序

习近平总书记在党的二十大报告中深刻指出,要实施科教兴国战略,强化现代化建设人才支撑。要坚持教育优先发展、科技自立自强、人才引领驱动。开辟发展新领域新赛道,不断塑造发展新动能新优势。这为高等教育在中国式现代化进程中实现新的跨越指明了时代坐标和历史航向。

同时,我国的旅游业在疫情后全面复苏并再次迎来蓬勃发展高潮,客观上对现代化高质量旅游人才提出了更高的需求。因此,出版一套融入党的二十大精神、把握数字化时代新趋势的高水准教材成为我国旅游高等教育和人才培养的迫切需要。

基于此,在教育部高等学校旅游管理类专业教学指导委员会的大力支持和指导下,教育部直属的全国重点大学出版社——华中科技大学出版社,在党的二十大精神的指引下,主动创新出版理念和方式方法,汇聚一大批国内高水平旅游院校的国家教学名师、资深教授及中青年旅游学科带头人,在已成功组编出版的"普通高等院校旅游管理专业类'十三五'规划教材"基础之上,进行升级,编撰出版"普通高等学校'十四五'规划旅游管理类精品教材"。本套教材具有以下特点。

一、深刻融入党的二十大报告精神,落实立德树人根本任务

党的二十大报告中强调:"坚持和加强党的全面领导。"党的领导是我国高等教育最鲜明的特征,是新时代中国特色社会主义教育事业高质量发展的根本保证。因此,本套教材在编写过程中注重提高政治站位,全面贯彻党的教育方针,融入课程思政,融入中华优秀传统文化和现代化发展新成就,将正确政治方向和价值导向作为本套教材的顶层设计并贯彻到具体章节和教学资源中,不仅仅培养学生的专业素养,更注重引导学生坚定理想信念、厚植爱国情怀、加强品德修养,以期落实"立德树人"这一教育的根本任务。

二、基于新国标下精品教材沉淀改版,权威性与时新性兼具

在教育部 2018 年发布《普通高等学校本科专业类教学质量国家标准》后,华中科技大学出版社特邀教育部高等学校旅游管理类专业教学指导委员会副主任、国家"万人计划"教学名师马勇教授担任总编,同时邀请了全国近百所高校的知名教授、博导、学科带头人和一线骨干教师,以及旅游行业专家、海外专业师资联合编撰了"普通高等院校旅游管理专业类'十三五'规划教材"。该套教材紧扣新国标要点,融合数字科技新技术,配套立体化教学资

源,于新国标颁布后在全国率先出版,被全国数百所高等学校选用后获得良好反响。其中《旅游规划与开发》《酒店管理概论》《酒店督导管理》等教材已成为教育部授予的首批国家级一流本科课程的配套教材,《节事活动策划与管理》等教材获得省级教学类奖项。

此外,编委会积极研判"双万计划"对旅游管理类专业课程的建设要求,对标国家级一流本科课程,积极收集各院校的一线教学反馈,在此基础上对这套教材进行更新升级,最终形成"普通高等学校'十四五'规划旅游管理类精品教材"。

三、全面配套教学资源,打造立体化互动教材

华中科技大学出版社为本套教材建设了内容全面的线上教材课程资源服务平台:在横向资源配套上,提供全系列教学计划书、教学课件、习题库、案例库、参考答案、教学视频等配套教学资源;在纵向资源开发上,构建了覆盖课程开发、习题管理、学生评论、班级管理等集开发、使用、管理、评价于一体的教学生态链,打造了线上线下、课内课外的新形态立体化互动教材。

在旅游教育发展的新时代,主编出版一套高质量规划教材是一项重要的教学出版工程,更是一份重要的责任。本套教材在组织策划及编写出版过程中,得到了全国广大院校旅游管理类专家教授、企业精英,以及华中科技大学出版社的大力支持,在此一并致谢!衷心希望本套教材能够为旅游学界、业界和对旅游知识充满渴望的社会大众带来真正的精神和知识营养,为我国旅游教育教材建设贡献力量。也希望并诚挚邀请更多高等院校旅游管理专业的学者加入我们的编者和读者队伍,为我们共同的事业——我国高等旅游教育高质量发展——而奋斗!

总主编

2023 年 7 月

本教材自 2017 年出版以来,已被众多院校选用,得到了读者和师生的不少肯定。在深感欣慰的同时,编者们也感到责任重大。作为全国普通高等学校旅游管理专业类的教材和教育部旅游管理专业本科综合改革试点项目配套规划教材,本教材在内容编排、体系架构等方面具有一定的特色。但随着酒店餐饮经营环境的不断变化,酒店餐饮管理业务也发生了日新月异的迭代变化,教材更应该与时俱进。在听取与深入分析了众多院校一线教师及出版社的意见和建议后,编者在保持原教材课程定位、教材认知及编写思想的基础上,对以下五个方面进行了调整与修订。

(1)完善教材名称。为更鲜明突出本教材特点,本次编写在保持原"酒店餐饮管理"教材名称的基础上增加了副标题"原理·实务·技巧"。

(2)调整编写人员。本教材第一版编写人员为邹益民、陈业玮与陈俊。为使教材更好地符合课程教学需要,并提高专业性与务实性,本次编写适当调整了编写人员。本教材由陈业玮(浙大城市学院国际文化旅游学院副教授、博士)担任主编,李娜(浙江外国语学院文化和旅游学院副教授)、毛红辉(浙江商业技师学院烹饪系副主任、中国烹饪大师)、邹益民(浙大城市学院特聘兼职教授、浙江大学饭店管理研究所原所长、开元旅业集团原副总裁)、黄刚臣(杭州梅苑宾馆餐饮总监)担任副主编。

(3)完善体系结构。第一版教材从餐饮业务特征出发,围绕管理要求,展开餐饮管理活动,形成了九个章节的内容体系:第一章为酒店餐饮管理的基本问题,第二章为酒店餐饮管理的前期决策,第三章为酒店餐饮采供业务管理,第四章为酒店餐饮厨房业务管理,第五章为酒店餐饮产品管理实务,第六章为酒店餐饮服务品质管理,第七章为酒店餐饮营销策略管理,第八章为酒店餐饮安全业务管理,第九章为酒店餐饮经营效益管理。本次编写根据"强化基础,拓宽思路,突出重点,把握方向"的原则,适当调整了教材的体系结构,并缩减为八章:第一章为酒店餐饮管理基本决策,第二章为酒店餐饮产品生产管理,第三章为酒店常规餐饮产品管理,第四章为酒店宴会产品设计与控制,第五章为酒店餐饮促销业务管理,第六章为酒店餐饮服务品质管理,第七章为酒店餐饮经营效益管理,第八章为酒店餐饮的挑战与创新发展。

(4)优化教材内容。根据新时代酒店餐饮的经营环境与业务特点,本次编写对教材的内容进行了部分修改与完善。例如,增加了餐饮平台促销、酒店餐饮面临挑战等内容,扩充了宴会产品管理内容,缩减了安全管理等常识性内容,加入了酒店餐饮管理的思政元素,从"为人民服务"切入"立德树人"，以"润物细无声"的方式，提高学生的服务意识和服务能力，弘扬社会主义核心价值观。

（5）充实与更新教学资源。开展新型学习资源建设，以案例、理论、视频等多种形式展现，拓展了师生的教材体验。

在本教材编写过程中，我们引用了众多学者的观点与思想，采用了一些企业的成功经验和案例，虽然尽可能做了标注，但疏忽遗漏之处在所难免，敬请广大读者批评指正。华中科技大学出版社旅游分社的李欢社长给予了真诚的帮助，并提出了建设性的编写及修改意见。在此，一并致谢！

"酒店餐饮管理"是一门业务复杂，以及应用性、时代性极强的课程，涉及学科众多，变化日新月异。本次再版仍然是一种探索，还有诸多缺陷和遗憾，衷心希望各位读者提出宝贵意见，并与我们分享您的思想和经验。

编　者
2023 年 8 月

《国务院关于加快发展现代职业教育的决定》提出,要采取试点推动、示范引领等方式,引导一批普通本科高等学校向应用技术类型高等学校转型,重点举办本科职业教育。这就意味着普通高校旅游管理与酒店管理专业原来的培养模式与教学体系需要及时调整,以适应转型的需要。教材是课堂教学的基础,所以,编写适应应用型本科教学特点与要求的教材就显得非常必要。正是在此背景下,我们编写了这本《酒店餐饮管理》。该书可作为高等院校及高职院校旅游管理与酒店管理专业"酒店餐饮管理"课程的教材,也可以作为酒店企业管理培训的教材与酒店经理人的参考读物。

一、课程定位

教材是为课程教学服务的,所以首先必须明确课程的定位。"酒店餐饮管理"属于旅游管理与酒店管理专业的业务管理课程,有三个基本定位:一是专业课程,必须体现专业性,即具有特定的研究对象、研究内容与相应的专业知识与专业管理技术;二是酒店餐饮业务,属于部门管理范畴,与餐饮企业管理在性质与管理范围上存在差异;三是高档酒店,属于综合性经营模式的酒店,具有餐饮规模大、餐饮品种多、管理要求高等基本特征。

二、教材认知

教材不是专著,而是引导教师和学生思考、分析、解决问题的指南,应该为教师教学和学生学习留有足够的空间。所以,教材应以学生的"应知应会"为基本依据,以基本观点、基本思路、基本体系为主体。教材不一定追求对于某个问题的深入研究,不一定需要文献综述,但一定要能帮助教师与学生掌握基本问题、基本思路,把握酒店管理发展的基本方向,并能在训练学生的思维方式与思维能力方面起到良好的促进作用。

三、本书构思

本书力求体现"目标导向,学思结合,学以致用"的基本思想,并在以下三个方面有所创造,有所进步。

(1)体系严谨。本书体系力求体现目标导向,主线清晰,层次清楚,结构严谨,符合"酒店餐饮管理"课程教学要求的基本思想。本书体系主要有三条基本思路:一是从餐饮业务特征出发,围绕管理要求,展开餐饮管理活动,这是本书的主线及内容体系;二是以餐饮业务活动的纵向结构为基本思路来安排各章节的顺序,其中,第一章为餐饮管理的基本问题,第二章为餐饮管理前期决策,第三章为餐饮采供业务管理,第四章为厨房业务管理,第五章为餐饮产品管理,第六章为餐饮服务品质管理,第七章为餐饮营销策略管理,第八章为餐饮安全业务管理,第九章为餐饮经营效益管理;三是原则上以提出问题、分析问题、解决问题为基本思路来安排各章内容,其中,学习导引主要为提出问题,各章节内容为分析与解决问题,思考与练习则主要作为进一步思考与运用。

（2）内容务实。本书在编写过程中,注重吸收先进理论与方法,注重总结与传播先进经验。尽量采用国际、国内最新研究成果作为理论依据,介绍先进的管理方法,并通过一些典型案例的形式,帮助学生进一步理解和掌握酒店餐饮管理的精髓。另外,酒店餐饮管理的各类表单众多,一方面由于教材篇幅有限,难以一一列出,另一方面考虑到互联网背景下,该类工具性资料很容易搜集,所以本书除了保留部分为清晰说明相关内容的表单外,绝大部分表单做了省略处理。

（3）突出应用。本书在编写过程中,注重学思结合,融会贯通,学以致用。在教师"教"的过程中,既要传授基本专业知识,更要传道、解惑,培养学生分析与解决实际问题的能力。学生在"学"的过程中,必须学而思之,思而做之,要知其然,更要知其所以然,且懂得如何运用,并通过多种环节的实践,温故而知新,进一步掌握所学知识与技能。所以,本书内容尽可能贴近现实,每章开始就明确提出了学习目标,各章最后安排了一定数量的思考题、练习题和案例分析题,以便帮助学生复习和掌握各章内容,并启发学生进一步思考和研究。

四、写作分工

本书由浙江大学饭店管理研究所所长、浙江大学城市学院学科带头人邹益民教授,浙江大学城市学院副教授陈业玮博士与浙江梅苑酒店管理公司副总经理陈俊先生共同编写。邹益民负责教材体系的设计、编写提纲的制定及全书的充实完善与统稿,陈俊负责从专业性、现实性、可操作性的角度对全书进行审定。各章的编写分工如下:第一、二、四章的初稿由邹益民编写,第五、六、七章的初稿由邹益民、陈业玮共同编写,第三、八、九章的初稿由陈业玮编写。

五、帮助致谢

本书在编写过程中,引用了众多学者的观点与思想,还吸取了一些企业的成功经验,虽然尽可能地做了标注,但疏忽遗漏之处在所难免,敬请广大读者批评指正。同时,华中科技大学出版社的李欢编辑给予了真诚的帮助,并提出了建设性的编写意见。在此,一并致谢!

"酒店餐饮管理"是一门业务复杂、应用性、时代性极强的课程,涉及学科众多,变化日新月异。所以,本书仅仅是初步的探索,还有诸多缺陷和遗憾,衷心希望各位读者提出宝贵意见,并与我们分享您的思想和经验。

邹益民
2017 年 2 月于浙江大学

Contents 目 录

第一章

酒店餐饮管理基本决策

学习导引

　　酒店是凭借各种硬件设施向顾客提供食宿等服务,并为顾客创造愉悦经历,从而获得相应效益的经济组织。餐饮业务作为酒店业务的重要组成部分,其经营管理水平的高低对酒店经营的成败至关重要。那么,酒店餐饮经营要想成功,首先应该考虑与解决哪些基本问题,并做出哪些相应的决策? 例如:餐饮业务与其他部门的业务相比具有哪些特点,其在酒店经营中处于何种地位? 酒店餐饮管理的目标是什么? 酒店餐饮的目标市场怎样选择? 餐饮市场竞争位置及形象怎样确立? 餐饮市场供给怎样配置? 如何有效建立餐饮组织? 餐饮部员工需要怎样的特质? 如何有效提高员工的积极性? 本章将帮助你找到一些答案。

学习重点

　　通过本章学习,学生应该重点掌握:
　　(1)酒店餐饮业务特点及在酒店中的地位;
　　(2)酒店餐饮管理的基本目标;
　　(3)酒店餐饮目标顾客、市场竞争选择及市场供给定位;
　　(4)酒店餐饮的组织设计与员工管理。

第一节　酒店餐饮业务特点与管理要求

　　要做好酒店餐饮管理,首先必须了解酒店餐饮业务的主要特点,认知酒店餐饮的业务地位,把握酒店餐饮管理的基本目标。

一、餐饮业务特点

餐饮业务是指在一定场所对食物进行烹饪、调制，并出售给顾客的一种主要在现场消费的服务活动。餐饮业务与酒店的其他业务相比，具有以下三个基本特点。

（一）业务内容杂，管理难度高

酒店餐饮业务构成复杂，是一项集经营与管理、技术与艺术于一体的业务活动。

1."三位一体"

餐饮业务既有菜点制作，又有产品销售，更有对客服务，可以说是集制造业、零售业、服务业特征于一体的综合业务。[①]

（1）餐饮的核心产品是菜点，而菜点的制作具有制造业的特征：一是制作菜点须有原料，否则"巧妇难为无米之炊"；二是厨师制作菜点须有足够的经验与技术，否则难以生产出精致可口的菜点；三是制作菜点需要理想的厨房设备与工具，正所谓"工欲善其事必先利其器"；四是厨师必须根据菜点标准及顾客需求制作菜点，即按订单进行生产。

（2）餐饮业务具有销售业的性质，需要餐饮部门各类人员具有良好的市场意识与销售技巧。一是餐饮管理者需要具有良好的市场意识，才能做出正确的营销决策，构建有效的销售体系；二是厨师需要具备良好的市场意识，才能开发出具有市场卖点的菜点；三是服务人员需要具有良好的市场意识与推销技巧，才能使顾客乐于消费，并提高顾客的人均消费水平。

（3）餐饮业务具有服务业的性质。顾客之所以到酒店用餐，并愿意支付远高于在家用餐的费用，原因在于酒店能提供令顾客舒适与舒心的服务。顾客能否真正满意，并愿意为服务付费，最终取决于餐饮服务是否能够赢得顾客的认可。

由此可见，要做好酒店餐饮管理，既要在市场调研的基础上，完善产、供、销各个环节的管理体系，又要加强现场控制，注重推销与服务技巧。

2.业务涉及面广

餐饮业务管理内容众多，范围广泛：既有市场经营，又有内部管理；既有外部关系处理，又有内部关系协调。可以说，餐饮管理是酒店管理的缩影。

由此可见，酒店餐饮管理要想达到理想境界，既要根据酒店外部市场的变化和内部的资源与能力选择正确的经营目标、方针和策略，又要根据管理目标合理组织酒店内部的人、财、物；既要根据客观规律组织生产服务，增强科学性，又要从实际出发，因地制宜，提高艺术性。

3.人员构成复杂

由于餐饮业务活动的多重性，必然导致餐饮人员构成的多样性。一般来说，酒店餐饮部门除了必要的管理人员，还有中西餐厨师、点心师、调酒师、点菜师、宴会设计师、销售经理、各类服务人员及辅助人员。

由此可见，餐饮人力资源管理必须注重分类管理，有的放矢，形成体系。

---

① 吴坚.餐饮企业经营策略第一书[M].北京：中华工商联合出版社,2014.

（二）影响因素多，质量波动大

餐饮服务质量是餐饮管理的重中之重，而影响餐饮服务质量的因素则是多种多样的。

1. 主观成分多

餐饮服务是以手工劳动为基础的，无论是菜点的制作，还是现场服务的提供，主要靠人的直观感觉来控制，极易受到人的主观因素的影响。因此，员工的知识经验、心理状态、生理特征等都会对餐饮质量产生直接的影响。

2. 顾客差异大

俗话说，众口难调。酒店顾客来自不同的国家、不同的地区、不同的民族，其生活习惯不同，口味要求各异。这就不可避免地会出现同样的菜点和服务，产生截然不同的评价。此外，顾客的素质差异也会对员工情绪产生影响而导致餐饮服务的差异。

3. 内外依赖强

餐饮服务质量的好坏，不仅依赖外部市场的供应，还受到酒店内部各方面关系的制约。不仅要求餐饮原料采供、厨房的粗加工、切配、炉台、餐厅服务等环节的环环紧扣，还要求营销、工程、保安、财务等部门的紧密配合。稍有脱节，就会产生质量问题。

由此可见，要提高餐饮服务质量，必须树立系统观念，实行全员、全过程和全方位的控制。既要注意餐饮硬件设施的建设和完善，又要重视顾客心理与员工素质，加强智力投资，抓好软件建设；既要注重酒店各部门互相协作、互相配合，又要注重全体员工立足本职、恪尽职守。

（三）成本范围广，控制难度大

餐饮成本具有构成广泛、变化较大的特点。

1. 原料构成复杂

从构成原料成本的货物来看，原料有鲜活商品、干货、半成品、蔬菜瓜果等。由于这些原料的流通费用、储存方式、拣洗、宰杀、拆卸、涨发、切配方法和配置比例各不相同，其加工过程中的损耗程度区别较大。

2. 价格变动大

餐饮原料的价格往往随行就市，受到供求关系的制约，变动相对比较频繁。但是，酒店的菜点价格又不能经常变动，这对于酒店控制餐饮毛利率增加了一定的难度。

3. 餐饮费用多

除餐饮原料成本外，酒店还有众多费用，如燃料费、动力费用、员工工资、营销费用、餐具等易耗品的消耗费用，家具、设备的折旧费等，其中有些是易碎品，损耗控制难度较大。

由此可见，要想有效提升餐饮经营的经济效益，就必须特别注重餐饮成本的特点，加强餐饮成本控制，降低消耗，以掌握餐饮毛利率控制的主动权。同时，也要有效控制各类费用，以提高餐饮的利润率。

扩充视频　　酒店餐饮管理的主要业务特点

二、餐饮业务地位

餐饮业务在酒店经营中处于何种地位，主要取决于餐饮的功能定位，而餐饮功能则主要取决于餐饮的规模与档次。

（一）基本服务部门

膳食既是满足人们生存的生理需要，也是人们追求生活品质的心理需要。作为"顾客之家"的酒店，要满足顾客的基本需求，必须具有基本的膳食服务功能；而要满足顾客高层次的需求，则需要具有完善的餐饮服务设施，比如各类中西餐厅、宴会厅、酒吧等。可以说，餐饮业务是酒店满足顾客需要不可或缺的服务部门，否则就不是一个完整意义上的酒店。当然，餐饮业务依据酒店类型、规模、档次的不同而不同。一家规模较小、档次不高的酒店，餐饮业务一般属于配套服务；而一家规模较大、档次较高的酒店，餐饮业务则应该是主要业务，甚至是支柱业务。[①]

（二）收入主要来源

酒店收入主要由客房、餐饮、康乐等收入组成，餐饮收入一般在酒店总收入中占三分之一以上，而且餐饮收入往往是决定酒店营业收入的关键项目。因为餐饮收入与客房收入相比，具有收入弹性大的特点。客房收入来源于住店顾客，在房间数和房价不变的情况下，客房收入是相对固定的。而餐饮的服务对象除了住店顾客，还有非住店顾客，特别是随着人民生活水平的提高及消费观念与方式的改变，婚宴、生日宴等家宴收入往往占据了餐饮收入的半壁江山。不仅如此，餐饮的人均消费也是一个变量，往往因酒店餐饮设施的多少与餐饮服务的优劣而变化。

（三）竞争关键要素

一家酒店要想在激烈的市场竞争中占据优势地位，关键取决于该酒店的竞争力，而酒店餐饮经营好坏则是酒店竞争力强弱的关键要素。

首先，餐饮设施与服务是决定一家酒店档次高低的重要因素。在我国评定酒店星级的

[①] 本教材所研究的酒店是指高档次的综合性酒店，教材中若未明确说明为何种酒店，则均指此类酒店。

标准中,餐饮设施及服务水平是评定酒店星级高低的关键要素。

其次,餐饮产品是酒店的核心产品。酒店餐饮产品具有技术性强、专业程度高、不易模仿、对顾客影响大等特点,餐饮设施、菜点与服务水平往往是顾客选择酒店的重要因素,尤其是会议团队。因此,餐饮产品水平高低,不仅直接决定顾客的消费体验,而且直接影响顾客的消费水平。

最后,餐饮营销活动是酒店营销活动的重头戏。一方面,酒店餐饮促销活动内容丰富,形式多样,比如美食节、节假日促销活动、网络团购等,既能很好地吸引顾客的眼球,又能够让顾客身临其境,流连忘返;另一方面,酒店餐饮产品往往也是酒店整体营销活动的重要组成部分,比如酒店大礼包、特定节假日促销活动等,餐饮产品往往扮演着挑起顾客消费欲望的"马前卒"角色。

扩充视频　酒店餐饮管理的主要业务地位

三、餐饮管理目标

餐饮管理,就是对餐饮原料采供、厨房生产、产品销售、餐厅服务等业务环节进行决策、计划、组织、领导、控制的过程。餐饮管理要卓有成效,必须根据酒店的整体战略及对餐饮功能的基本定位,明确餐饮管理的基本目标,即酒店餐饮管理的重心和应达到的高度。检验餐饮管理工作好坏的最终标准是效益。不同类型、性质的酒店,其餐饮功能定位不尽相同,对于其效益的评价也有所不同。总的来说,酒店餐饮管理应以追求全面满意为基本目标,主要体现在以下四个方面。

（一）企业满意

企业满意,即实现理想的经营效益,主要体现在餐饮营业收入、餐饮综合毛利率、餐饮人均创收这三个关键指标。当然,酒店除了餐饮业务产生的效益,也需要考虑客房及酒店其他产品和服务所产生的效益,提高整个酒店的知名度和竞争力。

提高餐饮经营效益的基本路径在于提高酒店餐饮产品的市场认可度与降低餐饮经营的成本率。市场认可度主要可通过四个指标加以衡量:一是知名度,即有多少公众知道酒店及酒店的餐饮产品;二是美誉度,即有多少公众对酒店及酒店餐饮产品有好感;三是满意度,即有多少顾客对酒店及餐饮产品感到满意,此指标可通过网络评价、顾客投诉报告、顾客满意度调查等数据加以考核;四是忠诚度,即有多少顾客愿意到酒店餐厅重复消费,并主动宣传该酒店餐饮产品,乐于介绍其他顾客来该酒店餐厅消费,此指标可通过酒店建立的数据库加以考核。

（二）顾客满意

顾客满意,即用心服务,为顾客创造理想价值。顾客价值是顾客基于个人主观判断的、对产品或服务的一种感知,核心是顾客所获得的感知利益与因获得和享用该产品或服务而付出的感知代价之间的权衡,即利得与利失之间的权衡。利得是指顾客从某餐饮产品中获得的一系列利益,包括产品价值、服务价值、人员价值和形象价值等。利失是指顾客为了购买餐饮产品而付出的一系列成本,包括货币成本、时间成本、精神成本和体力成本。顾客是价值最大化的追求者,在购买餐饮产品时,总希望用最低的成本获得最高的收益,使自己的需要得到最大限度的满足。

实现顾客满意的基本路径是完善酒店餐饮品质管理体系,充分理解顾客的角色特征,准确理解顾客的需求,有效满足顾客的期望。当然,酒店餐饮管理不能停留于顾客满意,而要达到顾客忠诚。实现从顾客满意到顾客忠诚的基本路径是提高顾客的"转移成本",即为顾客创造独一无二的"利得",使得顾客转移至其他酒店会感到有明显的"利失"。

（三）员工满意

员工满意,即为员工提供快乐工作的环境与平台,让员工感觉美好。员工感觉,就是员工对酒店管理水准的期望及实际感受的心理反应。员工感觉是否美好,是酒店餐饮管理能否成功的重中之重,也是衡量酒店餐饮管理是否卓越的关键指标。

评价员工感觉的直接方法是员工满意度调查。酒店既可以自行设计并组织实施,也可委托第三方专业机构进行员工满意度调查。不过,员工满意度调查具有较大的人为性,影响因素较多,因此还可以用另外两类指标加以衡量。一是结果指标,主要有劳动生产率与员工流失率两个指标;二是过程指标,即员工的工作积极性。劳动生产率、员工流失率可直接以统计数据反映,并与行业同类酒店的先进水平加以比较,而员工积极性则在员工的工作过程中体现出来,一般可从三个维度加以评价:一是员工的工作责任心,二是员工的工作主动性,三是员工工作的创造性。这些指标可以通过现场观察、面对面的交流或者在实际工作过程中的感受加以评价,当然也可以通过员工的工作考核加以评价。

实现员工满意的基本路径:一要为员工提供实现职业生涯发展目标的机会,并提升他们的专业能力;二要为员工创造宽松适度、井然有序、温馨友好的工作环境;三要不断增加员工的收入,为提高员工的生活品质奠定必要的基础。

（四）社会满意

社会满意,即依法经营,创造理想的社会价值。这主要体现在设计与提供符合社会发展要求的餐饮产品,为满足人们日益增长的提高生活品质的要求及商务活动需求而做出的应有贡献。餐饮部作为酒店重要的业务与窗口部门,要注重在社会公众面前树立良好形象,尤其要注重塑造良好的行业形象,确立行业地位。行业形象是指行业管理部门和同行对酒店的认知。良好的行业形象主要体现在以下三个方面。

1.行业规范的推动者

酒店作为酒店行业的一分子,必须加强自我约束,努力成为行业规范实施的推动者,具体体现在以下三个方面。一是维护行业形象。这主要体现在酒店依法经营、诚信经营,保证服务品质,强化酒店对顾客的承诺,维护顾客的合法权益等方面。比如:不搞虚假宣传,不搞以次充好,不搞店大欺客,不搞漫天要价等。二是遵守行业秩序。这主要体现在公平竞争、规范经营等方面。比如:不搞歪门邪道,不搞恶性竞争,不采用不正当手段,不挖其他酒店的墙脚等。三是服从行业管理。这主要体现在服从行业组织领导、接受监督等方面。比如:按要求申报各种数据、材料,接受行业组织及行业管理部门的检查,参与行业组织及行业管理部门组织的活动等。

2.行业方向的引领者

酒店餐饮的行业形象来自对行业正确方向的引导与坚持,这主要体现在酒店经营管理理论与实践的创新上。酒店应不断研究社会对于餐饮服务的需求,准确把握餐饮业态的发展趋势,在弘扬优秀中国文化、创造健康生活方式,以及坚持可持续发展与变革创新方面走在前列。

3.行业典范的创造者

酒店的行业形象来自管理典范的创造。酒店要想在行业中出类拔萃,就必须始终坚持诚信经营、科学管理,以专业专注、精益求精的精神,在酒店餐饮的精准化定位、精致化产品、精心化服务、精细化管理等方面有所创造,有所建树,为酒店与餐饮业同行提供经典的管理思想与管理实践。

第二节　酒店餐饮市场基本定位

酒店餐饮经营以市场为基础,而市场又是供求关系的总和。要实现酒店餐饮管理目标,就必须有科学的市场定位,即在精准选择目标客源的基础上,选择合适的消费环境,并用质价相符的产品和服务来开展业务经营活动。

一、餐饮目标客源定位

餐饮市场定位始于客源对象和结构的选择和确定,即目标客源定位。

(一)餐饮市场认知

餐饮市场是指餐饮产品和餐饮服务的现实购买者与潜在购买者需求的总和。餐饮市场包含三个要素:一是有某种需求的人(餐饮消费者);二是为满足这种需求而具有的购买力;三是为满足这种需求而拥有的购买欲望。它们的关系可表述为

$$餐饮市场＝餐饮消费者×购买力×购买欲望$$

在这个公式里,餐饮消费者主要是指购买餐饮产品和餐饮服务的个体消费者和各类社会组织。购买力是指消费者支付货币购买商品或劳务的能力。购买欲望是指消费者购买商品或劳务的动机、愿望或要求,是消费主体把潜在购买力变为现实购买力的重要条件。从公式中可以看出,餐饮消费者、购买能力、购买欲望三者只要有一项为零,则餐饮市场为零。

酒店要进行餐饮目标市场定位,就必须了解不同的市场及它们之间的关系。从整体市

场定位的角度,酒店应该把市场分为两大类。一是潜在市场,即对酒店餐饮服务产品表现出兴趣,但尚不具备购买能力的顾客群体;或具有购买能力,但现在还没有消费欲望的顾客群体,酒店餐饮目标市场主要应该是后者。二是现实市场,即对某种服务产品既有兴趣,又有购买能力的顾客群体,这是酒店餐饮营销应该开发的主要市场。而现实市场又可进一步分为目标市场和已渗透市场。目标市场,即最有潜力且酒店最有能力获得的餐饮顾客群体。已渗透市场,即酒店已进入经营的那部分餐饮市场。

(二)餐饮市场细分

餐饮目标市场定位,就是在市场细分的基础上,酒店选择其中的一个或几个细分市场作为自己的目标市场。细分市场,即通过市场调研,依据消费者的需要和欲望、购买行为和购买习惯等方面的差异,把整个市场划分为若干个子市场。酒店划分细分市场必须注意可衡量性,即用来细分市场的标准和变数,以及细分后的市场是可以识别和衡量的,既有明显的区别,又有合理的范围。从餐饮经营角度,目标市场一般包括三个要素,即目标地域、目标人群与目标需求。因此,餐饮消费市场的细分有以下四种方法。

1.地理因素细分法

地理因素细分法是指按不同的地理单位,如国际、国内,本地、外地等,将餐饮市场划分成若干个亚市场。地理因素细分市场直接关系到酒店餐饮营销的方式和区域范围。

2.人口统计特征细分法

人口统计特征细分,就是根据各种人口统计变量,如性别、年龄、收入、职业、教育、宗教、种族、国籍等,把市场分割成一些群体。这是餐饮市场细分比较重要的维度,以上这些特征往往代表着不同的餐饮需求。

以上变量中,酒店餐饮目标市场选择主要需考虑的是性别、年龄、消费水平这三个关键维度,据此可细化为以性别差异为特征的男性市场与女性市场,以年龄差异为特征的儿童市场、青年市场、中年市场与老年市场,以消费水平为特征的高端消费市场、中端消费市场与大众消费市场。

3.消费者心理特征细分法

按心理变量细分市场,即根据购买者所处的社会阶层、生活方式、个性特点等心理因素细分市场。

社会阶层是指在某一社会中具有相对同质性和持久性的群体。处于同一阶层的成员具有类似的价值观、兴趣爱好和行为方式,而不同阶层的成员对所需的产品也各不相同。生活方式指人们对消费、工作和娱乐的不同态度,不同的生活方式会产生不同的需求偏好,如传统型、新潮型、节俭型、奢侈型等。个性爱好指消费者个人性格和兴趣爱好,不同个性爱好会产生不同的消费需求,如有的消费者喜欢时尚,有的则喜欢经典。消费者心理特征细分,对于酒店餐饮产品的设计和营销主题及价格策略的制定至关重要。

4.产品使用者细分法

产品使用者细分法,就是按使用者目的、使用时间、使用程度、使用频率、团体规模等因素将市场分为若干个专业市场。例如:商务、政务宴请市场,家宴市场,团队会议市场,休闲餐饮市场和日常聚会市场等。

（三）目标市场选择

任何一家酒店不可能占领所有的细分市场,酒店必须对餐饮市场进行细分并做出科学的选择,以便把有限的资金和人力集中在招徕最能增加餐饮经营效益的顾客群体上。当然,由于酒店餐饮设施与产品的多样性,比如中餐零点餐厅、中餐包厢、宴会厅、西餐厅、咖啡厅、酒吧、茶吧等,不同类型的餐饮产品应该有不同的目标市场。酒店餐饮目标市场的选择,具体应该考虑以下三个要素。

1.吸引力

吸引力,即细分市场顾客有能力购买本酒店的餐饮产品,并且有足够的潜力使酒店值得开发和经营,能够为酒店带来可观的营业收入和利润。酒店主要应关注该细分市场的规模与潜力,即该细分市场具有足够的规模,并且能持续较长时间,或者具有较大的发展前景。当然,酒店餐饮目标市场选择决策时,要注意确立引导消费、创造市场的经营理念,刺激消费者的消费欲望,创造注重市场的预测与舆论导向,关注各种名人、明星和流行事物的倾向和排行,把握社会的消费潮流,及早发现人们的消费倾向,以抓住和创造新的细分市场。

2.可达性

可达性,即本酒店有能力适应细分市场顾客的需要进入该市场并占有一定的市场份额。餐饮目标市场选择必须充分了解自身酒店的性质、档次、位置、拥有资源、经营战略等实际,既要充分考虑酒店发展与塑造品牌形象的需要,也要充分考虑酒店的能力,能满足该细分市场消费者的需要,迅速提高在该细分市场上的占有率。

3.经济性

经济性,即该细分市场的开发能给酒店带来理想的收益。餐饮目标市场选择,不仅要考虑酒店开发进入的能力,还必须考虑开发该细分市场的代价,即必须充分了解该细分市场的竞争态势。例如:细分市场是否有许多竞争对手? 是否会遇到强劲的竞争对手? 如果某个餐饮细分市场已经存在着许多强有力的和具有进攻性的竞争者,那么这一细分市场就具有较大的进入壁垒。餐饮目标市场的选择,应尽可能选择没有低层次竞争或竞争对手较少的市场,以减少竞争成本。

二、餐饮市场竞争定位

市场经济是竞争经济,酒店餐饮要经营有方,就必须正确认知市场竞争,制定正确的餐饮竞争战略,做到敢于竞争,善于竞争。

（一）市场竞争的基本认知

市场竞争,是指经济主体在市场上为实现自身的经济利益和既定目标而不断角逐的过程。它一般由竞争主体、竞争客体、竞争空间与竞争策略四个要素构成。

1.竞争主体

要形成竞争,必须有两个及以上的竞争主体,即竞争参与者。是否构成竞争,主要取决于经济主体目标的同一性与资源、利益的有限性。对酒店餐饮而言,主要存在三种竞争关系:一是同类酒店及与餐饮替代者之间的竞争,主要表现为争夺有限的资源(如人力资源等)和消费者;二是酒店与供应商之间的竞争,主要表现为讨价还价;三是酒店与消费者之间的竞争,同样表现为讨价还价。当然,从市场竞争的角度,还存在消费者之间的竞争和供应商之间的竞争,前者主要表现为争夺各自需要的酒店餐饮产品,后者主要表现为争夺各自需要的供货酒店。

市场竞争关系是由市场的供求关系决定的。供大于求时,酒店之间的竞争就会异常激烈,当然供应商之间的激烈竞争也不可避免。在供不应求的情况下,一方面,消费者之间争夺有限酒店餐饮产品的竞争将成为竞争的主流;另一方面,酒店之间为争夺有限的物质资源也必然会打得不可开交。在供求相对平衡的情况下,市场竞争形式非常复杂,存在多种竞争关系,既有同行企业之间的竞争关系,又有企业与消费者之间的竞争关系,还有消费者之间的竞争关系。

2.竞争客体

竞争客体即竞争目标。这里的目标是指满足竞争者自身"生存"与"发展"需要的"利益"和"资源"。在市场竞争中,竞争参与者之间是相互对立、互相制约的,即一方的经济利益和资源拥有越多,另一方就越少。所以,从这一点来说,竞争是残酷的,具有排他性的特征。同时,竞争的法则是优胜劣汰,这就告诉我们,要想掌握竞争的主动权,就必须比别人做得更优、更好。

3.竞争空间

竞争空间,即竞争的场所——市场。竞争空间即竞争场,酒店餐饮的竞争场就是市场。市场是买卖双方进行交换的场所。而对于酒店经营者,餐饮市场则特指酒店餐饮服务产品的现存和潜在的购买者。餐饮市场容量大小,决定了酒店之间竞争的强度,市场容量越大,竞争强度越低。在市场容量一定的情况下,酒店之间的竞争强度主要与以下三个要素有关:一是进入壁垒,主要有市场壁垒、资金壁垒、技术壁垒和政策壁垒,竞争强度与进入壁垒成反比;二是退出壁垒,竞争强度与退出壁垒成正比;三是可替代性,竞争强度与可替代性成正比。

4.竞争策略

竞争策略,即竞争者针对竞争中可能出现的各种情况制定的相应对策和决策。酒店餐饮竞争策略,总体上可分为价格竞争策略与非价格竞争策略。餐饮竞争策略决定餐饮竞争的层次。

(二)市场竞争层次定位

要想在竞争中勇立潮头,酒店就必须正确选择餐饮竞争的层次。从目前来看,酒店餐饮竞争大体可分为以下三个层次。

1.价格竞争

价格竞争,就是酒店为了实现一定的经营目标或经营战略,把餐饮产品价格调整到正常定价水平,以排斥竞争对手、赢得市场的一种竞争策略。在绝大多数情况下,价格竞争主要表现为采取低价的办法来提高市场占有率。

低价竞争虽然具有直接、简便、迅速等优点,但这是一种低层次的竞争。因为它是一种无门槛、低效应、高风险的竞争。如果单纯采用低价竞争,可能会带来以下三个弊端:一是低品质,即消费者可能会认为低价格的品质要比高价格的品质差,同时由于低价格产生低效益,可能导致服务质量下降的状况。二是低忠诚度,即采用低价竞争或许可以暂时取得市场占有率,但却往往难以持续,因为靠低价吸引的顾客无忠诚度可言,他们往往是哪里便宜就往哪里跑。三是高财务风险,即低层次的价格竞争有可能导致入不敷出、应收账款增加和坏账损失的提高。

如果酒店拟采取低价竞争策略,必须以低成本为基础,并需特别注重以下三点:一是主动,即主动率先降价,凭实力夺市场。这就要求在采取降价前准确掌握市场信息,充分估计竞争对手可能会采取的对策,然后果断行动,以求在有效的时间内获取尽可能大的效益。二是适度,即将降价幅度控制在目标范围内。降价幅度过大,会造成不应有的损失;幅度过小,则不能启动市场,达不到降价目的,造成无谓牺牲。低价竞争绝不是随波逐流,而是要更好地达到自己的营销目的。特别是当在低价竞争中处于被动地位时,切不可简单地仿效他人,一定要冷静地分析具体情况,再进行果断决策。三是技巧,即具体实施低价竞争时,要根据自己的营销目标,结合不同的产品、不同的消费对象和不同的竞争对手,正确采用不同的定价策略,以取得最有效的竞争结果。

2.品质竞争

品质竞争,即通过高品质餐饮服务,提高顾客的满意度来赢得市场的竞争定位。品质竞争是酒店餐饮竞争的基本策略,其关键在于建立顾客价值导向的基本准则,立足于研究我们的服务对象,并且达到以下四个方面要求。

1)赏心悦目的环境

顾客之所以选择到酒店用餐,除了认可酒店的服务水平,良好的用餐环境也是一个非常重要的因素。所以,要满足顾客的需要,酒店必须注重给顾客营造赏心悦目的就餐环境。一般来说,酒店餐饮的环境应该达到五个基本要求:一是餐厅装潢要精致、舒适、典雅、富有特色;二是灯光和色彩要柔和、协调;三是陈设布置要有序、美观;四是餐厅及各种用具要整洁、卫生;五是服务人员站立位置要恰当,仪表要端庄,表情要自然,有一种和谐、亲切的气氛。

2)丰富可口的菜点

酒店菜点应该品种多样,精致可口。一般来说,酒店的菜点体系应具备六种特性:一是可口性,即菜点必须口味纯正、味道鲜美;二是特色性,即菜点必须具有明显的地方特色和酒店风格;三是时间性,即菜点必须有时令性特点和时代气息,适应人们口味要求的变化;四是针对性,要根据不同的对象安排、制作不同的菜点;五是营养性,菜点的营养成分要合理;六是艺术性,即菜点的刀工、色泽、造型等要给人一种美的享受。

3)令人放心的卫生

餐饮卫生工作的好坏,不仅直接关系到顾客的身体健康,而且也关系到酒店的声誉和经济效益。如果酒店被顾客视为卫生信不过单位或发生食物中毒事件,那么不良的严重后果就可想而知。令人放心的卫生,必须达到两个标准:一是外观干净,无水迹,无异味,这是视觉和嗅觉的检测标准;二是内在的卫生,即必须符合卫生防疫部门的检测标准。

4)舒适完美的服务

服务是酒店餐饮竞争力的关键要素,酒店必须在美、情、活、快这四个字上用心塑造舒适完美的餐饮服务。

(1)美,给顾客以一种美的感受,主要表现为服务人员的仪表美、心灵美、语言美、行为

11

美。比如仪表美，就要求服务人员应身体健康、容貌端庄，服饰整洁而大方，表情自然而亲切，举止稳重而文雅。

（2）情，即服务必须富有人情味，这就要求服务人员在对客服务中，做到态度热情、问答耐心、语言诚恳、行为主动。

（3）活，主要是指服务应恰到好处。这就要求服务员不要把标准当作教条，而要根据不同的时机、场合、对策，灵活应变，在"顾客至上"这一最高准则的指导下，把规范服务和个性服务有机结合起来。

（4）快，即在服务效率上满足顾客的需要，出菜与各种服务要准确及时。

3. 品牌竞争

品牌竞争，即通过创造著名酒店与餐饮品牌来占领市场，并获得高附加价值的竞争定位。这是酒店餐饮竞争最高层次的定位，也是酒店餐饮经营想要勇立潮头、出类拔萃的必然选择。实施品牌竞争，酒店应通过餐饮品牌塑造与推广，来唤起消费者的欲望，拨动消费者的心弦，带给消费者超值的享受，培养消费者的忠诚，以实现超值获利目标。餐饮品牌竞争关键必须注重以下三个基本环节。

1）餐饮品牌符号选择

餐饮品牌，即根植于消费者心中、具有独特个性、优良品质和卓越影响的餐饮注册商标。要实施餐饮品牌竞争，首先必须确立自己的品牌符号，以便在消费者心中打上烙印。酒店餐饮品牌符号既可以自己单独注册，形成自己酒店集团或者自己酒店独特的餐饮品牌，也可以借助餐饮市场已经达成共识的餐厅等级评定，形成某个符号。目前餐饮品牌主要有三类：一是国家有关部门发布的餐厅等级评定及餐饮名店认定，比如餐饮企业的等级划分和评定的五钻标准；二是国际某些组织或团体制定的餐厅评定标准，如米其林餐厅等级评定；三是中国某些有影响力的民间组织或团体制定的餐厅评定标准，如黑珍珠餐厅等级评定。当然，不论是单独注册，还是"借船出海"，均应精心设计独特的品牌名称与标志。

扩充阅读　各类有代表性的餐厅等级评定标准

2）餐饮品牌形象塑造

如果餐饮品牌符号是一种识别标记，那么品牌形象则是由内到外的整体标识系统，包括品牌标识语、品牌产品、品牌传播等。

3)餐饮品牌溢价实现

品牌溢价,即超越产品功能性价值的品牌附加值,包括信任价值、情感价值与身份价值。实现品牌溢价的基本路径:一是通过实施零缺陷管理、品牌承诺、品牌理性诉求等措施,提升品牌的信誉度;二是通过关爱打动受众、利用情趣撩动受众,用自我观念与个性引发价值观共鸣等措施,优化品牌的感性诉求;三是通过传播品牌价值观、塑造神秘感、讲好品牌故事等措施,建立酒店餐饮品牌崇拜。

(三)市场竞争位置定位

市场竞争位置定位,即在餐饮市场上找到自己合适的位置。其主要有以下四种定位策略。

1.差异定位

差异定位,即酒店不与对手直接对抗,将自己置于某个现代餐饮市场"空隙",发展目前现代餐饮市场上没有的特色餐饮产品,拓展新的市场领域。这种定位的优点是能够迅速地在市场上站稳脚跟,并在顾客心中尽快树立形象。这种定位方式市场风险较小,成功率较高,是酒店餐饮通常采取的基本定位策略。但是,其难点在于怎样找到真正的差异化。

酒店餐饮差异定位策略实施的基本途径在于创造独特的市场卖点,使本餐饮产品或本餐厅拥有无可取代的特点。其基本思路主要有以下四种。

(1)环境氛围的独特性,即通过特殊的环境布置创造别具一格的用餐氛围。比如热带雨林餐厅。

(2)菜肴制作的独特性,即通过菜肴制作过程中的若干环节创造与众不同的特色。主要包括:①原料的独特性、唯一性,比如所有蔬菜、家禽均来自本酒店绿色有机农产品基地;②菜肴配方的独特性,比如"雕爷牛腩"是花500万元向香港"食神"戴龙购买牛腩秘方制成;③烹饪方式或者菜肴口味的独特性,比如菜肴全部为人工烹制,并且烹制时使用的均为柴火灶头,确保菜肴原汁原味;④烹饪人员的独特性或唯一性,如谭家菜的第几代传人,某知名人士的私人厨师等。

(3)销售方式的独特性,即通过餐饮销售方式的别出心裁创造独特的卖点。比如电视点炒方式,即顾客点菜后,其中的主菜或部分菜点的烹制过程通过电视进行实况转播,让顾客观看厨师的整个工作过程。

(4)餐饮服务的独特性,即通过体现服务水平的各个方面创造独具神韵的服务特色。比如某酒店餐厅的对客服务标准定位于不只是满足顾客的需求,而是要超出顾客的预期,给顾客创造快乐的体验。为此,该餐厅特别推出了顾客心情指数管理,创造了酒店业界的服务典范。又比如一些酒店推出的厨艺秀、服务秀等,把菜肴制作、服务方式上升到艺术表演的境界。

2.迎头定位

迎头定位,这是一种与在市场上居支配地位的竞争对手"对着干"的定位策略,即选择与竞争对手重合的市场位置,争取同样的目标顾客,彼此在产品、价格、分销、供给等方面少有差别,但比竞争对手做得更优、更好。

迎头定位实际上是一种领先者或者说是挑战者的定位策略,要实施此定位策略,酒店必须做到知己知彼,应该了解市场上是否可以容纳两个或两个以上的竞争对手,自己是否拥有比竞争对手更多的资源和能力,是不是可以比竞争对手做得更好。否则,迎头定位可能会成为一种非常危险的战术,将企业引入歧途。

3. 小众定位

小众定位,也可称为拾遗补阙定位。就是酒店将自己的餐饮经营目标集中在特定的细分市场,并且在这一特定细分市场上建立起自己的产品差别与价格优势。这一定位可以很好地避免直接竞争,营销成本低,而其难点在于找到市场真正的"空隙",并有效构筑进入该市场的壁垒。实施小众定位策略,主要可采取以下途径。

(1)餐饮设施针对性,即餐饮设施与功能设计都应基于特定目标顾客的需求和爱好。

(2)利益诉求专一性,即利益诉求必须满足特定目标顾客的需求,使顾客深切感受到酒店"特别的爱献给特别的您"的情感。

(3)服务标准独特性,即服务标准必须为特定目标顾客的需求而设计。酒店要通过自己的专门化、个性化服务策略,使目标顾客忠诚。

(4)营销活动主题性,即营销活动针对特定的目标顾客设计餐饮营销主题,在此主题下营造相应的环境,营造一种独特的气氛和情调,从而产生吸引力和新鲜感,以此吸引特定的目标顾客群体。

4. 重新定位

重新定位,是指酒店更改餐饮产品特色或产品诉求,改变目标顾客对其原有的印象,使目标顾客对其产品新形象有一个重新的认识。市场重新定位对于酒店餐饮适应市场环境、调整市场营销战略是必不可少的。酒店餐饮产品在市场上的定位即使很恰当,但在出现下列情况时也需考虑重新定位:一是竞争对手推出的餐饮产品市场定位与本酒店雷同,抢占了本酒店的部分市场,使本酒店餐饮产品的市场占有率有所下降;二是顾客偏好发生变化,从喜爱本酒店某餐饮产品转变为喜爱竞争对手的某餐饮产品。

(四)市场竞争形象定位

市场竞争形象定位,即让本酒店的餐饮产品在目标顾客心目中形成一种特殊的偏爱。市场竞争形象定位实际上是给本酒店餐饮产品贴上一个"标签",形成与竞争对手的差异,其关键在于凸显餐饮顾客价值。餐饮顾客价值的基本视角有以下三个方面。

1. 功能价值

功能价值,即主要体现产品的功能性利益或物理属性,比如精致可口的菜肴、心旷神怡的环境、热情舒心的服务等。功能性价值是产品立足的基石,让顾客具有一种信任感。功能价值定位的关键在于性价比,比如更好吃(如精选原料、秘制配方、精心烹饪等),更自由(如可堂食、打包、外卖等),更超值(如新品5折,会员8折等),更健康(如无公害、无糖、少油、少盐等),等等。

2. 情感价值

情感价值,即顾客在购买使用餐饮产品的过程中获得的情感满足。产品的情感性价值常常将冷冰冰的产品带到了有血有肉的情感境界,赋予产品生命和感染力,让顾客拥有一段美好的情感体验。情感价值定位的关键在于"触动心灵,情到深处"。

3.象征价值

象征价值,即主要诠释品牌所蕴含的人生哲理、价值观、审美品位、身份地位等。顾客往往通过使用这样的产品,体验人生追求,张扬自我个性,寻找精神寄托。象征价值定位的关键在于"物有所值,凸显尊贵"。

餐饮顾客价值极可能是三种价值中的一种,也可能是两种乃至三种都有。

这三个层面的价值宛如三重奏,为餐饮形象呈现悦耳动听的音乐旋律。不过,这三种价值对酒店不同餐饮产品而言,会有所侧重。面向大众的餐厅,一般需要强调它的功能价值,如清洁、安全、舒适、便利等,主题特色餐厅则需要强调它的情感价值,而高端奢华餐厅需要突出它的象征价值。

扩充阅读　　　STP 市场定位理论

扩充阅读　杭州湾酒店集团所属酒店的餐饮市场竞争定位谋略

三、餐饮市场供给定位

需求决定供给,供给必须与需求相适应。酒店餐饮目标市场、市场竞争位置与市场竞争形象确定以后,酒店就必须依据顾客价值导向与效益领先原则,配置相应的餐饮设施,给消费者提供物有所值的餐饮产品。

(一)经营方式选择

餐饮经营方式,就是餐饮经营活动的业务组织形式与方法。目前,我国酒店的餐饮经营方式一般有以下三种。

1. 自主经营

自主经营，即餐饮业务由酒店自己经营，独自承担餐厅的所有经营管理工作，如设计菜单、筹措食品原料、生产餐饮产品、组织餐厅销售、策划专题销售活动等。采用自主经营方式，有利于酒店按照统一的经营战略，组织酒店的经营业务，设计并实施酒店的营销策略，对于酒店的整体营销、整体形象和品牌建设具有良好的作用。当然，采取这种经营方式，如果不具备必要的餐饮经营规模和必要的餐饮技术力量，或者经营管理不善，就可能导致餐饮运行成本过高、餐饮经营力不从心、经济效益受损等情况。

2. 合作经营

合作经营，就是酒店与其他经济实体合作，以达到取长补短、合作共赢的目的。这种合作经营既可以是与社会上的餐饮公司合作，如厨房管理由餐饮公司承担；也可以是与其他地区的酒店合作，如与其他地区的名牌酒店共同经营特色餐厅。合作经营方式的特点是共同投资，统一经营，分工管理，分享利益。这种经营方式应该是未来餐饮经营一种值得推广的方式，关键是选择合适的合作方式与合作对象，制定科学的合作管理条款，签订合法有效的协作合同。另外，酒店也可以与著名的餐饮品牌机构或者餐饮品牌持有者合作，类似于特许经营方式。

3. 外包经营

外包经营，是指酒店通过签订租约，将餐饮实体、土地、建筑物及家居等，租赁给其他独立经营者，使其作为法人直接经营。通过外包经营，酒店可整合利用其外部互补性的专业化资源并与其结成战略联盟，从而降低成本与风险，提高效率，充分发挥自身核心竞争力，增强酒店对环境的迅速应变能力。但是，酒店放弃餐饮业务也存在很大的弊端，如外包出去的餐饮业务在市场营销方面可能与酒店的整体形象不符，而且产品质量也难以控制。是否选择外包经营方式，关键取决于餐饮业务在整个酒店业务中的重要程度，比如会议型酒店，其餐饮业务在整个酒店产品体系中举足轻重，就不宜采用外包经营方式。外包经营的关键是要注意餐饮经营商的选择，要注意挑选那些对酒店现有餐饮有补充作用和有一定品牌或有地方特色的餐饮经营商加入。

（二）设施配置决策

餐饮目标市场及竞争策略一经确定，就必须根据目标市场的顾客需求及竞争策略要求来确定酒店的餐饮业务结构，简单地说就是酒店设置怎样的餐饮设施。餐饮设施是酒店餐饮业务活动的客观基础，其配置是否科学合理，将直接关系到餐饮业务的正常运营与经营效益。餐饮设施配置，包括各类餐厅的配置及与之配套的厨房设施、辅助配套设施的配置等。

餐饮设施配置，首先要注意整体配套，即酒店餐饮设施的配置必须与酒店的性质、档次及酒店的品牌与竞争战略、酒店总体定位相匹配，同时各类餐饮设施之间必须相互协调。其次要注意扬长避短，即要根据自身实力及竞争对手的情况，通过人无我有、人有我优的准则，选择具有优势的餐饮业态，并规划设计相应的餐饮设施，形成自己的特色，以凸显竞争优势。再次要注意经济合理，即酒店餐饮设施配置必须根据投入产出的原则，科学规划餐饮功能的层次、结构及装修设计，以尽可能少的投入创造理想的餐饮经营收益。

（三）菜系品种决策

菜肴是餐饮产品的基础，酒店餐饮供给必须对经营何种菜系及菜肴结构做出选择。

1. 针对性

针对性,即菜肴选择必须符合目标顾客的要求,包括菜系、口味、档次、质量、价格、品种等,做到投其所好。同时,还必须和特定餐厅的卖场氛围相协调,做到名副其实。

2. 适量性

适量性,即菜单所列的菜肴品种必须适度。品种过多,顾客看起来费力费时,无所适从,不易挑选,会造成点菜决策困难,从而延长点菜时间,降低餐位的周转率;同时,品种过多意味着原料的采购品种和库存量加大,管理和控制难度加大,由此可能会导致资金占用和管理费用增加。当然,菜肴的品种也不能过少,太少不能满足不同顾客的需求,容易造成顾客流失,影响盈利。在此,酒店也可根据菜肴原料的可取代性来延伸其他菜单,如黑椒牛柳,主料是牛肉,可以延伸为炒牛肉、酥炸牛肉条等,一种材料多种菜品,既节约成本,又好备料。

3. 特色性

特色性,即菜肴必须具有自己酒店的特色,既可以是独特原料、独特调味与独特口味,也可以是独特烹饪方法与出品方式。酒店必须对其招牌菜、特色菜进行设计与选择。一般来说,招牌菜是酒店的当家菜,原则上应常年供应,具有很长的生命周期,类似于各地的名菜,如杭州的西湖醋鱼、龙井虾仁等。特色菜具有一定的时间性,一般属于创新菜的范畴。当然,既具有良好市场点单率,又具有生命力的特色菜肴可上升为酒店的招牌菜。酒店只有拥有不同层次的特色菜肴,才能形成自己独特优势,创造菜肴品牌价值,提高酒店餐饮的知名度与美誉度。

4. 合理性

为满足顾客的需要及达到酒店餐饮的盈利目标,菜肴组合应注意以下几个要素的平衡。

(1)原料搭配平衡,即要依据餐厅主题特色、消费者的饮食习惯及消费倾向,合理安排水产、家禽、豆制品、蔬菜等原料的搭配,同时要注意菜肴中各种营养成分的有机组合。

(2)烹调方法平衡,即注意不同烹调方法制作菜肴的合理搭配,同时注意口味、口感的合理搭配。

(3)外观品种平衡,即既要注意菜肴的色彩、形状、滋味、温度的合理搭配,还要注意常规菜肴与特色菜肴的合理组合。

(4)菜品价格平衡,即要根据人均消费目标与菜肴毛利率水平,科学设计高、中、低档菜肴的结构。

5. 匹配性

匹配性,即菜肴选择必须充分考虑是否具备制作的主客观基本条件,能否保质保量地供应菜单所列的各种菜肴。酒店主要应考虑以下三个因素。

(1)食品原料供应情况。凡列入菜单的菜肴品种,厨房必须无条件地保证供应。固定菜单中的菜肴,一般是常年可供的菜肴,必须有持续可供的原料保障,而季节性的原料,则应该在特色和临时菜单中体现。

(2)厨师的能力。厨师的技术水平是菜肴选择时必须考虑的因素,要尽量选择厨房有条件生产的菜肴品种。当然,为了吸引顾客,专门外聘烹饪水平较高的厨师也是必要的。

(3)设施设备。在选择菜品时,酒店一定要考虑设备与设施能否保质保量生产出菜单所规定的菜肴,避免由于需要同时使用某一种设备而导致超负荷并影响出菜速度的情况。

四、餐饮产品定价决策

按照价格理论,影响酒店餐饮产品定价的因素主要有三个方面,即成本、需求和竞争。成本是酒店餐饮产品价值的基础组成部分,它决定着餐饮产品价格的最低界限;需求影响顾客对餐饮产品价值的认知,进而决定着餐饮产品价格的上限;竞争则调节着价格在上限和下限之间不断波动并最终确定餐饮产品的市场价格。据此,酒店餐饮产品的价格策略主要有以下几种。

(一)满意利润定价策略

该策略以争取正常利润为主,重点在掌握酒店综合毛利率和分类毛利率,使产品价格补偿原料成本和流通费用后,有比较满意的利润。一是产品价格的最终确定要充分考虑分类毛利率标准,例如特色、传统名优菜肴产品的毛利率应较高,反之则较低。二是分类毛利率的比较标准要以同一档次、同类产品为主,毛利率大体和其他同类酒店、同一档次和同类产品相当;三是具体产品的价格水平要相对稳定,使产品价格和实际利润水平与同行、同一等级的同类产品大体相当,求取合理利润。

(二)区分需求定价策略

区分需求定价法的基本理论是将同一产品定出两种或多种价格,运用在各种需求强度不同的细分市场上,实际上就是餐饮的不同毛利率策略,具体有以下三种方法。

1. 等级差价

等级差价,即按照酒店产品和服务等级不同,根据顾客的需求层次制定出不同的价格,如团队与散客、零点与宴会的价格不同。

2. 时间差价

时间差价,即不同的季节、不同的日子、不同的用餐时段,采取不同的价格。

3. 餐厅差价

餐厅差价,即不同餐厅之间的价格差异,如普通餐厅与特色风味餐厅、零点餐厅与宴会餐厅、大众餐厅与豪华餐厅等。

采用区分需求定价法应当注意以下几点:第一,市场必须能够细分,并且在不同的细分市场上能反映出不同的需求强度;第二,必须对顾客的购买动机、心理需求等进行经常的、细致的调查研究,使区分需求定价更能满足不同顾客的需求;第三,等级差价大小要适宜,使顾客不会过于计较价差,不致引起反感。

(三)竞争取向定价策略

竞争取向定价策略的主要定价依据是将对市场价格有决定影响的竞争者的价格作为定价的基础。采取竞争取向定价策略的酒店,其餐饮产品价格不一定与竞争对手的价格完全相同,而会根据自己的具体情况制定比竞争对手略低或稍高一些的价格。当成本、费用或顾客的需求发生变化时,如果竞争对手的餐饮产品价格保持不变,则维持原有的价格,但当竞争对手做出价格变动的决定时,对价格进行相应的调整以应对竞争。

(四)心理取向定价策略

心理取向定价策略,就是根据不同类型的顾客购买餐饮产品的心理动机来制定价格的策略,具体有以下四种方法。

1.尾数定价

尾数定价,即保留价格尾数,采用零头标价。心理学分析和市场调查的统计数据都表明,0.99元与1.00元,99.50元与100元的对比定价,顾客的心理反应是完全不一样的。因此,采用尾数定价法,既能满足顾客廉价消费的心理,又能通过标价的精确性给人一种信赖感。

2.整数定价

整数定价,即将价格调整到一个较能代表其价值附近的整数。整数价格是针对某部分顾客通过价格来辨别产品质量的心态而制定的,一个比较合理的整数价格往往能使顾客放心购买,使其拥有一种心理上的安全感。

3.声望定价

声望定价,即利用顾客仰慕名牌商品的某种心理来进行定价。如果我们将一些在消费者心目中享有声望的豪华餐厅或特色餐饮产品定以高价,那么既提高了产品的身价,又衬托出顾客的身份和地位,给顾客一种心理上的满足感。这种定价方法一般适用于某些声望高、信誉好的酒店和稀缺产品。

4.招徕定价

招徕定价,就是利用顾客廉价消费的心理,将酒店部分餐饮产品采用低价或降价的办法吸引顾客,借机扩大销售,提高酒店餐饮的整体效益。比如对于顾客比较熟悉、与其他酒店可直接比较的一类常规菜肴,酒店可采用低价策略,给顾客一种划算的感觉。这种定价方法以餐饮的整体利益为目标,而不是以个别产品的收益为目标。

扩充阅读　　　　产品定价理论

第三节　酒店餐饮组织与员工管理

俗话说:事在人为。餐饮管理目标最终需要通过一群有组织的、适合餐饮行业的人来实现。所以,建立合理的餐饮管理组织,选择、配置合适的员工,并且有效开发其能力,就成为酒店餐饮管理的一个重要课题。

一、餐饮组织体系设计

餐饮组织管理，即为完成餐饮经营任务而集结成集体力量，在人群分工和职能分化的基础上，运用不同职位的权力和职责来协调人们的行动、发挥集体优势的一种管理活动。餐饮组织管理，关键在于构建科学的组织体系，主要应解决以下三个基本问题。

（一）组织机构

一般而言，酒店餐饮组织机构的设置，应根据整个酒店的组织管理体系和酒店餐饮规模大小，以及餐饮经营的特色、风格而定。酒店餐饮组织机构设置，按照酒店餐饮规模的大小，大体上有三种形式。

1. 大型酒店餐饮组织机构

大型酒店餐饮组织机构业务众多，部门构成复杂，层级相对也较多，如图 1-1 所示。

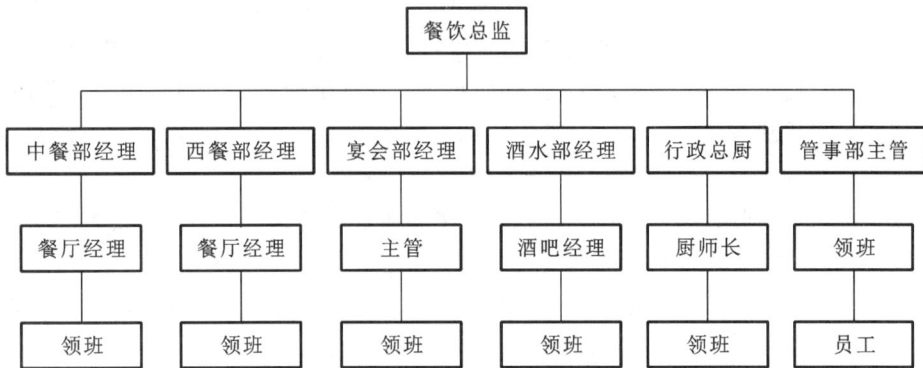

图 1-1　大型酒店餐饮组织机构图

2. 中型酒店餐饮组织结构

中型酒店餐饮的组织机构一般有两种设置，如图 1-2、图 1-3 所示。

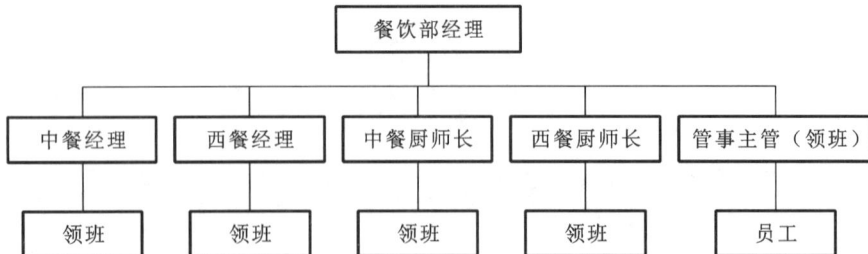

图 1-2　中型酒店餐饮组织机构图（1）

3. 小型酒店餐饮组织机构

餐饮规模较小、餐饮供应品种相对单一的小酒店的组织机构一般如图 1-4 所示。

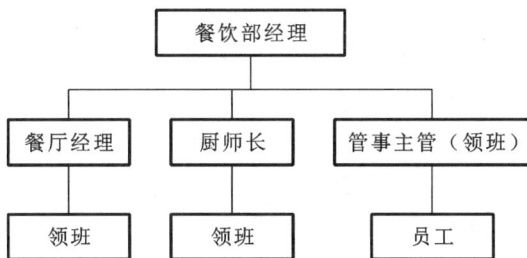

图 1-3 中型酒店餐饮组织机构图(2)

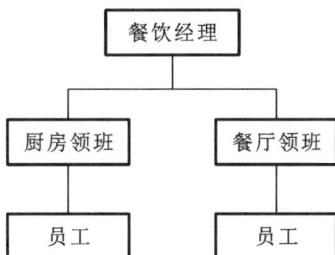

图 1-4 小型酒店餐饮组织机构图

(二)职位设置

职位,是指一定的人员所经常担任的工作职务及责任。职位是职务、职权、责任的集合体。餐饮部门的职位设置,必须注意以下四点。

1. 因事设职

因事设职,就是根据餐饮经营活动的目标、任务以及内部的分工,设置不同的职位。职位设置应体现精简高效的原则,即在保证完成目标且达到高质量的前提下,设置最少的职位,用最少的人完成组织管理工作,真正做到人人有事干,事事有人干,保质又保量,负荷都饱满。为此,酒店餐饮组织机构中的每个部门、每个环节甚至每个人都为了一个统一的目标,组合成最适宜的结构形式,实行最有效的内部协调,使事情办得快而准确,而且极少重复和发生矛盾,具有较灵活的应变能力。从发展趋势来看,一人多岗、一专多能将是餐饮人力组织的基本选择。

2. 名称恰当

职位名称表明了岗位员工的工作角色,职位名称的设计一般应遵循三项原则:一是名副其实,体现工作特点和职权范围,如餐饮部经理、中餐厨师长、餐厅经理;二是名正言顺,有利于开展工作,便于对外交流,如餐厅服务经理、餐饮销售经理等;三是名之所想,有利于调动员工的积极性,如宴会服务师。

3. 素质明确

素质是对员工任职资格的要求和标准,如身体条件、学历要求、外语水平、工作经验、专业资格、基本能力等。各岗位的权责不同,因而素质要求也就不尽相同。素质设计,主要通过工作分析,找到该职位任职资格的关键要素和核心能力。

4.职级清晰

职级清晰,就是要根据各职位的工作繁简、责任大小、技术高低等因素,确定各职位的等级,而不同的等级则对应不同的薪酬待遇。

(三)职权体系

职权体系,是指各层次、各部门在权责方面的分工及相互关系。餐饮组织职权体系的设计应遵循等级链的原则,注重以下四个基本要求。

1.层次管理

酒店餐饮管理组织必须根据酒店餐饮的规模、等级形成若干管理层次,提倡逐级管理,层层负责,原则上不越级指挥。

2.责权对等

职责与职权是组织理论中的两个基本概念。职责是指职位的责任、义务。职权是指在一定职位上,为完成其责任所应具有的权力。在等级链的原则中,各管理层次均有明确的职责,并拥有相应的权力。光有责而无权,则难以履行职责;而光有权而无责,也会造成滥用职权、瞎指挥,产生官僚主义。

3.统一指挥

统一指挥,就是要求餐饮组织机构各业务部门及个人,必须绝对服从上级的命令和指挥,每个管理层级的指令均应与上一级的指令保持一致,而每一个员工原则上也只有一个上级,只听命于直属上司的领导。同时,必须确立谁下指令谁负责任的准则,尽可能保证指令的正确性。当然,下级在执行上级的指令时,不是简单地复述上级的指令,而应在不违背上级指令的同时,结合本身的实际情况而有所发挥,有所创造。

4.分工协作

分工就是根据提高管理专业程度和工作效率的要求,把单位的任务和目标分成各级、各部门、各个人的任务和目标,以避免出现职责不清、无人负责的混乱现象。协作就是在分工的基础上,明确部门之间和部门内的协调关系和配合方法。坚持分工协作的原则,关键是要尽可能按照专业化的要求来设置组织结构,在工作中,要严格分工,分清各自的职责,在此基础上,要把相关的协作关系通过制度加以规定,使部门内外的协调关系走上标准化、程序化的道路。

二、餐饮员工配置管理

科学的组织机构只有配以合适的人员,才能得以发挥作用。餐饮员工配置既要注意科学的编制定员,又要做到知人善任,能位相称,结构优化。

(一)编制定员

人员编制,即确定餐饮各类人员的数量。餐饮的人员编制,要根据餐饮档次的高低、服务经营的方针、特色、餐饮设备状况、人员技术水平、经营的季节特点和餐位利用率等因素,本着先进、合理的原则加以确定,其定员的方法主要有以下五种。

1.按效率定员

按效率定员,就是根据工作量、劳动效率、出勤率来计算定员的方法。凡是实行劳动定额管理并以手工操作为主的工种,都可以用这种方法计算定员。如餐厅服务人员的核定,其基本步骤如下。

1)核定看管定额

核定看管定额,即观察测定在正常开餐情况下每人可以接待多少就餐顾客或看管多少个座位。要特别注意不同餐厅的等级规格与不同餐饮产品对服务的要求,比如零点餐饮产品、团队餐饮产品、宴会产品等。餐厅档次规格与餐饮产品不同,其看管定额是有较大区别的。其计算公式为

$$Q=\frac{Q_z}{A+B}$$

式中:Q——看管定额;

Q_z——测定顾客数;

A——桌面服务人员;

B——其他服务人员。

2)编制餐厅定员

在看管定额确定的基础上,餐厅定员编制还需考虑工作班次、计划出勤、每周工作天数和座位利用率等因素。其计算公式为

$$n=\frac{Q_n\times r\times F}{Q\times f}\times 7\div 5$$

式中:n——定员人数;

r——座位利用率;

F——计划班次;

Q——看管定额;

f——计划出勤率;

Q_n——餐厅座位数。

餐厅人员编制与人员使用是有区别的。在人员编制的基础上,不同季节的用人多少和日常人员安排还要根据业务经营的繁忙程度来确定。

2.按岗位定员

按岗位定员,就是按餐饮内部组织机构和各种服务设施,确定需要的岗位数量,再根据各个岗位的工作量、劳动效率、工作班次和出勤率等因素来确定人员的方法。这种方法一般适用于引位、酒水服务等岗位的定员。

3.按比例定员

按比例定员,就是按照员工总数或某一类人员总数的比例来计算另一类人员数量的方法。这一方法是依据某类人员客观上存在一定比例关系的规律提出来的,如厨房炉台与切配人员的比例、看台服务人员与传菜服务人员的比例等。

4.按职责定员

按职责定员,就是按既定的组织机构及其职责范围,以及机构内部的业务分工和岗位职责来确定定员的方法。它主要适用于确定餐饮管理人员的数量。

5.按设备定员

按设备定员，就是按设备开动的台数、开动的班次和员工的看管定额来计算定员人数的方法。它主要适用于厨房炉台等岗位的定员。

以上五种方法要根据情况灵活应用，互相补充。随着人工成本的逐年上升，酒店餐饮应在保证服务品质的前提下，通过岗位优化、一专多能、提高效率等途径，尽可能减少餐饮用工。

（二）优化配置

优化配置，就是把合适的员工安排在合适的岗位，做到人尽其才，才尽其用，并形成团队合力，创造"1+1＞2"的组织效应。

1.用人所愿

用人所愿，即根据人的意愿安排工作。一个人的工作成就，除了客观环境的制约，从主观来看，既取决于自身的能力，又取决于努力程度，而个人工作的努力程度则主要取决于这个人对工作的兴趣和热爱。根据行为科学的理论，人只有在做自己喜欢做的事情时才会有最大的主观能动性，工作适合个性素质，才可能充分发挥个人所具有的能力。所以，为了激发人的工作热情，更好地发挥其才能，在条件许可的情况下，酒店应尽可能考虑员工的兴趣、爱好和个人志愿，合理安排工作。

2.适才适用

适才适用，即将员工安排到最适宜发挥其才智和潜能的工作岗位上，做到个人能力与岗位需要匹配，个人性格和兴趣与工作性质匹配，充分发挥人的潜能，以达到事得其人，人尽其才，才尽其用的要求。为此，酒店餐饮员工配置必须做到以下三点。

1）注重客观评价

坚持以绩效与能力为导向，建立科学的测评考核机制，正确评估员工的能力，从而为员工的任用提供科学的客观依据。

2）注重用人所长

每个人都有各自学识、技能、专长与特点，酒店管理者应充分了解每个人的优点与缺点、长处与短处，要以发展的视角，对员工各项基本要素进行全面分析，并依据各项要素的发展趋势，发现员工的潜质，使其潜能得到有效的开发。

3）注重用当其时

酒店管理者要善于捕捉用人的时机，根据每个人在不同时期的不同能力和特征，科学、及时、合理安排员工的工作岗位，使员工的成长与企业的发展同步，使其在人生的不同阶段都能散发出耀眼的光芒，让每个员工在工作的每个阶段都能实现自身最大价值，每个时期都能在工作中找到快乐。

3.结构优化

俗话说：没有完美的个人，只有完美的团队。因而，酒店餐饮员工配置必须注重群体整合，结构优化。

（1）注意不同用工形式的合理组合。目前，我国酒店的用工形式主要有全日制用工、劳务派遣用工、非全日制用工这三种形式。

（2）注意不同技术等级员工的合理搭配。既要避免大材小用、人才高消费导致的过高的成本或"两虎相争"的内耗，又要避免因技术水平不足导致质量效率下降。

（3）注意不同员工性格、年龄、专业、能力等要素的匹配和合理组合，实现充分发挥个体才能和群体结构的有机组合。

（三）时间安排

合理的班次安排，对于有效地组织餐厅服务活动、提高工作效率、取得最佳经济效益都有十分重要的意义。餐厅服务班次的安排，应遵循以下三项基本原则。

1. 依法管理原则

对于员工工作时间，《中华人民共和国劳动法》等法律法规有明确的规定，餐饮部门必须依法对员工的工作时间、节假日及休息、调休等时间进行合理安排。班次安排，还要考虑人员的轮休。比如平均每天工作 8 小时，按劳动法规定每周工作时间 40 小时计算，则每周工作 5 天，休息 2 天。

2. 服从经营原则

餐饮经营具有时段性、多变性等特点，餐饮部门员工工作班次及时间安排必须确保营业的高峰时间内前、后台工作人员最多。同样，在安排每周轮休和年休时，也应按相同的原理合理安排。例如，度假酒店周六、周日生意比较好，每个班次安排休息的员工数量要少于平时。同时，要针对不同餐厅的经营特点，合理科学地安排班次。

3. 优化管理原则

班次安排，应根据餐饮部不同业务单元、不同餐厅营业时间及顾客用餐规律，安排不同的班次，既要最有效地利用员工的工作时间，最大限度地发挥全体员工的潜力，保证满负荷运转，又要充分考虑员工的承受能力和休息时间，关心和保证员工的身体健康。

三、餐饮员工素质认知

餐饮经营能否成功，关键在于餐饮从业人员的素质。因为任何卓越的服务与效益都是通过一线员工创造出来的。当然，真正优秀的服务人才也都个个"身怀绝技"，正所谓"三百六十行、行行出状元"。根据酒店餐饮服务性质，餐饮从业人员需具备以下三项基本素质。

（一）强烈的服务意识

服务意识，简言之就是他人意识，即心中装有他人。对于餐饮从业人员，关键必须强化以下三个服务意识。

1. 顾客至上意识

顾客至上，即以顾客价值为导向，把顾客的需要作为酒店餐饮服务活动的出发点，把追求顾客的满意作为餐饮服务活动的宗旨。具体来说，每个员工在餐饮对客服务过程中应牢固树立以下理念。

（1）我们的工资奖金是由顾客发的，顾客是我们的衣食父母。

（2）顾客不是"慈善家"，顾客需要我们提供优质服务。

（3）我们要按照酒店的服务标准进行操作，根据顾客的现场需求提供针对性服务。

（4）我们应以自己的优良服务行为去影响顾客，而不要被社会的传统陋习同化。

（5）宁可自己辛苦、麻烦一点，也要给顾客提供方便、创造快乐。

（6）尽管我们有很好的口才，但顾客是我们的服务对象，而不是我们争论的对象。

2.用心极致意识

餐饮服务是一种高度互动的活动，员工的行为会影响顾客的心情，同时顾客的行为也会直接影响餐饮服务氛围。然而，酒店无法像学校一样让顾客接受教育，更不可能像管理员工那样对顾客的行为加以规范，酒店员工只能通过自己优良的服务行为去引导和感化顾客。因此，酒店员工必须确立用心极致的理念，通过"五心"服务，去影响顾客的情绪，从而赢得顾客的理想行为。第一，热心，即以笑脸迎宾，以不厌其烦的热忱之心去赢得顾客的亲切感。第二，诚心，即以情真意切、言而有信的真诚之心去赢得顾客的信任感。第三，虚心，即以顾客至上、不耻下问的谦虚之心去赢得顾客的自豪感。第四，精心，即以精益求精、追求完美的极致之心去赢得顾客的惊喜感。第五，恒心，即以持之以恒、与时俱进的执着之心去赢得顾客的忠诚感。

3.团队合作意识

团队合作意识，即大局为重、团队第一的思想和从我做起、助人为乐的意向与愿望。在工作过程中，每位员工均应做到以下三点。

1）要沟通不要摩擦

协作离不开沟通，沟通是人与人之间或群体之间传递信息、交流信息、加强理解的过程。工作中难免会出现各种各样的矛盾，此时需要团队成员进行主动沟通，而不能意气用事，激化矛盾。与他人沟通，关键必须注意以下四点：一是了解他人，即应该知道对方是一个什么样的人，他在团队中属于什么角色，他此时处于何种状态。只有做到知己知彼，才能百战不殆。二是换位思考，即设身处地站在对方的立场思考问题。三是因人而异，即针对对方的个性特征选择合理的沟通时机与沟通方式。四是双赢不败，即通过沟通，使双方均有收获。我们应该深知，沟通的目的不是击败对方，也不是为了证明谁对谁错，而是为了达成共识，实现双赢。

2）要反省不要埋怨

归因理论认为，人们常常把自己的失败归结成外部因素，如运气不好、同伴不配合等，这种倾向称为自我服务偏见。其实，与其他部门或同事发生矛盾时，一味地埋怨他人不仅无济于事，还会破坏心情。碰到问题与矛盾，员工首先应该扪心自问，深刻反省自己是否恪尽职守、尽心尽力。

3）要补台不要拆台

员工在团队合作过程中，必须摆正位置，既要"唱好主角"，更要"甘当配角"，确立"我应该为他们做什么"的理念，主动配合，求同存异，协调合作，取长补短，努力为他人的工作创造条件，提供方便，从而形成最大的团队合力。在工作过程中，他人难免会出现一些失误，可能会给自己带来困难或麻烦。此时，要懂得宽容，不要斤斤计较，学会站在对方角度思考问题，通情达理，谅解对方。同时，应该相互帮助，配合对方解决困难，而不要趁机打击别人，抬高自己，更不能落井下石。

（二）积极的服务心态

所谓心态，就是人们对主客观世界的认识及相应的心理反应，是人的认知、情感与态度的有机结合。作为餐饮从业人员,必须具有积极的职业心态。

1. 正确认知

心态要素的起点是认知,不同的认知会产生不同的情感,不同的情感会产生不同的态度。俗话说"境由心生",积极的心境源于阳光思维,即凡事朝好的、正面的、积极的方向去想。阳光思维能使人向前看,使人乐观自信、进取向上。

工作就是舞台,每个人都在扮演一种角色。餐饮从业人员必须充分认识到餐饮服务工作的重要意义,正确认知自己在特定场合的角色,明白他人对自己工作的期待,清楚自己的岗位职责,知道胜任工作所需具备的理念、价值观与素质要求,从而顺利达到目标,完成任务,甚至超越自我,与企业共同成长。

2. 快乐情感

快乐情感,即适应环境、自我调节、乐观向上、自得其乐的情绪状态。酒店餐饮部门的工作环境极具变化与挑战性,工作相对较为繁重,而且容易遭受挫折。因此,餐饮从业人员需要善于运用情绪宣泄、心理暗示、环境调节等方法,有效地调节情绪,从而保持工作的激情。

3. 积极态度

所谓态度,是指对特定对象的情感判断和行为倾向。积极态度,即立足于自我努力,而不被客观环境与他人态度行为左右的行为倾向。餐饮从业人员积极的态度主要表现在四个方面:一是勤奋,就是要把工作看成是自己的事情,专心、尽力去做;二是主动,就是不用别人说就能出色地完成工作任务;三是负责,就是要认真做事,恪尽职守;四是虚心,就是要永不自满,好学上进。

经典案例　　不同心态,不同结果

蔚蓝酒店为了形成竞争优势,提高企业的竞争力,委托邹老师做一个"酒店人力资源管理系统提升方案"的课题。为此,邹老师来到该酒店进行调研。

第二天中午1点30分左右,邹老师来到零点餐厅——牡丹厅,当时餐厅已没有就餐客人,只有三位服务员站在一边。而此时,餐厅门口进来一位客人,见没有服务员引领,他就走向靠窗口的一张小桌。三位服务员都看见了这位客人,但大家你推我让,谁也没有主动上前迎接,正在他们互相推诿之际,从备餐间出来的一位服务员,看见有客人进来就餐,就主动上前服务。

邹老师把三位服务员暂时叫到工作间,问她们为什么看到客人来就餐,却不主动上前服务。这时,其中一位服务员说:"邹老师,不瞒您说,这个客人很挑剔,为他服务弄不好要被投诉的,吃力还不讨好呢!"邹老师又问:"那刚才主动上前为这位客人服务的员工叫什么名字?她不知道这位客人很挑剔吗?"一位服务员说:"她叫李丹,她也知道这位客人很挑剔。""那她为什么还主动上前为他服务呢?"邹老师再问。"她和我们不一样,不知道什么原因,不管什么客人,到她那里都乖乖的了,不仅不投诉,还经常表扬她呢!"邹老师又问:"她学历比你们高吗?"一位服务员答:

"一样的，都是高中生。""那是不是她进酒店的时间比你们早？"邹老师接着问。"不是的，我们都是同一批招进来的。"另一位服务员答。

到此，邹老师心中已有了答案，为了证实自己的想法，邹老师约李丹等工作结束后做一下交流。下班后，李丹如约来到了员工活动室，邹老师与李丹简单寒暄后就直奔主题：

邹：李丹，今天这位客人是坐在你的服务区域吗？

李：不是的，1点钟以后餐厅进入临近营业结束的值班期，我们就不分服务区域了。

邹：你不知道今天这位客人很挑剔吗？

李：知道的。

邹：大家觉得为很挑剔的客人服务是倒霉、晦气，你是怎么看的？

李：我不这么认为，为挑剔的客人服务是自己学习与表现的机会。

邹：这怎么理解？

李：只要你热心和虚心，这类客人一般会告诉你很多你不知道的东西；如果你用心去服务，其实这类客人也是很通情达理的。能让这类客人满意，这不也证明了你的能力吗？

邹：你在工作中有烦恼吗？

李：烦恼总是有的。尤其是刚参加工作时候烦恼比较多，现在好多了。

邹：你工作中的烦恼主要是什么？

李：主要是自己感到力不从心和被别人误解，比如我的工资现在比同时进来的同事高了一级，总感觉压力很大；有些时候我主动帮助同事，个别人会认为我是有意表演。

邹：那你是怎么调整的呢？

李：我最后就记住三句话——与人为善，尽力而为，问心无愧。所以，我现在能在工作中感受到快乐。

听了李丹的一番话，邹老师无比感慨，他为自己发现了一个值得培养的人才而感到兴奋。

（案例来源：由邹益民根据自己的经历撰写。）

（三）过硬的服务技能

餐饮服务人员要做好服务工作，除了必须具有强烈的服务意识、良好的服务态度和必要的业务知识，更需要过硬的服务技能。所谓服务技能，就是为顾客服务的技术和能力，主要包括以下五个方面。

1. 观察能力

观察能力，就是在有目的、有组织、有思维参与的感知过程中，全面、深入认识事物的能力。要满足顾客的需要，必须首先了解顾客的需要，掌握顾客的情绪状态。而这就要求餐饮服务人员具备敏锐细致的观察能力,即能从顾客的衣着打扮、言谈举止、姿态表情中,准确地判断顾客的身份、特征及需求,随时关注顾客的需求与情绪,并给予及时满足。

观察是一种用心的行为,餐饮服务人员要提高观察能力,一方面需要员工在服务过程中集中精力,全神贯注,仔细留意,另一方面需要员工必须遵循感知的一些规律,掌握观察的基本技巧。

经典案例   用心服务,巧妙补台

某日中午,应邀来某酒店讲课的邹老师正在餐厅用餐,酒店为邹老师安排了三菜一汤,当第二个菜"蒜爆目鱼卷"上桌后,邹老师吃了一块,下意识地皱了一下眉头。此时,离邹老师十米左右的看台服务员小李走了过来说:"邹老师,这道菜是不是不合您的口味?"邹老师问:"你是怎么知道的?"小李回答道:"我发现您用这道菜时,脸上有一种异样的表情。"邹老师说:"你的观察很细致,大概今天你们的厨房太忙了,忙得忘记放盐了。"小李向邹老师道歉,并说:"邹老师,真的不好意思,今天中午酒店有三个婚宴,同时还有两个会议,厨房肯定是忙中出错了。您很忙,下午还要上课,如果这道菜重做的话,需要一些时间,我怕耽误您休息与工作,我马上去厨房叫厨师准备一碟调料,您就把它当白灼目鱼卷用吧,您看行吗?"邹老师表示赞同,脸上露出了满意的笑容。

事后,邹老师告诉总经理,这个服务员不仅有敏锐细致的观察能力与高超的语言能力,还有全局观与补台的意识。

(案例来源:由邹益民根据自己的经历撰写。)

29

2.记忆能力

记忆,就是经验的储存、再认和再现。"记"是指识记和保持,即把感知过的事物印在脑子里。"忆"即把以前感知过的事物回忆出来。餐饮服务人员的记忆能力主要体现在能熟记顾客的姓名、身份、个性、习惯、需要等信息,并能在提供服务的过程中加以有效运用。

餐厅服务人员要提高记忆能力,关键应该掌握记忆的方法。一是有意记忆法,即有明确的目的或任务、凭借意志努力记忆某种材料的方法。二是理解记忆法,即在积极思考、达到深刻理解的基础上记忆材料的方法。三是联想记忆法,即利用接近联想、相似联想、对比联想来增强记忆效果的方法。四是多通道记忆法,即多种感知觉参与的记忆方法。五是精选记忆法,对记忆材料加以选择、取舍、归纳的记忆方法。

3.应变能力

应变能力,即能根据不同的情景、不同的场合、不同的顾客灵活提供针对性的服务,并具有应对各种突发事件的能力。由于顾客的需求千差万别,而且在服务过程中也难免会发生一些突发事件,如顾客投诉、操作失误、顾客醉酒等,这就要求餐厅服务员必须具有灵活的应变能力，遇事冷静，及时应变，妥善处理，充分体现酒店"顾客至上"的服务宗旨，尽量满足顾客的需求。

4.语言能力

语言表达能力，是指在使用口头语言及书面语言的过程中运用字、词、句、段的能力。语言是人与人沟通、交流的工具。餐厅服务人员的语言，首先，必须注意礼貌性。比如，顾客进入时要有迎候语；与顾客见面时要有问候语；提醒顾客时要用关照语；顾客召唤时要用应答语；顾客付款或得到顾客的协助、谅解等时要有致谢语；顾客致谢时要用回谢语；由于条件不足或工作疏忽未满足顾客需要或给顾客带来麻烦时要有致歉语，顾客着急或感到为难时要有安慰语；顾客离店时要有告别语。其次，必须注意艺术性和灵活性。只是生硬地搬用礼貌用语，缺乏感情，只会使顾客感到生硬，达不到亲切的服务效果。交谈中要理解顾客的心理，做到有的放矢，不致盲目服务。最后，必须注意语言的适时性和思想性，并且做到言之有趣，言之有神。当然，声调有画龙点睛的作用，酒店员工应做到轻声细语，使顾客有被尊重的感觉。

5.操作能力

操作能力，就是人们操纵自己的肢体以完成各种活动的能力。餐饮服务人员必须掌握托盘，斟酒、派菜、摆台等操作技术，并做到操作准确熟练，动作姿态优美。

扩充阅读　　　　国宴级金牌服务员

四、餐饮员工能力开发[①]

企业既需要提升员工职业素质，还需要对员工能力加以有效开发。

（一）创造工作空间

工作空间是员工发挥才能、实现人生价值的工作舞台。酒店组织必须确立"有位才能有为，有舞台才能唱戏"的观念，给员工提供宽松适度的工作空间。除了给员工适度的表演与自主空间外，应特别注意给员工一定的过错空间。人非圣贤，孰能无过，做工作总不免要犯错误。所以，作为酒店餐饮管理者，必须正确区分员工的过错性质，保证适当的过错空间，酌情处理。

---

① 周亚庆，邹益民.饭店员工管理新思维——快乐工作管理研究[M].天津：南开大学出版社，2008.

1.低级过错

低级过错,即由于员工自身原因或者主观意愿所造成的过失或违规行为,如由于态度不端正、疏忽大意、马马虎虎导致工作失误。对于低级错误,必须严格按制度进行处罚。

2.客观过错

客观过错,即主要是由于员工身体、知识、经验和能力的不足,或者是客观条件所致的过错。对于员工的客观过错,酒店管理者应以博大的胸怀去包容和谅解,并给予精神上的帮助和技术上的支持。

首先,管理者的批评教育应该是善意的,要让员工意识到犯错并不可怕,关键是要从错误中吸取教训并改正错误。

其次,要给予技术上的指导,要让员工知道并掌握正确的方法,做到吃一堑、长一智。

再次,应该给予适当的弥补机会,让员工有将功补过的机会。

最后,管理者要从员工的过错中进行反思,寻找自己工作的不足与管理的漏洞,而不要推卸责任。

3.高级过错

高级过错,即主要指那些在改革、创新、探索的过程中出现的失误。对于高级过错,有时不仅不应该批评与处罚,还应该给予必要的鼓励。当然,要注意及时总结教训,以免再犯同样的错误。

(二)关注员工身心

酒店餐饮作为高接触度的服务活动,员工很容易出现心理问题,需要引起高度重视。

1.理解员工苦衷

理解是人们共同的需要,管理者应理解员工的苦衷,并采取有效措施,尽可能消除酒店餐饮工作的以下特性的负面效应。

1)工作时间特殊性

由于餐饮业务的特点,临时加班在所难免,节假日加班则是"正常现象"。这就给员工安排自己的生活带来了诸多不便。因此,酒店管理者必须从工作需要和员工需求角度,实行富有人性化的工作时间与假期管理。一方面要合理安排员工的工作时间,适度增加工作时间的灵活性,逐步推行弹性时间工作制,尽可能避免加班加点,以保证员工的休息时间;另一方面,应逐步推行灵活的休假制度,有计划地安排员工度假旅游,从而使员工体会工作的价值和生活的快乐。

2)工作性质特殊性

酒店餐饮工作是一种"直接为人服务"的工作,员工与顾客的关系是一种服务与被服务、支配与被支配的关系,顾客享受与员工劳动的同一性容易形成强烈的心理反差。因此,酒店管理者必须深刻认识到,一线员工时常会面对来自顾客、组织和工作本身的多个冲突和压力。在管理中,管理者必须懂得尊重员工的人格,维护员工的尊严,保护员工的合法权益。同时,还要注重肯定员工的工作成绩,赞美员工的良好表现,让员工为自己所做的工作感到自豪,形成愉快的工作气氛。

3）工作要求特殊性

几乎所有的酒店都制定了严格而具体的规范，要求酒店员工必须时时规范自己的言行，不能随心所欲，即使碰到各种困难和烦恼，也要求走上岗位就进入角色，可谓标准高、要求严。而酒店餐饮员工绝大多数是年轻人，这些工作要求和年轻人崇尚个性与自由的特点有极大的矛盾，而且也易使员工产生一种压抑感。因此，一方面，酒店在员工求职和入职培训时，必须让员工明白角色是一种职能，一种对处在这个地位的人的所期待的、符合规范的行为模式，要让员工知道服务业是一个服务他人、使他人愉悦的行业，必然要求员工有时需要做出一些必要的"牺牲"；另一方面，酒店应该注重制度的人性化设计和工作的科学设计，在可能的情况下给员工以灵活的空间，让他们体会到工作的乐趣，并注重科学调节员工的情绪，丰富员工的业余生活，让他们享受生活。

2.关注员工压力

压力，即心理压力，是个体在生活适应过程中的一种身心紧张状态。员工压力不可避免，适度的压力是促使员工积极进取的外在激励因素。

1）认识员工压力源

员工压力源，即促使个体产生紧张的外部事件或环境刺激，主要有工作压力源、家庭压力源与社会压力源。作为管理者需要特别关注员工工作的压力源，直接与个体的工作角色相联系的压力源主要表现为以下几个方面：①角色模糊，即角色信息不清晰，主要来自不合理的工作说明、环境变化引起的角色变化等；②角色冲突，即个体所获得的关于同一角色的信息出现矛盾，如不同的信息发送者之间沟通不畅及其合作不佳造成员工获得的信息相互冲突；③角色负重，即当一个员工被要求在一定时间内完成力所不及的任务时出现的情况。

2）合理控制压力源

合理控制压力源，即通过有效的管理措施，减少、消除不必要的工作压力，主要表现在以下方面：①合理配置人力资源，尽量保证招聘的人员具有与职务要求相适应的工作能力和个性特点；②合理安排员工工作量，改善工作条件，为员工创造舒适的工作环境，以利于员工将压力控制在促进工作效能的水平；③有步骤地实施工作丰富化，避免员工因长期从事同种工作带来的枯燥感和疲惫感；④改进领导者作风，提高管理水平。

3）促进组织内部沟通

促进组织内部沟通，即通过正式和非正式沟通，增强管理者与员工间的信任与理解。管理者应通过正常途径，及时了解员工对工作的真实想法及心中的困惑，以找到问题的症结所在，帮助员工解决困难，减少工作压力，提高效率。非正式沟通虽是自发的、随意的，但员工在非正式沟通中往往更倾向于表达自己的真实想法。

4）注重工作压力疏导

伤心痛苦总是难免的，酒店管理者应协助或引导员工把不良情绪发泄出来，使员工早日从痛苦的状态中解脱出来。比如，通过心理咨询可以了解员工的看法、感觉、情绪等方面的变化，解决其出现的心理问题，从而调整心态，正确面对和处理压力，保持身心健康，提高工作效率和生活质量。

3.关注职业倦怠

职业倦怠又称职业枯竭。它是一种由工作引发的心理枯竭现象，是上班族在工作的重压之下所体验到的身心俱疲、能量被耗尽的感觉。

要有效解决职业倦怠问题,需要员工与组织的共同努力。从组织角度来说,主要应该从五个方面加以影响与调整:一是注重工作再设计,让工作更加富有意义、挑战与乐趣;二是适当地进行工作轮换;三是更多地接纳员工对流程和再造的意见;四是工作业绩评定时,要充分肯定员工的优点与贡献,并合理指出缺点与失误,以增强员工的成就感;五是提供建设性的反馈意见与必要的支持。

(三)激发工作热情

从员工角度来说,员工绩效主要取决于态度与能力,而能力的发挥则取决于工作热情的高低。管理者必须注重对员工的有效激励,以激发其工作热情。

1. 激励的特征

所谓激励,就是为了特定目的影响人的内在需要,激发人的动机,从而引导和强化人的行为的过程。

(1)激励的目的是调动员工的积极性,驱动员工行为,促进企业管理目标的实现。员工工作积极性,即员工对工作任务产生的一种能动、自觉的心理状态。工作积极性主要可从三个维度加以观察分析:一是责任心,即员工对工作的投入程度与对待工作结果的态度;二是主动性,即员工根据一定的岗位要求和工作要求,在主体意识的积极支配下进行的活动;三是创造性,即员工在工作过程中与时俱进,不断创造的意识与行为。

(2)激励的起点是员工的需要,管理者要掌握员工的需要,并努力满足。所谓需要,就是有机体缺乏某种物质时产生的一种主观意识,它是有机体对客观事物需求的反映。对于员工需要的认识,餐饮管理者应该把握以下几个基本要点。一是员工需要的客观性,按照起源,员工需要可以分为自然性需要和社会性需要两大类。自然性需要主要产生于人的生理机制,是与生俱来的;社会性需要是通过后天学习获得的,由社会的发展条件所决定的。二是员工需要的层次性,即员工需要会因为人的追求而呈现由低到高的层次,一般情况下,低层次的需要未得到满足时,高层次需要往往表现不明显。在不同的时空条件下,员工的某些需要会占据主导地位,成为主导型需要。三是员工需要的差异性,即由于主客观条件的不同,员工需要会存在个体差异。

(3)激励的关键是员工的动机。动机是在需要的基础上产生的,是引起个体活动,维持并促使活动朝向某一目标前行的内部动力。动机在员工行为中能起到以下作用。一是引发功能。人类的各种各样的活动总是由一定的动机所引起的,没有动机也就没有活动。动机是活动的原动力,它对活动起着始动作用。二是指引功能。动机像指南针一样指引着活动的方向,它使活动具有一定的方向,朝着预定的目标前进。三是激励功能。动机对活动具有维持和加强作用,强化活动以达到目的。

(4)激励是一个持续的过程。这个过程包括三个阶段:要让员工愿意干;要让员工能干好;要让员工干好以后继续干。

2. 激励的类型

按照不同划分方式,激励可分为不同的类型。

(1)按激励的内容,它可分为物质激励和精神激励。两者的最终目的是一致的,但作用的对象不同。前者作用于人们的生理方面，是对人们物质需要的满足；后者作用于人们的心理方面，是对人们精神需要的满足。

（2）按激励的性质，它可分为正激励和负激励。所谓正激励，就是当一个人的行为表现符合社会需要或组织目标时，通过表彰和奖赏来保持和巩固这种行为，以达到调动积极性的目的。所谓负激励，就是当一个人的行为不符合社会需要或组织目标时，通过批评和惩罚，使之减弱或消退来抑制这种行为。

（3）按激励的形式，它可分为内激励和外激励。所谓内激励，就是通过启发诱导的方式，激发人的主动精神，使人们将工作热情建立在高度自觉的基础上，充分发挥人的内在潜力。所谓外激励，就是运用环境条件来制约人们的动机，以此来强化或削弱某种行为，进而提高工作意愿。内激励带有自觉性的特征，外激励则表现出某种程度的强迫性。

3. 激励机制

激励机制就是在激励中起关键性作用的一些因素，由时机、频率、程度、方向等因素组成。

1）激励时机

激励时机，即为取得最佳激励效果而进行激励的时间。激励时机根据时间快慢差异，可分为及时激励与延时激励；根据时间间隔是否规律，可分为规则激励与不规则激励；根据工作周期，可分为期前激励、期中激励和期末激励。

2）激励频率

激励频率，即在一定时间内进行激励的次数。激励频率并不是越高越好。一般来说，以下四种情形的激励频率应该较高，反之亦然。一是工作复杂性强，比较难以完成的任务；二是任务目标不明确、较长时间才可见到成果的工作；三是各方面素质较差的员工；四是工作条件和环境较差的部门。

3）激励程度

激励程度，即激励量的大小。激励量必须适当，过小则难以起作用，一次激励量过大，又会给以后的激励造成阻碍，因为激励是一个持续反复的过程。

4）激励方向

激励方向，即激励的针对性，针对什么样的内容来实施激励。激励方向的选择应以需要为前提条件。

扩充阅读　　　　行为科学理论

本章小结

（1）酒店餐饮经营首先必须充分理解餐饮业务的特点，了解餐饮业务的地位，明确餐饮管理的基本要求，以正确把握酒店餐饮管理的方向与工作重心。

（2）酒店餐饮经营以市场为基础，要实现酒店餐饮管理目标，就必须有科学的市场定位，既要对酒店餐饮的目标市场加以科学定位，又要在正确认知竞争要素的基础上，正确选择竞争层次，合理确立市场竞争的位置与市场形象，还要根据顾客价值导向与效益领先原则，合理选择餐饮经营方式，有效配置餐饮设施，创造物有所值的餐饮产品。

（3）餐饮管理说到底是人的管理。酒店必须科学设置餐饮管理组织，合理配置员工，提升员工职业素养，有效提高员工的工作能力。

思考与练习

1. 为什么要充分认识酒店餐饮业务的特点？

2. 如何理解酒店经营管理中"餐饮打牌子"这一理念？

3. 为什么说价格竞争是一种低层次的竞争，而品牌竞争则是高层次的竞争？

4. 酒店餐饮市场定位主要包括哪些内容？应考虑哪些基本因素？

5. 从教材中"用心服务，巧妙补台"案例的服务员身上，我们可以学到什么？

6. 查阅资料，分析"Z世代"员工的行为特征及管理策略。

7. 你如何评价教材中的"杭州湾酒店集团所属酒店餐饮竞争定位谋略"？

8. 选择一家餐饮生意兴隆、市场口碑良好的酒店，通过调查研究，总结其成功经验并提出对其他酒店的启示。

9. 搜索"中餐Omakase"的消费神话案例，并思考以下问题：①你怎样看待这一高消费现象？要实现"消费神话"需要哪些基本条件？ ②从该案例中，酒店餐饮经营者可以得到哪些启示？

案例分析

案例一

某酒店为中外国家领导人经常下榻的国宾馆，地处交通便利、环境幽静的风景区。该酒店为了接待和经营的需要，在风光绮丽的湖边修建了一个高级中餐厅，内设各种风格的小餐厅。该餐厅尚未开张营业，已在社会上产生了很大的影响，多数人认为到此处用餐，是身份和地位的象征。

问题：

该酒店对这一餐饮经营项目应采取什么竞争定位策略？为什么？

案例二

某酒店开业伊始，承担了招待当地市政府宴请市长研讨班考察团的任务。虽然酒店事先做了周密的准备，但宴请当天，还是出现了意外情况。当上一道名叫"海狮戏球"的特色菜时，由于厨房操作原因，3号桌服务员把菜端上桌时，用鱼做的昂头"海狮"却低下了头，"海狮"头顶着的"彩球"掉在了转台上。

问题：

面对这一突发情况，该服务员应该怎么做？

第二章 →

酒店餐饮产品生产管理

学习导引

俗话说:一招鲜吃遍天。如果一家酒店的菜点独具美味,受到众多食客追捧,那么其往往能在激烈餐饮市场竞争中占据一席之地。菜点质量的好坏既取决于原料的质量,还取决于厨房管理水平的高低。餐饮原料采供管理,就是对餐饮原料的采购、验收、发放、储存等环节进行有效的计划与控制,其目的在于为厨房等加工部门保质保量地及时提供原料,并使采购的价格和费用最为经济合理。厨房业务管理,就是对菜点品种的研发,对菜点质量的形成及食品成本的相关要素进行计划、组织与控制的活动。当然,确保食品安全永远是餐饮管理的底线。那么,餐饮原料怎样才能既保证品质又控制成本?怎样才能设计规划好厨房?菜点质量如何控制?菜点怎样组织研发?怎样做好食品安全管理?本章将帮助你找到一些思路与方法。

学习重点

通过本章学习,学生应该重点掌握:
(1)餐饮原料采供模式、方式及控制;
(2)厨房规划设计的基本思路;
(3)酒店菜点质量的控制及菜点的研发;
(4)酒店食物中毒的预防与处置。

第一节 酒店餐饮采购与供应管理

一、餐饮原料采购管理

（一）餐饮原料采购模式

餐饮原料采购，就是根据生产需要和计划购货，并以合理的价格购得保证质量的原料。餐饮原料采购工作直接影响餐饮原料的质量和餐饮成本的有效控制。根据我国酒店的现状，餐饮原料采购主要有以下三种模式。

1.采供部负责采购

这种采购模式是由餐饮部门提出采购的申请和要求，由酒店采供部统一采购。采供部属于酒店的二级部门，一般由财务部领导。该组织形式的优点是利于专业化管理，便于资金和采购成本的控制；不足之处是采购的及时性和灵活性较为欠缺。这种组织形式必须以严密的计划性和制度化为前提，否则就会出现互相扯皮、互相推诿等现象，造成工序脱节。

2.餐饮部负责采购

这种采购模式就是餐饮部负责所有餐饮原料的订购业务。该模式的优点是能根据餐饮的业务状况，灵活及时地采购，便于控制数量和质量；不足之处是缺乏制约，容易出现财务漏洞，采购的资金及成本控制相对难以掌握。因此，采用这种组织形式的酒店，应制定比较严密的规章制度，加强监督控制，控制采购成本。

3.分工采购

分工采购有两种情况：一是单体酒店，一般由餐饮部负责鲜活原料的采购，采供部负责可储存原料和物品的采购。其优点是比较灵活，能及时满足餐饮业务活动的需要，也有利于采购成本的控制；不足之处是多头采购，职责上划分不清晰，给管理与协调带来一定的困难。二是酒店联号企业，可储存原料和物品一般由酒店集团物资采供中心集中配送，鲜活原料则由各酒店自行采购。这种形式有助于集团统一监督原料的质量、数量，同时可获得相对优惠的价格，方便控制成本，但采购的灵活性和及时性受到一定的限制。

究竟采取何种餐饮原料采购模式，酒店应根据自身情况及其所在地原料市场的供应情况而定。

（二）餐饮原料采购方式

酒店应根据餐饮经营业务要求、餐饮原料的类型及市场供求情况，选择相应的采购方式。所谓采购方式，就是获得餐饮原料的途径和形式。

1.直接采购

直接采购，就是采购人员对网上信息或直接在自由市场中获得的信息进行分析取舍，通过洽谈（讨价还价）从中购买相应原料。

2.招标采购

招标采购，就是酒店把所需采购的原料名称及规格标准，以招标的方式向社会公布或以邀请招标的形式寄给有关供货单位。供货单位接到招标信息或招标邀请后,在投标的有效期内向酒店寄送投标书(单),酒店根据客观、公正、科学的原则,对投标书(单)进行综合评定,选择信誉度高、原料符合质量规格、供货及时、价格合理的单位作为中标单位。招标采购一般适用批量大、数量多、价格高的餐饮原料。招标过程中,要注意防范投标人相互串通报价,哄抬物价;同时,也要避免低于成本的报价竞标,因为这种供货合作违背市场经济的双赢原则,往往难以持久。

3.定点采购

定点采购,就是酒店选定供货单位并与之签订长期供货合同,来保证所需原料的采购方式。这种采购方式一般适用于短缺原料和特殊原料。有时,酒店需要的某种原料在市场上奇缺,或者仅一家单位有货供应,此时,酒店就必须采用定点采购的方式。另外,酒店为了保证某种特殊原料的品质和供货的稳定性,比如有些家常菜原料往往也会和供应商签订长期供货合同,这种供货方式类似于酒店的原料生产基地。

4.代销方式

代销方式,就是由供应商提供原料供酒店使用,按实际使用量结算的方式,比如某些酒店对海鲜产品就采用此方法。酒店设置海鲜池,由供应商负责采购养殖,酒店则在营业期间计量取用,根据实际用量按月结算,供应商则需保证酒店所需的品种和数量。

(三)餐饮原料采购控制

餐饮原料采购的目标是品种对路、数量适中、质量优良、价格合理、供货及时。根据餐饮原料采购的目标,必须抓好以下六个环节。

1.选好采购人员

采购工作的好坏,关键在于采购人员的素质。餐饮原料采购是一项较复杂的业务活动,需要采购人员以合适的价格,在适当的时间,采购安全可靠、符合规格标准和预定数量的原料,以保证餐饮经营的顺利进行。

2.明确供货单位的选择标准

餐饮原料供货单位的选择标准则应根据餐饮业务的要求加以规定,一般而言,评价供货单位的选择标准主要有以下五条。

(1)供货单位的地理位置、交易条件、服务精神如何。

(2)对本酒店餐饮的经营策略是否理解,并且是否愿意全力协助。

(3)供货单位的信誉如何,是否稳定,是否可长期合作。

(4)能否提供有关商品和消费的情报。

(5)能否提供本酒店餐饮经营所必需的商品种类、数量和质量,价格是否公道。

3.规定采购质量

要保证菜肴质量的稳定,食品原料的质量必须始终如一。对此,酒店必须列出本酒店常用的需采购的食品原料的目录,并以采购规格书的形式,对需采购的食品原料的质量规格进行详细规定。

4.建立标准的采购程序

为了使采购人员清楚地知道怎样工作,也为了使管理人员实行有效管理,酒店必须建立标准化的采购程序,明确规定各自的责任和各项工作的先后顺序。

标准化的采购程序主要通过表单的传递来实施,其基本表单有请购单、订购单、进货单和每日食品存购一览表。这四种表单的运行与关系:请购单由使用部门提出,是采购人员进行采购的依据;订购单由采购部门向供货单位发出,是供货单位供货和酒店验收人员的依据;进货单(进货回执)由酒店验收人员填写,是供货单位的结算凭证;在此基础上填写每日食品存购一览表,以便全面控制食品的采购和结存。

5.控制采购数量

餐饮原料的采购,不仅要保证质量,而且还要做到数量适中,如果数量不足,就会影响餐饮的业务活动,反之则会造成积压和变质浪费。同时,采购数量还关系到采购价格,关系到资金周转,关系到仓储条件和存货费用等。餐饮原料采购数量的依据来源于仓库的订货数量和厨房的订货数量。厨房订货,大都为鲜活原料,因其具有易变腐烂的特征,通常不宜作为库存原料。对于此类原料,厨房应根据业务需要每天提出订货,其订货数量源于第二天的接待任务和销售预测。仓库的订货一般为不易变质、可以储存的原料,如大米、面粉、罐头、干货、调料等。酒店可根据不同的存货定额——即最高和最低的库存量——来决定采购原料的数量。

随着我国经济的发展和市场的繁荣、物流企业的成熟及互联网的发展,商品供应日趋丰富充足,酒店的采购周期日趋缩短,而且库存量也呈下降之势。在此,零库存管理思想值得中国的酒店借鉴。零库存并不是指以仓库储存形式的某种或某些物品的储存数量真正为零,而是通过实施特定的库存控制策略,实现库存量的最小化。所以零库存管理的内涵是指以仓库储存形式的某些种物品数量为零,即不保存经常性库存,它是在物资有充分社会储备保证的前提下所采取的一种特殊供给方式。实现零库存管理是为了减少社会劳动占用量(主要表现为减少资金占用量)和提高物流运输的经济效益。实现零库存,关键需要加强科学的预算、订购管理工作,并注重提高餐饮工作的计划性与现场控制水平。

6.建立监控系统

为了有效控制食品原料的进货价格,酒店领导层及餐饮、财务部门的管理者应通过多种途径收集各种市场信息,掌握第一手资料,以便分析比较,发现问题及时防范纠正。同时,酒店应完善采购流程,建立严格的奖惩制度,实施部门之间的相互制约和必要的员工监督机制。

二、餐饮原料验收管理

采购是厨房生产获取原料的前提,验收则是为厨房生产提供价格适宜又符合质量要求的各类原料的保证。

(一)餐饮验收基本条件

为了使验收工作顺利完成,并确保所购进的原料符合订货的要求,酒店应注重以下环节。

1.验收场地

验收位置好坏、场地大小,直接影响货物交接验收的工作效率。理想的验收位置应当设在靠近储藏室至货物进出较方便的地方,最好也能靠近厨房的加工场所。这样便于货物的搬运,缩短货物搬运的距离,也可减少工作的失误。验收要有足够的场地,以免货物堆积,影响验收。此外，一般需要设有验收办公室。

2.验收设备

验收处应配置合适的设备，供验收时使用。验收设备（工具）既要保持清洁，又要有安全保障。

3.验收人员

为了保证验收工作能正常有效地进行并达到验收的预期目标，餐饮验收必须由专人负责，并且经过专门训练，酒店必须赋予验收人员相应的权力。

（二）餐饮验收基本程序

科学合理的验收程序，是提高验收工作效率、保证验收工作质量、减少失误与差错的关键。

1.根据订购单核对原料与票据

首先要依据订购单或订购记录来检查货物，对未办理过订购手续的物品不予受理，以防盲目进货或有意多进货。同时，供货发票通常是随同货物一起交付的，发票是付款的重要凭证，一定要逐一检查。核查票据上所载明的内容是否与订购要求相符，对于与订购单或订购合同书不符的内容，要求供货单位（或送货人员）进行解释或进行必要的处理；如果两者的出入较大，则不能对原料进行验收和接收，并且要及时向上级汇报。另外，还应核对随同食品原料一起交付的，针对原料的运输、提货等方面的，必需的有关票据是否齐备，否则另作处理。

2.检查原料的品种、数量与质量

根据送货单检查原料的品种是否符合要求，核对原料的数量是否准确，检验原料的质量是否优良，以及对包装进行检验等，每一项目都要做好验收记录。对于进口的冷藏、冷冻原料的验收，酒店需要按国家有关规定执行。

3.受理货物，开具单子

如果一切项目与订购单或订购合同书所规定的完全相符，并且完全符合验收要求，验收人员应根据验收记录填写验收单并在发货票上签字。对于不符合验收要求的（如质量、数量或价格等不符），若为供应商送货的，则应拒绝验收，办理退货手续，开具原料退货单，并由送货人员签字，将其中一联退货单随同原料退回供货单位。若为自提和代运的，则应根据验收记录做验收异议处理，并应对这类食品原料妥善保管，加贴封条予以封存，不可随便动用，留待供货方来人或以其他方式进行协商处理。

4.办理入库，分流物品

食品原料验收合格后，应及时与仓库保管员根据食品原料的品种办理入库手续，交由保管员分类入库保管或冷藏保管，及时填写双联标签注明进货日期、名称、重量、单价及保质期等。对于部分鲜活原料、蔬菜原料可直接发放给使用部门，但申领手续要齐全。

5.填写相关表单

验收人员在对食品原料进行验收的过程中，除了需要在发货票上签字，还应根据酒店的规定对验收过的原料填写相应的表格、单据等。

（三）餐饮验收控制方法

餐饮验收的控制方法主要由验收人员通过表单进行。验收人员要努力提高业务素质，熟练地使用、填制和上报各种票证和表单。

1.发货票和收货凭证

发货票应一式二联。送货人员在验收人员验货后要求验收人员签字，一联留收货单位，另一联交还供货单位，以证明收货单位已收到货物。在与收货单位结账时，凭有验收人员签字的发货票和有关人员签字的税务发票到收货单位的财务处领取货款。

发货票和收货凭证都是供货单位的供货证明，不同之处在于：发货票由送货单位提供，随货物送到酒店验收处，由收货单位有关人员签字证明货物收妥无误，而收货凭证是由收货单位提供的收货证明。

2.验收记录和验收单

验收记录就是验收人员每天记录验收处收到哪些货品，这些货品的票据情况、账款的应收应付情况及验收处发出货物的情况。

货物验收单是验收人员填写的同一天内同一供应单位供应的原料名称、数量、单价及金额的单据。验收单一式三联，第一联交财务部，第二联交仓库，第三联留存。

3.验收章

为便于监控结账过程和明确责任，酒店应使用验收章。原料验收合格后，应在发货票或收货凭证上加盖验收章，并请有关人员在相关栏目内签字。手续完备后，财务部门才能支付货款。

4.冷冻原料存货标签

在验收时，验收人员应给冷冻肉类或水产品加上存货标签。标签应分为两个部分，一部分系在原料上，另一部分送食品成本核算人员。

5.退货通知单

发现原料重量不足或质量不符合要求时，验收人员应填写退货通知单，并让送货人员签字，将退货单随同发票退回供货单位。

6.无购货发票收货单

验收人员收到无购货发票货物时，应填写无购货发票收货单。该单一般一式二联，一联送财务部，另一联作为存根留在验收处。

7.验收日报表

验收日报表由验收人员按日期填写，记录所有进货的有关信息。有的酒店也把食品原料与酒水等分开填写，成为食品验收日报表和酒水验收日报表。

当然，为了做好验收工作，酒店还必须建立和完善验收制度，同时必须加强对验收工作的领导，定期或不定期地对验收工作进行督导，以使验收工作符合管理的目标。

三、餐饮原料仓库管理

仓库管理主要包括食品仓库的储存、发放及盘点等工作。

（一）食品原料储存要求

1.仓库要求

为了使食品储存达到理想的效果，首先必须保证食品仓库达到科学设计的要求。食品储存仓库必须做到位置、面积合理,温度、湿度和光线适中,安全卫生达到国家法律规定及有关部门的标准。

2.入库要求

所有购置回来的食品原料(直拨原料除外)均应及时入库,以防变质散失。入库的食品原料均应系上标签,注明入库时间、数量等,便于领用发放、盘存清点,并且利于掌握储存时间,做到先进先出。

3.存放要求

为了便于原料的入库上架、盘存清点和领用发放,食品原料的存放应根据不同的性质和储存的时间要求,存入不同的库房,并根据仓库布局,合理规划各类不同食品原料的摆放区域,实行分区定位摆放。同时,采用四个号码定位标注某种原料在仓库中的存放位置,这四个号码依次是库号、货架号、层号和位置号。此外,食品仓库必须规定必要的安全和卫生标准,并做好安全和清洁工作。

(二)食品原料发放控制

1.定时发放

定时发放,即规定发放时间,并不是全天 24 小时开放。此举的意义是便于仓库管理人员有充分的时间检查、整理仓库,同时也有利于促进厨房管理人员增强计划意识,养成计划管理的习惯。当然,若碰到临时性任务等,则必须灵活处置,确保餐饮业务顺利进行。

2.凭单发放

凭单发放,就是凭领料单发料。领料单是厨房领料和仓库发料的凭证和依据,必须手续齐全,填写准确、清楚,符合酒店规定。

3.先进先出

先进先出,即食品原料入库存时必须注明入库日期,并做到先入库的食品原料先发放,注意食品原料的保质期,保证在食品原料的有效期之前使用。

4.准确计价

准确计价,即食品原料出库后,仓库管理人员必须在领料单上列出各项原料的单价及金额,并汇总领取食品原料的总金额,以便计算食品成本。

5.如实记录

如实记录,就是有些原料不在领取日使用,而在第二天或此后某天使用,则应在原料领用单上注明该原料的消耗日期,以便把该原料的价值计入其使用日的食品成本。有些原料则是一次领用,分次使用的,则应分天计入。至于各部门之间的内部调拨,则同样应办理必要的手续。

(三)食品原料库存盘点

餐饮原料的流动性大,为了及时掌握原料库存流动变化的情况,就必须对库存原料进行定期(如财务核算周期末)和不定期(如仓库管理人员更换之际)的盘点。

库存盘点主要是全面清点库房和厨房的库存物资,检查原料的实际存货额与账面额相符,以便控制库存物资,以防短缺。通过库存盘点,管理人员掌握原料的使用情况,分析原料管理过程中各环节的现状；计算和核实每月月末的库存额和餐饮成本消耗，为编制每月的资金平衡表和经营情况表提供依据。

原料盘存一般由酒店财务部派人专门负责。在盘点时，要对每一种库存原料进行实地点数。

第二节　酒店厨房规划设计

厨房规划设计，就是确定厨房总体及各部分的规模大小和连接通道，并具体安排厨房各部门的位置及厨房设备设施的分布。

一、厨房空间设计

厨房空间设计必须有利于提高厨房的生产质量和劳动效率，具体必须达到以下要求。

（一）保证适当面积，满足运营要求

厨房面积的大小，主要取决于餐厅营业面积。通常，厨房应占餐饮用房总面积的45％左右。当然，由于各酒店的餐饮定位、档次、功能，以及原料情况、制作工艺、设备设施等因素不同，其面积会有所差异。

（二）保证物流畅通，避免交叉碰撞

菜肴的生产从食品原料的采购开始到菜肴的制作，是一个连续不断、循序渐进的过程。要保证生产过程有序、快速地进行，厨房布局必须按进货、验收、加工、切配、烹调、出菜等流程依次对设备设施进行科学定位，保证创造一条快捷、连贯、畅通的物流线，避免各种物品的运送传递发生不必要的交叉回流，特别是要防止出菜与收台、洗涤的交叉碰撞。此外，厨房布局必须充分考虑物流线的宽度，保证餐车等运输工具的自由出入。

（三）缩短工作距离，避免无谓消耗

为了减小厨房人员的劳动强度，提高工作效率，保证厨房的出菜速度和菜肴质量，厨房的设计和布局必须注意库房及厨房各操作单元尽量紧凑，厨房及洗碗间尽可能靠近餐厅，最大限度地缩短食品原料进出各操作单元的距离和服务距离。厨房各操作单元应尽量处在同一平面，并力求靠近餐厅。若无法安排在同一平面时，应配置升降梯等垂直运输工具，以免来回跑动而影响工作效率和造成体力的无谓消耗。

（四）突出中心厨房，有效利用资源

现代酒店中，往往有众多的餐厅，如宴会厅、风味餐厅、中餐零点餐厅、多功能餐厅等。为了有效利用设备和资源，并方便顾客，一般应尽量把餐饮区域设计在同一层面或相邻层面。但有时由于餐厅功能不同、大小不同、特色各异、忙闲不均，各餐饮区域可能会出现分设在不同层面，甚至相距甚远的情况。对此，各餐厅除了应配备相应的主厨房，其余的如初加工、点心、冷菜、蒸煮、烧烤等配套厨房应尽量集中在中心餐饮区的中心厨房，以减少设备投资，并减少厨房场地的占用和劳动力的消耗。

二、厨房环境设计

厨房既是菜肴加工生产部门，又是消防、卫生防疫的重点区域。厨房环境设计必须达到我国食品安全法和消防法等相关法律法规的要求，并为员工创造良好的工作环境。厨房环境总的要求是明亮、通风、干燥、防潮、安全、卫生。

（一）厨房"三面"设计

"三面"，是指厨房的地面、墙面与顶面。

1. 地面

厨房地面应铺设防潮且防滑的地砖，并且要耐磨、易于清扫、不沾油腻。另外，地面的颜色要求鲜明，以便人们从心理上注意保持厨房清洁。

2. 墙面

厨房墙面应平整光滑，无裂缝凹陷，最好采用瓷砖之类的可洗物质铺面，以免油污堆积。

3. 顶面

厨房天花板平面力求平整，无裂缝和凹凸，无暴露的管道，不然易堆积污渍和灰尘，甚至滋生虫蝇，影响食品生产的卫生安全。由于厨房空气湿度大，天花板最好涂抹防水白漆，以防表面受潮脱落污染食物，或选用轻型金属材料吊顶，便于拆卸清洁。

（二）厨房"三度"设计

"三度"，是指厨房的温度、湿度与亮度。

1. 温度

厨房设计布局必须注意使厨房保持适当的温度，如果在闷热的环境中工作，不仅员工的工作情绪会受到影响，工作效率也会变得低下。厨房内较适宜的温度应控制在冬天 22～26 ℃，夏天 24～28 ℃。

2. 湿度

湿度是指空气中含水量的多少，相对湿度是指空气中的含水量和在特定温度下饱和水汽中含水量之比。厨房应保持适当湿度：湿度过高，易造成人体不适，并导致某些食品原料的腐败变质；湿度过低，厨房内的原料（特别是新鲜的绿叶蔬菜）易干瘪变色。人体较为适宜的相对湿度为 30％～40％。夏季，当温度在 30 ℃时，相对湿度一般在 70％左右。这也就是说，温度越高，相对湿度越大。

3. 亮度

厨房生产时，操作人员需要有充足的照明，才能顺利地进行工作，特别是炉灶烹调，若光线不足，一方面会影响烹饪菜肴的质量，另一方面容易使员工产生疲乏劳累感，降低生产效率，并增加安全隐患。厨房灯光不仅要从烹调厨师正面射出、没有阴影，还要保持与餐厅照射菜点灯光一致的条件。厨房照明度应达到每平方米 10 瓦以上，主要操作台、烹调作业区的照明更要加强。

（三）厨房"三排"设计[1]

"三排"，是指厨房的排风、排水与排污。

45

---

[1] 该部分内容主要参考马开良编著的《现代厨房设计与管理》的相关内容。

1. 排风

厨房工作会产生大量油烟，对人体健康有一定影响，酒店必须重视厨房有效的通风设施，保证空气流通。首先，应注意厨房高度，一般为 3.6～4 米，太低会使人感到压抑，透气与散热效果差。当然，也不要太高，否则会使装修、清扫、维修费用增大，不符合经济性要求。其次，应注重送风设施。一种方式是全面送风，即利用酒店的中央空调送风管直接将经过处理的新鲜风送至厨房，并在厨房的各个工作点上方设置送风口，因此又叫岗位送风；另一种方式是局部送风，就是利用小型空调对较小空间的厨房进行送风。最后，应注重排风设施，即利用排风设备将厨房内含有油脂异味的空气排出厨房，使厨房内充满新鲜的、无污染的空气。

2. 排水

厨房排水系统须满足生产中最大排水量的需要，并做到排放及时。厨房排水有明沟与暗沟两种方式。明沟应尽量采用不锈钢板铺设，底部与两侧均采用弧形处理，盖板要整齐平稳，同时要注意防滑。此外，排水沟出水端应安装金属网，以防鼠虫侵入管道。明沟的优点是便于排水、便于冲洗、能有效防止堵塞，缺点是排水沟里可能有异味散发到厨房内。暗沟方式，一般通过地漏与厨房污水相连，内壁铺设瓷砖或不锈钢板，有一定的斜度，防止逆流。另外，排水沟出口处同样应有防止垃圾流入及鼠虫侵入管道的过滤筛。采用暗沟排水，厨房地面显得平整、光洁，易于设备摆放，无须担心排水沟有异味散发出来，但管道堵塞疏浚工作则相对困难。一些酒店在暗沟的某些部位设计安装了热水龙头，每天只需开启 1～2 次热水龙头，就能将暗沟中的污物冲洗干净。

3. 排污

酒店必须考虑构建必要的厨房垃圾、污水处理系统。厨房排水往往混杂油污，因此要通过厨房内的排水沟连接建筑物下水道，再通往建筑物外面的污水池来进行处理。处理的主要方法就是厨房排水经隔油池过滤。隔油池可以由砖头砌成，或用混凝土浇制于地面之下，上面用盖板盖住。池中 3/4 处有一隔板直竖于出水口前阻挡悬浮油脂。

（四）厨房定置设计

定置设计，即是对生产现场、人、物进行作业分析和动作研究，根据厨房业务活动的目的，考虑生产活动的效率、质量等制约条件和物品自身的特殊要求（如时间、质量、数量、流程等），将对象物科学地固定在场所的特定位置上，以达到物与场所有效结合，缩短人取物的时间，消除人的重复动作，促进人与物的有效结合。当然，要使定置设计成为现实，关键在于强化责任、强化检查、强化奖惩。厨房环境定置设计主要包括以下环节。

1. 明确定置类别

定置可分为区域定置、现场定置和可移动物件定置等。

（1）区域定置，是指在厨房外区域的定置，如拆除物品临时存放区、更衣室、垃圾区、车辆停放区等。

（2）现场定置，是指厨房各作业区域的定置，如粗加工作业区、冷菜制作区、热菜烹饪区、原料冷冻区等。这是厨房环境定置管理的重点与难点。

（3）可移动物件定置，包括对象物的定置（如原料、半成品、在制品等），工卡、量具的定置（如工具、量具、模具、容器、文件资料等），废弃物的定置（如废品、杂物等）。

2.定置图设计

定置图是对厨房生产现场所在物进行定置,并通过调整物品来改善场所中人与物、人与场所、物与场所相互关系的综合反映图。

1)定置内容

定置内容包括室外区域定置图、厨房各作业区定置图、厨房仓库定置图和特殊要求定置图(如工作台面、工具箱内,以及对安全、质量有特殊要求的物品定置图)。

2)基本要求

总的来说,厨房原料、用品、工具等均应做到"四分",即分类、分区、分层、分颜色;"五定",即定名、定量、定位、定向、定流线。而这些均应通过清晰的定置图加以呈现与固化。

3)基本方法

定置设计可根据对象物在物流运动中的规律性,以及便于人与物的结合和充分利用场所的原则,科学地确定对象物在场所的位置。一是固定位置,即场所固定、物品存放位置固定、物品的信息媒介固定。用"三固定"的技法来实现人、物、场所一体化。此种定置方法适用于对象物在物流运动中进行周期性重复运动,即物品用后回归原地,仍固定在场所某特定位置。二是自由位置,即物品在一定范围内自由放置,并以完善信息媒介和信息处理的方法来实现人与物的结合。这种方法应用于物流系统中不回归、不重复的对象物,可提高场所的利用率。

3.信息媒介物设计

信息媒介就是人与物、物与场所合理结合过程中起指导、控制和确认等作用的信息载体。人与物的结合,需要有四个信息媒介物:一是位置台账,它表明"该物在何处",通过查看位置台账,可以了解所需物品的存放场所;二是平面布置图,它表明"该处在哪里",即在平面布置图上可以看到物品存放场所的具体位置;三是场所标志,它表明"这儿就是该处",是指物品存放场所的标志,通常用名称、图标、编号等表示;四是现货标示,它表明"此物即该物",即物品的自我标示,一般用各种标牌表示,标牌上有货物本身的名称及有关事项。在寻找物品的过程中,人们通过第一个、第二个媒介物,被引导到目的场所。在此,其中第一个、第二个媒介物为引导媒介物,第三个、第四个媒介物为确认媒介物。

人与物结合的这四个信息媒介物缺一不可。建立人与物之间的连接信息,是定置管理这一管理技术的特色。是否能按照定置管理的要求,认真地建立、健全连接信息系统,并形成通畅的信息流,有效引导和控制物流,是推行定置管理成败的关键。

扩充阅读　　　　　厨房五常法

三、厨房设备选择

厨房设备配置是否合理，既关系到厨房工作效率与菜肴质量，又关系到厨房安全与卫生。厨房设备选择应遵循以下四项基本原则。

（一）安全性

安全性，即购置的设备必须安全可靠，并且符合食品卫生管理与安全生产的要求。

（1）厨房设备选择要注意防水、防火、耐高温的要求。

（2）厨房设备要注意不要对食品构成直接或间接污染，要具有抗污染的能力，特别是要有防止蟑螂、老鼠、蚂蚁等污染食品的功能。

（3）厨房设备要注意自身安全系数，比如有些设备要看是否具有自动报警、自动切断电源的保护装置。

（二）配套性

配套性，就是选购的设备必须适应酒店厨房生产的需要，既要考虑设备外观的配套，更要注意厨房各设备之间功能的互相配套。

（三）先进性

先进性，就是厨房设备应当具备工作原理先进、自动化程度高、生产功能强等特点。

（四）经济性

经济性，即尽可能用少的钱去购置效用高的设备。主要应考虑如下因素：一是价廉物美；二是能耗低，污染少，噪声低，符合环保要求；三是体积小，占用空间面积少；四是便于清洁、维修；五是方便员工使用，符合人体工程原理和厨房操作程序。

48

扩充阅读　　　炒菜机器人

第三节　酒店菜点质量与研发管理

一、菜点质量评价要素

菜点质量，是指菜点能满足顾客生理及心理需要的各种特性。顾客对菜点质量的评定，一般是根据个人的饮食偏好、以往的经历和经验,结合菜点质量的内在要素,通过嗅觉、视觉、听觉、味觉和触觉等感官鉴定得出的。因此,菜点质量的评价要素,主要有以下八个方面。

（一）菜点色彩

菜点色彩,即菜点的颜色,是顾客评定菜点质量的视觉标准,往往以先入为主的方式给就餐者留下第一印象。菜点的颜色可以由动物、植物组织中天然产生的色素形成,也可以通过添加含有色素的调味品形成,如黄油、番茄汁、酱油等。水果和蔬菜的主要色素为胡萝卜素、叶绿素、花色素苷和花黄色素四种。菜点的生产烹调加工过程能对菜点成品的颜色变化发生作用,烹调加工的目的之一就是通过恰当的处理,使原料趋于理想的颜色。

菜点颜色以自然清新、色泽光亮、搭配和谐为佳。当然,菜点的颜色还必须考虑季节的特点和地区的差异,并注意适应消费者的审美标准和饮食习惯。

（二）菜点气味

菜点气味,即菜点飘逸出的气息,是顾客鉴定菜点质量的嗅觉标准,对顾客的食欲有着直接的关系。人们就餐时,总是先感受到菜点的气味,再品尝到食物的滋味。在人们将食物送入口中之前,气味就由空气进入鼻中。菜点的气味大部分来自菜点原料本身,经过烹调处理得以发挥,当然也可以通过调味得以创造。

菜点的气味,应该是芳香浓郁、清新隽永、诱人食欲、催人下箸。

（三）菜点滋味

菜点滋味,即菜点的味道,是指菜点入口后对人的口腔、舌头上的味觉系统产生作用,给人口中留下的感受。口味是菜点质量的核心指标,人们去餐厅用餐,并非仅仅满足于嗅闻菜点的香味,他们更需品尝食物的味道。

菜点滋味最基本的要求是口味纯正、味道鲜美、调味适中。

（四）菜点形状

菜点形状,即菜点的成形、造型,也是顾客评价菜点质量的视觉标准。菜点的形状一般由原料本身的形态、加工处理的技法,以及烹调装盘的拼摆而成。

菜点的形状,应该做到刀工粗细整齐划一,匀称和谐,点缀得体,装盘巧妙,造型优美,形象生动,给就餐者以美感享受。对于一些主题餐饮活动,有针对性地对菜肴进行装盘造型就更加必要和富有效果。当然,菜点"形"的追求要把握分寸,过分精雕细刻,反复触摸摆弄,要么污染菜点,要么喧宾夺主,甚至华而不实、杂乱无章,这是对菜点"形"的极大破坏。

（五）菜点质感

菜点质感,即菜点给人的质地方面的印象,一般包括韧性、弹性、胶性、黏附性、纤维性及脆性等。菜点质感是一种触觉标准,在很大程度上取决于原料的性质和菜点的烹制时间及温度,通常包括以下五个方面。

(1)酥,即菜点入口,咬后迎牙即散,成为碎渣,产生一种似乎有抵抗而又无阻力的微秒感觉,如香酥鸭。

(2)脆,即菜点入口,迎牙即裂,而且顺着裂纹劈开,产生一种有抵抗力的感觉,如清炒鲜芦笋等。

（3）韧，即菜点入口后带有弹性的硬度，咀嚼时产生的抵抗力不那么强烈，但时间持久。韧的特点，要经较长时间的咀嚼才能感受到，如干煸牛肉丝、花菇牛筋煲等。

（4）嫩，即菜点入口后，有光滑感，一咀嚼即碎，没有什么抵抗力，如糟溜鱼片。

（5）烂，即菜点入口即化，几乎不用咀嚼，如粉蒸肉。

（六）菜点温度

菜点温度，即出品菜点的温度，也是菜点的触觉标准。同一菜点温度不同，口感质量会有明显的差异。菜点的温度必须依据不同菜点的特点，保持恰当的温度，该冰的要冰，该冷的要冷，该热的要热，该烫的要烫。

（七）菜点器皿

菜点器皿，即用来盛装菜点的容器，这也是顾客评定菜点质量的视觉标准。器皿是否合适，不仅会影响菜点的价格，而且有时还会直接影响菜点本身的质量。菜点与器皿搭配恰当，能起到锦上添花、相得益彰的效果。

菜点器皿的基本要求是不同的菜点配以不同的器皿，菜点的分量与盛器的大小相适宜，菜点的特色与器皿相统一。

（八）菜点卫生

菜点卫生，即既符合国际食品卫生标准，又符合消费者清爽的观感标准，这是顾客评价菜点质量的安全标准。

菜点卫生，首先要求加工菜点等的食品原料本身不含有毒素；其次要求食品原料在采购加工等环节中不遭受有毒、有害物质和物品的污染；最后要求加工烹制过程必须足以保证杀灭有害细菌，同时烹制、服务必须严格遵循卫生操作程序，确保不被交叉污染。

以上是菜点质量的基本要素，除此之外，菜点的营养价值、菜点的名称、特殊菜点的光和声响等，均是应考虑的因素。

扩充视频 　曙光酒店集团技术比武中式热菜与特色点心作品

中式热菜的制作展示视频如下：

特色点心的制作展示视频如下：

二、影响菜点质量因素

如同菜点质量构成因素较多一样,影响菜点质量的因素也是多方面的。

(一)自然因素

菜点质量常常受到原料及调料自身质量的影响。原料固有品质较好,只要烹饪恰当,菜点质量就相对较好;原料先天不足,即使有厨师的精心改良、精细烹制,菜点质量要合乎标准、尽如人意,仍很困难。

在厨房生产过程中,一些意想不到或不可抗力因素的作用,同样影响着菜点的质量。比如,炉火的大小对菜点质量同样有着直接影响。

(二)人为因素

人为因素,即厨房员工自身的主、客观因素对菜点质量造成的影响。除了员工的技术差距、体力差距、能力强弱,厨房生产人员的情绪波动对菜点质量亦有直接影响。人有喜、怒、哀、乐,这是人对客观事物态度的反应,即情绪或情感。情绪有明显的两极性,积极的情绪可以提高人的活动能力,消极的情绪则会降低人的活动能力,从而降低工作积极性。

(三)服务因素

餐厅服务销售从某种意义上讲是厨房生产的延伸和继续,服务是否到位,对保持甚至提高菜点质量是至关重要的。

(1)上菜速度和规范。上菜的速度会影响菜点口感,尤其是某些特别讲究火候的菜点,如拔丝类菜点;上菜规范也会影响菜点质量,比如上菜顺序、调料提供等。

(2)菜点烹制。有些菜点是在餐厅完成烹饪,比如各种火锅、火焰菜点、堂灼、客前烹制菜点等,因此,服务员的服务技艺、处事应变能力,直接或间接地影响着菜点的质量。

(3)菜点介绍。有些独特的菜点,需要服务员介绍、引导才能让顾客准确品尝菜点的味道。

(4)服务水平。不同顾客对菜点的认可、接受程度是不尽相同的,而餐厅服务水平直接关系到顾客的心情,进而影响顾客对菜点质量的评价及对菜点价值的认可。

(四)顾客因素

俗话说:食无定味,适口者珍。这就说明菜点口味并没有严格的评判标准,而是因人而异的。所谓"众口难调"就是此理,即使厨房生产完全合乎规范,菜点质量达到标准菜谱的要求,在消费过程中,仍不免有顾客认为"偏咸了""偏淡了""火候过了""太生了"等。当然,这里还存在顾客对菜点是否熟悉、"懂吃"的问题。这就是厨房产品质量因就餐顾客的不同生理感受、心理作用(与以往就餐经历的对比)而产生的不同评价,也就是影响菜点质量的顾客因素。

三、菜点质量控制方法

菜点质量始于菜点设计、成于加工烹制、终于餐厅服务,即包括菜点设计、菜点加工烹制和菜点服务三个过程。菜点质量的控制,主要可采取以下四种方法。

51

（一）标准控制法

标准控制法，就是通过制定标准菜谱来规范菜点的加工烹制过程，以保证菜点质量的方法。标准菜谱是厨房用来规范厨师菜点烹制时操作流程的作业性指导文件，是厨房生产标准化控制的重要环节。标准菜谱要求文字简明易懂，名称、术语确切规范，项目排列合理，易于操作实施。制定标准菜谱的关键在于必须确定以下内容和要求。

1. 基本信息

标准菜谱中的基本信息，也可以称为基础技术指标，主要包括菜点的编号、生产方式、盛器规格、烹饪方法、精确度等，它们虽然不是标准菜谱的主要部分，但却是不可或缺的基本项目，而且它们必须在一开始就要设定好。

2. 原料与调料

主配料是菜点形成的基础，而调料不仅关系到菜点的颜色、气味，而且直接决定着菜点的口味。标准菜谱一方面必须明确规定主配料的比例、数量，另一方面还必须对食品原料的规格、感官性状、产地、生产时间、品牌、包装要求、色泽、含水量等进行规定，以确保餐饮产品质量达到最优。

3. 烹调规范

烹调规范是对烹制菜点所采用的烹调方法和操作步骤、要领等方面所做的技术性规定。这一技术规定是为了保证菜点质量，对厨房生产的最后一道工序进行规范。它全面地规定了烹制某一菜点所用的炉灶、炊具、原料配方、投料次序、烹调方法、操作要求、烹制温度和时间、装盘造型和点缀装饰等，使烹制的菜点质量具有可靠保证。

4. 烹制份数和标准份额

厨房烹制菜点多数是一份一份单独进行的，也有多份一起烹制的。标准菜谱对每种菜点的烹制份数进行了规定，是以保证菜点质量为出发点的。

5. 菜点标准成本

标准菜谱对每份菜点标准成本做出规定，就能够对产品生产进行有效的成本控制，可以最大限度地降低成本，提高餐饮产品的市场竞争力。标准菜谱对标准配料及配料量做出了规定，由此可以计算出每份菜点的标准成本。由于食品原料市场价格不断变化，每份菜点标准化成本也就要及时做出调整。

6. 成品与彩色图片

因为菜点的成品质量有些项目尚难以量化，所以在设计时，应制作一份标准菜点，拍成彩色图片，以便作为成品质量最直观的参照标准。

7. 服务程序和要求

有些菜点质量与服务程序和方法密切相关，所以标准菜谱还必须规定某些菜点的服务方法和要求，如时间要求、操作要求、餐具要求、佐料要求、菜点的介绍等。

（二）岗位控制法

厨房生产要正常运转，并保证菜点的质量，就必须注重岗位的设计与管理。

1. 明确岗位分工

厨房业务按其运转要求分成多个业务单元，酒店必须明确各业务单元的职能，并根据不同职能设置相应的岗位,同时规定各岗位必须承担的工作任务和责任,以及拥有的相应权力,使厨房生产的各项任务落到实处。

2.强化岗位责任

要增强员工的责任心,必须强化各司其职、各尽所能的意识,并通过相应的制度加以保证。比如实行挂牌操作或为了便于对菜点的质量进行考核,安排烹制出菜时,将每道菜的烹制厨师的工号备注在订单上,以便备查。

3.合理配置人员

首先,必须在数量上满足厨房生产的需要,要根据餐饮的生产规模、营业时间、厨房布局、分工及菜点的特色标准配备相应数量的厨房人员。其次,必须保持厨房各类人员的合理结构和比例,不同工种与技术特点、不同年龄、不同技术等级与技术水平的人员合理搭配,做到能位相称、人尽其才、结构优化。

(三)检查督导法

厨房菜点质量的检查一般可建立以下四种检查制度。

1.工序检查制度

菜点加工制作过程中每一道工序的员工必须对上一道工序的加工质量进行检查,若发现不符合标准的,应退回上一道工序。

2.出品检查的制度

所有菜点出品,均须经过厨师长或指定的菜点质量检验人员检查,以确保成品达到标准。

3.服务检查制度

菜点在提供给顾客之前,服务人员必须按照标准菜谱及顾客的需要,对菜点进行全面检查,同时,在服务过程中,必须主动征求顾客对菜点质量的意见,接受顾客的最终检查。

4.重点检查制度

对重点岗位、重点环节、重点客情、重要任务、重大活动进行全面检查,以确保关键环节、关键时刻的关键质量。

(四)情感控制法

厨房是以手工劳动为基础的生产加工部门,厨房技术具有模糊性和经验性的特点。菜点质量的管理可以通过量化指标来衡量,也可以用标准程序加以控制,但有些则无法明确规定。所以,要保证菜点质量,就必须注意有效控制厨师的情绪,充分发挥厨师的主动性和创造性。

此外,顾客对菜点的评价也带有很大的主观性,顾客的情绪、饮食习惯、经验及对菜点的不同理解,对菜点质量的评价往往起着重要的作用。所以,正确把握不同顾客的需求,积极引导顾客消费,加强顾客的情绪管理,也是菜点质量控制不可缺少的重要环节和有效方法。

四、菜点创新研发管理

再好的菜,吃多了也会腻。因此,酒店既要保证菜点质量,同时又要注重加强菜点创新研发,增加新品种。

（一）菜点研发原则

菜点的研发，必须确立正确的原则，以达到事半功倍的效果。

1. 正确定位

菜点从用途角度，可分为宴会菜点、会议菜点、团队菜点和零点菜点；从档次层面，则可分为高、中、低三档；从适应对象来看，又可分为普遍性和特殊性两类。各类菜点必须具有各自的特性和风格，才能满足不同对象的需要，取得良好的效果。例如：宴会菜点强调精良、精致、高档，团队菜点则要求经济实惠、口感入味；老年食品非常强调清淡易消化，儿童食品则要特别注意色彩、营养等。所以，菜点创新必须正确抓住各类菜点的本质特征，做到有的放矢。

2. 顺应潮流

不同的时代，人们对饮食的追求是不同的。在贫困落后的年代，人们追求的是温饱；在满足了温饱后，人们追求口福的满足，于是仿古菜、家常菜、海鲜菜、野味菜等一时成为菜点创新的主要内容；而现在，人们在追求口福的同时，健康、美容的需求相继产生，于是保健、美容类菜点应运而生，药膳菜点、美容食品、粗粮菜点、野菜菜点等成为人们关注的热点。所以，创新菜点的研发，必须顺应时代潮流，适应人们对饮食变化的追求，这样才能具有广阔的市场前景。

3. 顾及成本

酒店作为一个经济组织，必须讲究投入产出。创新菜点的研发，也必须遵循这个原则。创新菜点的研发，既要注意菜点的实际成本，又要注意顾客的感觉成本，尽量降低菜点的实际成本，如原料成本、工时耗费。同时，还要设法增加顾客的感觉成本。对此，创新菜点的研发就必须注意时令性和地方性，即尽量就地取材，研发时令菜点。此外，要注意研发低成本、造型美、口味好的菜点，另外，还要做好下脚料的综合利用。

4. 创造特色

菜点创新，关键在于与众不同、富有个性、具有特色。所以，创新菜点的研发，必须注意标新立异、别出心裁，追求别具一格的新、奇、特，切忌墨守成规、简单模仿。

5. 循序渐进

"好戏不断"固然能吸引众多食客，但菜点研发并非轻而易举，往往凝结了众多人员的智慧和汗水。因此，酒店在创新菜点的应用上，应循序渐进、持续创新，并做好创新菜点的保护工作。一般来说，可考虑采用"四用法"，即传统菜点反复用、特色菜点重点用、时令菜点及时用、创新菜点间隔用。

（二）菜点研发思路

菜点研发实际上就是菜点创新，即采用新的原料、新的方法，创造新的菜点，或对传统菜点用新的思路和方法进行改良完善，使创作后的菜点具有新的风格。菜点的创新，关键在于思路的开阔与变化。其基本思路主要有以下几个方面。

1. 古为今用，推陈出新

中国烹饪历史悠久，厨师技艺精湛，菜点众多，风味各异，个性分明。所以，我们应该努力挖掘和研发中国的传统菜点，古为今用，推陈出新。传统菜点的研发，大体有以下三种思路。

（1）历史菜的挖掘和研发，即从历史的陈迹中寻找失传的历史菜，仿制和改良古代菜点。其途径主要有三：第一，对历史留存的食谱、食单、笔记、农书、食疗著作中的史料进行挖掘仿制，如西安的"仿唐菜"，杭州的"仿宋菜"等；第二，根据历史档案及其他一些史料，再加上厨师的经验，加以挖掘整理，如孔府菜、仿膳菜、乾隆菜、苏州船宴等；第三，根据古典小说中描述的饮食内容，加以考证，然后进行制作，如红楼菜、西施宴等。

（2）乡土菜的挖掘和研发，即在一定的地域内利用本地所特有的物产，制作的具有鲜明乡土特点的民间菜。比如按原料而言，就有野菜系列、野味系列、鲜活系列、粗粮系列等。其特点是就地取材、传统烹制、原汁原味、鲜美异常，具有独特的乡土气息。

（3）家常菜的挖掘和研发，即对家庭日常烹制的菜肴稍加改造，形成富有家常口味的菜点。中国作为礼仪之邦，是一个热情好客的民族，节日甚多，人员往来频繁。所以，中国的家庭在待客过程中，创造了不少优秀的菜点，如糟菜系列、腌制系列、红烧系列、清蒸系列菜点等。

2.洋为中用，中西合璧

菜点的创新和研发，既要继承中国烹饪的传统优势，又要善于借鉴西洋制作之长，为我所用。中西合璧，即中菜西做、西菜中做。其思路主要有以下三种。

（1）西料中用，即广泛使用引进和培植的西方烹饪原料，为中菜制作所用，如蜗牛、夏威夷果、荷兰豆、西兰花等。

（2）西味中调，即广泛利用西方常用调料来丰富中菜之味，如西餐的各式香料、调味酱汁等。

（3）西法中效，即借用西餐烹饪技法来制作中餐菜点，如铁扒炉制作法、酥皮制法、客前烹制法等。

3.菜点交融，相得益彰

菜肴烹调与面点制作是中国烹饪的两大部分，菜点相互借鉴，使菜中有点，点中有菜，不但可拓展菜肴与点心的创作思路，而且可为菜点风格特点增添新的色彩。菜点交融，主要有以下三种思路。

（1）菜肴借鉴面点变化多样的制作手法，并使菜肴的外形具有面点的特征，以假乱真，以菜充点，即菜肴面点化，如"蛋烧卖""豆腐饺""韭黄鱼面"等就属此类。

（2）面点借鉴菜肴的烹饪方法、调味手段，改进传统面点制作工艺，使面点具有菜肴的某些特征和功能，即面点菜肴化，如"挂霜馒头""珍珠汤"等。

（3）菜点合一，即把菜肴和面点通过不同的方式组合成一种新的菜点，其主要方式有三种：一是组合式，就是在加工过程中，将菜点有机组合在一起，成为一盘既有菜之味，又有点之香的菜点，如"馄饨鸭""酥盒虾仁"等；二是跟带式，即菜肴上桌时随菜一同上桌的某一配套的面食品，如"北京烤鸭""鲤鱼焙面"等；三是混融式，就是将菜、点两者的原料或半成品在加工制作中相互掺和，合二为一，如"紫朱鸡卷""珍珠丸子"等；四是装配式，就是将菜、点分别制成后，菜点双拼装盘，既有菜肴佐餐，又有点心陪衬，如"菊花鱼酥""虾仁煎饺"等。

4.更材易质，改头换面

更材易质，改头换面，就是采用更换材料、调味及工艺移植等手法，使原来之物发生变化而创出新菜。菜点制作过程中的更材易质，改头换面之法众多，最基本的方法有以下三种。

（1）以荤托素，就是用植物性原料，烹制像荤菜一样的菜点，如以豆制品、面筋、香菇、木耳、时令蔬菜等干鲜品为原料，用植物油烹制而成的"脆皮烧鸡""糖醋鲤鱼""鱼香肉丝""烩素海参"等。

（2）酿、嵌制法，就是对原料进行改变，使其材质变换，原形保持，质地变化，口感改变，口味独特的方法，如"盐水彩肚""蛋黄猪肝""八宝鸭""笋穿排骨"等。

（3）移花接木，就是将某些菜系中较成功的技法、调味、摆盘等转移、应用到另一菜系菜点中以图创新的一种方法，如将几个菜系交融一炉的"鱼香脆皮藕夹"，它取江苏菜的藕夹，用广东菜的脆皮糊，选四川菜的鱼香味作为味碟，可谓是移花接木之佳作。

5.独辟蹊径，出奇制胜

独辟蹊径，出奇制胜，就是改变思维定式，针对已有原料、加工方法、烹调技术，设法从新的角度去思考创新，或跳出传统框框，用新的原料，创造新的方法，推出新、奇、特之菜点。出奇制胜，关键是要打破常规，即敢于改变规则，敢于标新立异，善于根据需要另立新规。例如，"脆皮冰激凌"就属打破常规之作。此外是要学会借题发挥，举一反三，即通过由此及彼的联想，创造新品的方法。在菜点制作过程中，可借之题甚多，既可从原料入手，利用丰富多变的原料借此发挥，又可从味道入手，发挥联想，制成系列菜点，还可从技法入手，进行相似、相关或对比联想，达到巧夺天工，出奇制胜的效果。

（三）菜点研发管理

要使菜点研发的工作持续进行，并卓有成效，就必须加强创新菜点研发的管理。

1.注重信息管理

全面、及时、准确的信息，这是做好创新菜点研发工作的基础。菜点研发的信息管理，主要应注重以下三个基本环节。

（1）必须注意信息的收集工作，要充分发挥每个员工的作用，广开信息渠道，充分掌握各种信息。创新菜点研发的信息资料主要包括：有价值的历史资料，如名人菜谱、民间菜谱、历史传记等；餐饮消费的发展趋势；同行酒店、社会餐馆的菜点情况；国内外烹饪界的最新动态；酒店已推出菜点的销售情况；顾客对菜点的评价反映；等等。

（2）必须重视信息的分析整理和统计归类，去伪存真，去粗存精。

（3）必须注意信息的有效传递和利用，真正做到信息资源的共享和利用的最优化。

2.加强组织领导

创新菜点的研发是酒店餐饮业务管理的重要组成部分，必须列入重要议事日程，并加强组织管理。

1）建立研发组织

为了使菜点的创新研发落到实处，有条件的应建立创新菜研发的研究小组，做到定目标、定任务、定人员，并做到经费保证、时间保证、制度保证、措施保证。

2）建立统计制度

酒店应以顾客满意为目标，定期统计哪些菜点的点单频率低、哪些菜点的点单频率高、桌面上哪些菜点剩得多、哪位厨师的菜点投诉最多等，并将各项统计结果与个人奖惩直接挂钩。

3）建立交流制度

酒店可采用"请进来、走出去与进修自学三者相结合"的方法,促进酒店之间、厨师之间的交流,达到取长补短、开阔视野的目的。

3.完善激励机制

有压力才有动力,酒店应要求厨房每季(月)出新菜、创新点,并作为厨师晋升的重要依据之一。同时,任何活动只有全体员工的积极参与才能取得成功,创新菜点的研发同样必须具有广泛的群众基础。因此,为了调动员工参与菜点研发的积极性,酒店应定期组织创新菜点的比赛,并建立创新菜点研发的奖励制度。

第四节　酒店食品安全管理

俗话说:民以食为天,食以安为先。食品安全作为酒店安全管理的重要组成部分,必须高度重视,并加以科学计划与控制。

一、食品安全基础管理

(一)环境卫生管理

1.设施到位

酒店餐饮经营场所设施与设备的设计与配置必须符合我国食品安全管理相关法规的要求,如餐饮设施的空间布局、通风、排烟、排水、照明等。特别是处理或短时间存放直接入口食品的专用操作间,包括凉菜间、裱花间、备餐间等,要严格按照法律规范设计。

2.清洁卫生

酒店的公共场所必须保证整洁,做到无垃圾、无污渍、无异味。为此,酒店必须制定公共卫生清洁工作的制度和公共卫生计划,实行定岗划片、分工负责、落实到人。同时,管理人员要加强巡视检查,发现问题及时解决。

3.通风消毒

保证酒店中央空调系统安全送气,确保向酒店各个场所输送新风,及时清洗布草,并严格按照规范的酒店卫生清洁程序进行设备、用具的消毒操作。

4.消灭害虫

蟑螂、蚊蝇等不但影响环境卫生,而且也是各种疾病的传播者,因此一旦发现蟑螂、蚊蝇等必须立即消灭,在它们容易出没的地方经常喷洒消杀剂。

(二)员工卫生工作

良好的个人卫生,不但可以保证良好的健康及高效率的工作,而且可以预防疾病传播,避免食物被污染,防止食物中毒事故的发生。

1.员工健康管理

员工健康管理是保证酒店餐饮卫生的基础,酒店必须完善员工的健康管理体系。

1）健康检查

员工必须接受卫生医疗机构的健康检查，合格后才能上岗，之后每年应主动进行健康检查，并获得健康证明。健康检查不合格者，一律不得上岗。员工如有相关规定不能工作的情形，必须休息待岗。同时，酒店需为员工建立完善的健康管理档案。

2）健康教育

酒店应加强健康教育，使餐饮从业人员具有健康意识，懂得基本的健康养生知识，养成良好的生活习惯，保持身体健康。应注重对员工加强三方面知识的培训：一是科学饮食知识；二是科学睡眠知识；三是科学运动知识。

3）健康环境

健康的工作环境是保证员工身体健康的重要因素。一是要创造安全的工作环境；二是要创造尽可能舒适的工作环境；三是要合理安排员工的工作与休息时间，做到劳逸结合。

2. 个人卫生习惯

工作人员应讲究个人清洁卫生。为使员工养成良好的卫生习惯，酒店应针对员工个人的清洁卫生制定明确具体的制度。

3. 卫生操作规范

为了使员工操作有标准、有程序、有方法，酒店必须制定科学的卫生操作规范。

（三）用具卫生管理

由于餐具直接接触入口食品，致病微生物可通过被污染的餐具进入人体，会引起食物中毒或传染病等。因此，餐具每次使用后必须消毒。

1. 餐具卫生标准

餐具卫生须达到以下标准：一是餐具表面光洁、干燥，无油渍、无异味；二是烷基碘酸钠在餐具上残留量低于0.1毫克/100平方厘米，游离性余氯低于0.3毫克/升；三是餐具上的大肠菌群少于3个/100平方厘米，不得检出致病菌。

2. 餐具清洁环节

要达到以上标准，餐具洗涤和消毒必须实行"五过关"，即一刮、二洗、三冲、四消毒、五保。一刮，即将餐具内剩余的食物残渣刮入废弃桶内；二洗，即将刮干净的餐具用洗涤剂清洗干净；三冲，即将经过清洗的餐具用流动水冲去残留在餐具表面的洗涤剂溶液等；四消毒，即采用有效的消毒方法杀灭餐具上的微生物或病毒；五保，即将消毒后的餐具及时放入餐具柜内保存备用，消毒后的餐用具要自然滤干或烘干，不应使用抹布、餐巾擦干，避免再次被污染。前面三个步骤是保证餐具表面的清洁，而第四步则是保证餐具无菌的关键，第五步是餐具卫生的基本保证。

3. 餐具消毒方法

餐具消毒可分为两大类：一是物理消毒；二是化学消毒。酒店餐具一般采用物理消毒，主要方法有以下四种。

（1）煮沸消毒，即在100℃的沸水中煮数分钟，杀死微生物繁殖体。本方法适合餐具、茶具或盛放直接入口食品的容器的消毒。

（2）蒸汽消毒，即将洗涤干净的餐具置入蒸汽柜或箱中，在温度升到100℃时，消毒5～

10 分钟。

（3）红外线消毒，即利用 0.77～1000 微米波长的电磁波所产生的热效应消毒。

（4）微波消毒，由于微波可使水分子震荡而产热，当达到一定的温度、持续一段时间即可达到消毒效果。

二、食品原料安全管理

俗话说：扬汤止沸，不如釜底抽薪。食品安全管理必须从源头着手，要保证食品安全，首先必须保证食品原料的安全。

（一）原料采购安全管理

从酒店食品原料安全的角度，原料的采购必须把握以下关键点。

（1）按计划采购，即必须根据厨房的需要适量采购，尽可能做到即时烹制，尽量缩短食品原料的储存时间。

（2）按标准采购，即按照国家食品安全标准及酒店制定的食品原料标准进行采购，严禁采购和使用不符合食品安全标准的食品原料、食品添加剂、食品相关产品。

（3）凭证采购，即采购食品原料、食品添加剂、食品相关产品，须索取并仔细查验供货商的营业执照、生产许可证或者流通许可证、标注通过有关质量认证食品的相关质量认证证书、进口食品的有效商检证明、国家规定应当经过检验检疫食品的检验检疫合格证明。同时，应索取供货商出具的正式销售发票，或者按照国家相关规定索取有供货商盖章或者签名的销售凭证，并留具真实地址和联系方式，索取和查验的营业执照（身份证明）、生产许可证、流通许可证、质量认证证书、商检证明、检验检疫合格证明、质量检验合格报告和销售发票（凭证）应当按供货商名称或者食品种类整理建档备查，相关档案应当妥善保管，保管期限为自该种食品购入之日起不少于 2 年。对某些确实无法提供合格证明文件的特殊食品原料，应当依照食品安全标准进行检验。

（二）原料储存安全管理

原料储存是否科学合理，同样关系到食品原料的安全，必须注重以下四个环节。

1. 原料验收

原料在进行储存前要经过验收，保证原料的状态得到正确识别，包括原料的类别，原料是否新鲜、是否已受到污染，原料的当前的温度、干湿程度、密封状态等。同时，建立食品原料、食品添加剂、食品相关产品进货查验记录制度，如实记录食品原料、食品添加剂、食品相关产品的名称、规格、数量、供货者名称及联系方式、进货日期等内容。食品原料、食品添加剂、食品相关产品进货查验记录应当真实，保存期限不得少于 2 年。

2. 储存期限

绝大多数烹饪原料的品质会随着储存时间的延长而下降，不同原料适合在不同的条件下储存，而且都有一定的储存期限，必须给予高度重视。原料要进行合理的编号，保证原料在储存时先进先出。

3. 科学存放

（1）食品应分类、分架、隔墙、隔地存放。有特殊气味或易受潮的食品应密封保存或分库存放；不同湿度、温度的原料要分类摆放，以保证原料在一定的期限内保持新鲜的品质；生熟原料分类储存，应采用合适的容器盛装，如保鲜袋、保鲜盒、食品周转箱，以免相互污染。

（2）散装食品的储存，应在散装食品的容器、外包装上标明食品的名称、生产日期、保质期、生产经营者名称及联系方式等。

（3）防止原料在储存过程中受到其他用品的污染，避免食物原料与非食物原料储存在同一房间。

（4）食品仓库须设有防鼠、防蝇、防潮、防霉、通风的设施，并运转正常，防止原料被污染，以及发生虫蛀、鼠害和腐败变质。

4. 仓库消毒

仓库由于储存原料，容易受到微生物的污染，被污染的环境又会污染储存的原料，使原料变质。因此要定期或不定期地对冰箱或仓库进行消毒。

（三）食品添加剂安全管理

虽然食品添加剂具有一定的功效，但若来源不明、材料不正当或滥用等，都会对人的健康产生极大的危害。所以，酒店必须加强食品添加剂的管理。

（1）专人采购。添加剂的采购，需要了解供应商的货物渠道、供应商的资质，采购人需要对其负法律责任，一旦出现情况，可以第一时间责任到人。

（2）专柜保管。食品添加剂不可以与调料放在一起，需要有专门的柜子进行存放。

（3）专人登记。食品添加剂必须由专人负责登记，不可以随意更换记录人员，这样可以保证记录的准确性。

（4）专人保管。一般由食品安全员或者仓库管理员保管。

（5）专人领用。领取的人要固定，如泡打粉就是由面点师傅领取，炒菜的厨师不可以领取。

三、食品制作安全管理

食品制作安全，主要是指在菜肴烹饪过程中采取有效防止病原菌污染，控制病原菌的繁殖和杀灭病原菌等措施。其主要有以下五个基本要点。

1. 避免污染

避免熟食品受到各种病原菌的污染。例如，避免生食品与熟食品接触，经常洗手，接触直接入口食品的还应消毒手部，保持食品加工操作场所清洁，避免昆虫、鼠类等动物接触食品。

2. 控制温度

控制适当的温度以保证消灭食品中的微生物或防止微生物生长繁殖。例如：加热食品应使中心温度达到 70 ℃以上；储存熟食品，要及时热藏，使食品温度保持在 60 ℃以上，或者及时冷藏，把温度控制在 10 ℃以下。

3. 控制时间

尽量缩短食品存放时间，不给微生物生长繁殖的机会。熟食品应尽快吃掉；食品原料应尽快使用完。

4. 清洗和消毒

清洗和消毒是防止食品污染的主要措施。接触食品的所有物品都应清洗干净，凡是接触直接入口食品的物品,还应在清洗的基础上进行消毒。一些生吃的蔬菜水果也应进行清洗消毒。

5.控制加工量

食品的加工量应与加工条件相吻合。食品加工量超过加工场所和设备的承受能力时,难以做到按卫生要求加工,极易造成食品污染,引起食物中毒。

扩充阅读　　餐饮服务食品安全操作规范

61

四、餐饮食物中毒管理

食物中毒对酒店产生的负面影响是巨大的,所以酒店必须采取积极的措施防范。如果出现食物中毒事件时,酒店必须正确面对,积极处理。

(一)食物中毒特征

食物中毒是进食被细菌或细菌毒素污染的食物,或摄食含有毒素的食物引起的急性中毒性疾病。

(1)中毒病人在近期食用过某种有毒食品,停止食用后,病情好转。发病曲线在突然上升后呈突然下降趋势,无余波。

(2)潜伏期较短,发病急剧,病程亦较短。

(3)所有中毒病人的临床表现相似,如恶心、呕吐、腹泻、腹痛等,病程较短。

(4)一般无人与人之间的直接传染。

(二)食物中毒原因

食物中毒的类型不同,造成的原因也是多种多样的。

1.细菌性食物中毒

细菌性食物中毒是指人们摄入被细菌或细菌毒素污染的食品而引起的食物中毒。引起食物中毒的主要原因如下。

(1)生熟交叉污染。例如熟食品被生食品原料污染,或被与生食品原料接触过的表面(如容器、手、操作台等)污染,或接触熟食品的容器、手、操作台等被生食品原料污染。

(2)食品储存不当。例如熟食品长时间存放在 10~60 ℃的温度条件下(在此温度下的存放时间应小于 2 小时),或易腐原料、半成品食品在不适宜温度下长时间储存。

(3)食品未烧熟煮透。例如食品烧制时间不足、烹调前未彻底解冻等原因使食品加工时中心温度未达到 70 ℃。

（4）从业人员带菌污染食品。例如从业人员为带菌者，操作时由于手部接触等而导致食品被细菌污染。

（5）经长时间储存的食品食用前未彻底再加热至中心温度 70 ℃ 以上。

（6）进食未经加热处理的生食品。

2. 真菌毒素食物中毒

真菌毒素食物中毒，是指由于食入霉变食品引起的中毒。该类中毒主要是谷物、油料或植物在储存过程中生霉，未经适当处理即作为食料，或是误食已做好却因放久而发霉变质的食物引起，也有的是在制作发酵食品时被有毒真菌污染或误用有毒真菌株。

3. 动物性食物中毒

动物性食物中毒是指食入动物性有毒食品引起的食物中毒，常见的中毒原因主要有以下几种。

（1）将天然含有有毒成分的动物或动物的某一部分当作食品，误食引起中毒。

（2）食用了在一定条件下产生大量有毒成分的动物性食品，如食用鲐鱼等可引起中毒。

4. 植物性食物中毒

植物性食物中毒是指食入植物性有毒食品引起的食物中毒，常见的中毒原因主要有以下几种。

（1）将天然含有有毒成分的植物或其加工制品当作食品，如食用桐油、大麻油等引起的食物中毒。

（2）在食品的加工过程中，将未能破坏或除去有毒成分的植物当作食品，如食用木薯、苦杏仁等。

（3）在一定条件下，食用大量有毒成分的植物性食品，如食用鲜黄花菜、发芽的马铃薯、未腌制好的咸菜或未烧熟的菜豆等。

5. 化学性食物中毒

化学性食物中毒是指健康人经口摄入了正常数量、感官无异常，但含有较大量化学性有害物的食物后，身体出现急性中毒的现象。常见的化学性食物中毒原因有以下几种。

（1）作为食品原料的农产品在种植、养殖过程或生长过程中，受到化学性有毒有害物质污染，如蔬菜中的农药、猪肝中的瘦肉精等的污染。

（2）食品中含有的天然有毒物质，在食品加工过程中未去除，如豆浆未煮透使得其中的胰蛋白酶抑制物未彻底去除，菜豆加工时加热时间不够使得其中的皂素等未完全破坏。

（3）食品在加工过程中受到化学性有毒有害物质的污染，如误将亚硝酸盐当作食盐使用。

（4）食用有毒有害食品，如毒蕈、发芽的马铃薯等。

（三）食物中毒处理

食物中毒一般可分为个别顾客中毒与群体中毒，一般应从以下三个层面加以处理。

1. 顾客层面的处理

假如有顾客食用了本酒店提供的菜点而身体不适，餐饮管理人员和员工应沉着冷静，忙而不乱，尽可能控制势态，及时加以处理，具体处理方法如下。

（1）记下顾客的姓名、地址和电话号码（家庭和工作单位）。

（2）询问具体的征兆和症状。

（3）弄清楚吃过的食物和就餐方式，食用具体时间、发病时间和病痛持续时间，用过的药，过敏史，病前的医疗情况或免疫接种情况等。

（4）根据顾客症状及意愿，陪同顾客去医院就诊。

（5）记下就诊医生的姓名，以及医院的名称、地址和联系方式。

（6）有本酒店的员工在场协助处理，了解客人病情，掌握现场资料。

（7）做好食物中毒顾客及相关人员的安抚工作，并提供必要的补偿。

2.事情层面的处置

就食物中毒事情本身，应采取以下措施。

（1）立即通知由餐饮部经理、厨师长等人员组成的事故处理小组，对整个生产过程进行重新检查。

（2）封存现场及食物。餐饮部要对可疑食品及有关餐具进行封控，以备查证和防止其他人员中毒。食品储存场所及炊具、餐具、容器等暂不要清洗，待食品卫生监督人员采样结束后，再对中毒现场进行全面、彻底的清洗和消毒，以防食物中毒再次发生。

（3）查明分析相关情况。一是查明同样的食物供应了多少份，收集样品，送化验室分析化验；二是查明这些可疑的菜点是由哪位员工制作的，对所有与制作过程有关的员工进行体检，查找有无近期患病或带菌者；三是分析并记录整个制作过程，明确食物如何受到污染、哪些地方存在细菌，以及这些细菌在食物中繁殖的概率等；四是分析并记录餐饮生产和销售最近一段时期的卫生检查结果。

（4）通知当地卫生防疫部门，并配合做好调查，查明事实真相。

（5）根据存在的问题，分析总结教训，积极采取相应行动，及时完善管理制度，提升食品安全管理水平。

3.舆情层面的处置

一旦酒店出现食物中毒，尤其是群体食物中毒的情况，在自媒体时代，这种负面信息就会迅速传播。所以，酒店必须第一时间做好舆情危机的监控。

（1）及时监测网络信息，第一时间发现各种相关信息。

（2）在查明事情真实情况基础上，就食物中毒事件及如何向新闻媒体公布等事项统一认识和统一口径，并由专门部门和专门人员对外发布，以免口径不一造成疑虑与误解。

（3）酒店应在最短时间内披露准确可信的信息，发表坦诚的声明，并及时将酒店对食物中毒的处置情况对外通报，以有效引导舆论，尽可能掌握舆论的主动权，避免媒体的无端炒作。必要时可借助政府、专业权威机构、行业协会等部门和单位，借助它们的公信力和影响力，向公众传递真实信息。

（4）遵循"速度第一、公众第一、态度第一、行动第一"的基本准则，勇于担当，积极补救，主动沟通，及时整改，力争把食物中毒事件的负面影响控制在最低限度。在整个事件处理过程中，一定要表现出酒店负责任的态度，并发扬人文精神，让食物中毒的受害者或其家属得到最大限度的关怀和安慰，充分展示酒店优秀的企业文化，努力凸显酒店卓越的服务品质与高水准的管理，从而塑造酒店的正面形象。

（5）在适当时候，通过适当的活动与媒体，改善酒店形象。

本章小结

（1）餐饮原料采供管理通过对餐饮原料的采购、验收、发放、储存等环节进行有效的计划与控制，为厨房等加工部门保质保量及时提供原料，并使采购的价格和费用最为经济合理。采购是厨房生产获取原料的前提，验收则是为厨房生产提供价格适宜又符合质量要求的各类原料的保证。良好的餐饮食品仓库管理需要在原料储存上达到相应的仓库要求、入库要求和存放要求，严格控制食品原料发放管理，有效进行食品原料的盘存。

（2）要保证厨房正常营运，必须科学规划厨房的设施与环境，选择合适的设备，创造良好的厨房环境。

（3）保证菜点质量是厨房管理的重中之重，为此必须明确菜点质量的评价要素，分析影响菜点质量的主客观因素，把握菜点质量管理的关键环节。当然，顾客的需求是不断变化的，所以菜点创新研发至关重要。菜点创新研发，首先必须确立菜点创新研发的基本原则；其次必须掌握菜点创新研发的基本思路与方法；最后必须强化菜点创新研发的管理工作。

（4）保证食品安全，是酒店餐饮经营的底线。酒店必须对基础卫生、食品原料采供、食物烹制与服务等环节加强科学严格管理，防范食物中毒事件的发生。万一出现食物中毒，必须按照事先编制的紧急预案，从保护顾客、事情处置与舆情监控三个层面有序展开，确保管理的安全与利益，找到问题产生的真正原因，提高酒店食品安全管理水平，并尽可能把负面效应降到最低限度。

64

思考与练习

1. 酒店厨房空间规划设计应遵循哪些原则？
2. 酒店为什么要实施厨房环境定置管理？
3. 做好餐饮原料采购对酒店餐饮经营有哪些意义？
4. 根据教材中提供的视频及评分标准，分别给中式热菜与特色点心打分并排序。
5. 你是否赞同"菜点质量高低是由厨师决定的"这一观点？为什么？
6. 做好酒店菜点研发，厨师、服务员、管理者应分别扮演好怎样的角色？
7. 如何做好厨房卫生管理？
8. 酒店怎样才能有效预防食物中毒事件的发生？
9. 搜索资料，设计一份酒店食物中毒管理的处置预案。
10. 寻找一家在菜点方面口碑绝佳的餐厅，分析其菜点赢得消费者高度认可的原因，总结酒店餐饮可借鉴的经验。

案例分析

案例一

某酒店开业时,根据餐饮部经理的意见,为了保证餐饮原料的质量以及供应的及时性,实施的是餐饮部自行采供的管理模式,餐饮原料主要由几个固定的供应商提供,这些供应商与餐饮部相关人员关系密切,餐饮部也从未对供应商提供的餐饮原料质量及服务提出过意见。实施两年以后,酒店逐渐发现餐饮原料采供管理漏洞众多,原料成本明显高于其他同类酒店。所以,酒店改变了采供模式,成立了专门的采供部,直接归属于财务部,实施集中统一采供的管理模式。

为了控制原料采购价格,采供部对蔬菜、肉类、水产品等原料的采购采用招标方式。由于该酒店每天的需求量较大,吸引了多家供应商前来投标。最后,酒店根据招标条件,选择了两家供应商。

但是,酒店总经理很快发现,更换了供应商以后,虽然餐饮原料的成本明显下降,餐饮成本率有所降低,但酒店的菜肴质量也有所下降,而且经常出现菜单上的菜肴无法提供的情况,顾客对菜肴的投诉明显增加,餐饮营业收入也呈现下降趋势。

总经理询问餐饮部出现以上问题的原因时,餐饮部经理回答:"主要原因有两个,一是餐饮业务具有动态变化的特点,而采购部采购手续过于死板烦琐,导致原料不能及时供应;二是经常出现新供应商提供的原料达不到厨房标准的情况。"

问题:

(1)你认为该酒店原来的采供模式是否存在缺陷?为什么?

(2)实施新的采供模式以后出现以上问题,你觉得可能的原因有哪些?

(3)针对该酒店目前的情况,你有何良策?

案例二

一天的酒店早会上,总经理通报了有关餐饮部的一件事情,请餐饮部在适当规模展开讨论,并提出关于这件事情的认识与相应的管理措施。

原来,昨天一位酒店管理专家应邀到酒店用餐,席间他发现虾爆鳝这道菜与他以前所食大相径庭,对此他提出了意见。陪同他用餐的总经理叫厨师长出来说明,厨师长的理由是以前用的是野生黄鳝,而现在用的是养殖黄鳝,所以口味不一样了。同时,他埋怨现在的原料越来越差,厨师越来越不好做。

问题:

(1)你对厨师长的解释是否同意?为什么?

(2)针对以上事件,假如你是餐饮部经理,你会提出怎样的方案?

案例三

一天早上 8:00，酒店大堂经理接到投诉：法籍华侨李先生夫妇昨晚在酒店中餐厅用餐后严重腹泻。大堂经理即向总经理汇报，总经理立即指示餐饮部张经理了解情况并进行善后处理。

张经理接到总经理指示，立即会同大堂经理一起赶到 1506 房间看望李先生夫妇，并了解具体情况。李先生和李太太正卧床休息。据李先生讲，他们两人昨天晚上在酒店中餐厅用餐后就回房间休息了，但从 23:00 开始两人陆续腹痛腹泻，并声称是晚上吃了酒店中餐厅提供的食物引起的。张经理建议由他陪同李先生夫妇去医院检查治疗，但是李先生说他已经吃过止泻药，且今天上午早已约定要去当地的一家企业考察洽谈合作事宜，没有时间去医院。张经理只好尊重李先生的意见，留下了自己的联系方式，并称如果李先生有任何需要可随时找他。

张经理回到餐饮部，立即进行了调查。前一天晚上李先生夫妇一共 10 人在中餐厅雨轩包厢用餐，是由当地一家企业出面接待宴请。前一天下午订餐时，负责订餐的办公室徐主任考虑到李先生离开家乡多年，为了让他感受到乡情、品尝到乡味，特别要求酒店制作两道当地的生鲜特色菜肴醉蟹与泥螺。该酒店出于食品安全的考虑，这两道菜并不在正常供应范围之内。当时，订餐的服务员也说明了情况，并提醒顾客这种菜肴外地顾客可能会不适应，但徐主任说李先生夫妇是从这里出去的，没有问题。订餐的服务员考虑到要尽可能满足顾客的需求，于是就答应了徐主任的要求，并给餐厅下达了用餐通知单。餐厅接到订单后，考虑到酒店自己制作已来不及，就从正规的市场上采购了这两道菜肴。用餐时，李先生夫妇确实很高兴吃到了家乡菜，于是在主人的盛情款待下吃了不少。

上午 10:00，正在张经理考虑怎样处理此事时，他接到了李先生的电话，说他夫人身体感到非常不适，要求酒店立即派车送他们去医院。张经理向总经理汇报后即陪同李先生夫妇去市级医院就诊。诊断结果是一人为细菌性痢疾，一人为急性肠炎。酒店支付了全部医药费。

回到酒店后，李先生说，今天上午本来要与一家企业洽谈合作事宜，现在因为身体原因取消了这一安排，这一方面影响了他所在企业的声誉，另一方面也耽误了他的行程安排，要求酒店赔偿他的各种损失。

问题：

(1)对于李先生的投诉，酒店应采取何种对策与解决办法？

(2)从该案例中，酒店应吸取什么教训？

第三章 →

酒店常规餐饮产品管理

学习导引

　　智者说:"没有疲软的市场,只有疲软的产品。"酒店餐饮要有市场,关键还要"靠产品说话"。酒店常规餐饮产品既是进入餐饮市场的前提条件,也是存活于餐饮市场的关键要素。酒店常规餐饮产品依据不同功能,大体可以分为主要满足顾客常规需求的自助早餐产品、主要满足顾客个性需求的零点餐饮产品、主要满足会议需求的团队餐饮产品、主要满足顾客社交功能的酒吧产品。那么,这些餐饮产品究竟有何特点? 其管理的基本环节与要求又是怎样的? 本章将帮助你了解这些内容。

学习重点

　　通过本章学习,学生应该重点掌握:
　　(1)酒店自助早餐产品的管理要点;
　　(2)零点餐饮产品与团体包餐产品的设计与控制的要点;
　　(3)酒吧环境布局、酒水服务、酒水标准等管理要点。

第一节　酒店自助早餐产品管理

　　吃早餐,对于顾客来说是一种最基本的需求,早餐品质高低是顾客评价酒店服务品质的重要因素之一。因而,提高早餐品质也是各家酒店争夺顾客的重要手段。目前,酒店基本上采用自助餐的方式提供早餐。自助餐是起源于西餐的一种就餐方式。其基本特征是厨师将烹制好的冷菜、热菜及点心陈列在餐台上,由顾客自己随意取食,自我服务。自助早餐产品管理,关键要抓好以下三个基本环节。

一、就餐环境控制

就餐环境，就是在餐厅布局基础上，通过灯光、色彩、背景音乐、摆台设计、桌面工艺品装饰等因素表现出来一种超出环境的语言和情调。良好的就餐环境，能使顾客就餐时沉浸在一定的意境中，从而产生良好的情绪。

（一）总体布局合理

餐厅的总体布局是通过交通空间（早餐厅在酒店的位置）、使用空间（客用区域）、工作空间（操作区域）等要素的完美组织所共同创造的一个整体。餐厅布局是顾客对餐厅的第一印象，会直接影响顾客接下来的用餐感受。作为一个整体，餐厅的空间布局必须在以下三个方面科学规划与精心设计。

1）餐厅位置

餐厅位置安排，既要方便顾客用餐，又要考虑周边环境，尤其是度假酒店，外围的自然环境更为重要，还要考虑与厨房等设施的合理连接。

2）餐厅空间

餐厅空间主要体现在餐厅的面积与高度。自助早餐餐厅主要是为住店顾客服务的基本餐饮设施，餐厅面积必须根据酒店的类型、客房数量及顾客用餐规律加以安排，必须保证拥有足够的餐位及空间，避免出现用餐空间过于局促拥挤和顾客用餐需要等候的现象，尤其是商务酒店。同时，餐厅的空间高度也应适中，原则上应高于一般的零点餐厅，避免给顾客压抑的感觉。

3）餐厅布局

餐厅布局应遵循方便顾客、利于服务的原则，合理分割不同区域，比如接待区、餐台区、明档区、餐位区等，既要注意功能要求，又要注意艺术效果，做到主次分明、流线顺畅、围透结合、错落有致。

（二）氛围典雅和谐

自助早餐餐厅应创造一种亲切、清新、典雅的氛围，使顾客心情愉悦。为此，须特别注意以下四个方面。

1）陈设

陈设主要包括装饰物、观赏品和绿化等物品的选择与摆放。要求突出主题性、艺术性和协调性，能起到画龙点睛之作用。

2）光线

餐厅光线无疑是调节餐厅气氛的一个关键性因素。自助早餐餐厅光线设计必须依据餐厅的主题、风格及建筑结构等因素加以确定。其主要须考虑以下四个基本问题：一是光源的选择，是采用人工光源、自然光源，还是人工与自然光源混合搭配；二是光线的强弱；三是光源的类型和灯饰，可用聚光灯照射台面，但切忌用彩色灯光，以免使菜点变色，影响顾客食欲；四是灯具的选择。

3）香氛

自助早餐餐厅特有香氛也是营造餐厅氛围的一部分。餐厅香氛的选择，原则上应是某种早餐食品的独特气味,如将某种咖啡或者面包的香味作为早餐厅特有的香气。

扩充视频　　酒店自助早餐产品的就餐环境控制

4)音乐

音乐是一种特殊的语言,它不仅是一种艺术享受,更重要的是可以影响情绪。人们可以通过音乐陶冶情操,从音乐中获取力量。比如庄严的旋律赋予了人们庄重的感觉,悠扬的曲调能够让人心情愉快,舒缓悦耳的曲子能够驱散疲劳。所以,音乐应该也是营造餐厅氛围的一个重要因素。在餐厅播放音乐,一方面能减弱噪声,另一方面能影响顾客的用餐情绪和服务人员的工作情绪。餐厅必须根据餐厅的主题、格调与目标顾客等因素,精心选择和安排音乐的内容、播放音乐的时间、音乐音量的大小等。

(三)餐台设置合理

餐台是自助餐陈列食品的地方,又叫食品陈列台,是营造餐厅氛围、服务顾客的重要服务设施。它不仅反映了餐厅的经营理念、格调、档次、情趣,而且还体现了餐厅的文化特色。自助餐台设置须达到以下要求。

1)独特鲜明

餐台设计要突出餐厅的文化内涵,并围绕主题进行布置。布局要有层次感,错落有致;装饰要有精致感,独特典雅;食品摆放要有立体感,凸显品位。

2)扬长补短

餐厅大小和形状固定,难以改变。布置餐台时应尽量掩盖餐厅形状缺陷,突出优点。如狭长的餐厅,可将餐台设置在中间,将餐厅分隔为两个方形小餐厅;不规则形餐厅,可在不规则处设立小型餐台,如色拉台、甜品台、水果台等,或设置一些装饰台,这样既可以分流顾客,也可以美化餐厅环境。另外,餐台大小还要考虑顾客人数及菜点品种。当然,餐台设置也可定期调整和变动,不能一成不变,避免常客感到单调乏味,缺乏新鲜感。

3)方便顾客

一是餐台位置要显眼,使顾客一进餐厅就能看见;二是食物摆放要有序,能够让顾客很容易找到自己需要的食物;三是要根据顾客取菜的人流方向安排空间的使用,避免浪费空间或拥挤堵塞。

二、出品质量控制

对于早餐出品,顾客会先关注卫生情况、食物种类、出品样式,最终吸引顾客伸手去拿的是顾客自身习惯的早餐食品(饮食习惯)。早餐出品质量的控制关键应注重以下三个方面。

(一)早餐品种

酒店自助早餐品种数量并不是越多越好,而应该适中,关键在于根据酒店住店顾客的结构,合理安排菜点品种。一般来说,早餐品种应有以下几类。

(1)常规品种,即根据酒店档次与中西自助早餐的惯例配置的品种,或者称为最低标准配置。

(2)特色品种,即时令、地方、酒店的特色早餐品种。比如地处北京的酒店,就应有北京地方特色的早餐品种。当然,不同的酒店、不同的季节最好有不同的早餐品种。

(3)针对性品种,即根据住店顾客类型而特别安排的早餐品种,例如为韩国顾客提供泡菜,为日本顾客提供寿司、味噌汤等。

(二)安全卫生

随着生活水平的提高,各种"富贵病"成为现代人的隐患,在早餐品种上注入绿色要素,倡导健康养生就显得更加重要。在常规品种方面,应充分考虑提供健康、营养、顾客喜欢的品种,如低糖、低盐饮食,以及五谷杂粮、素食等。

(三)菜点质量

早餐品种固然重要,但好吃更为重要。前文所述的影响菜点质量的要素,原则上早餐同样应该具备,一方面要特别注重现场明档区的菜点制作,另一方面要特别注意须配置有效的菜点保温设备,以保证各类不同菜点、饮料的温度。

扩充视频 酒店自助早餐产品的出品质量控制

三、服务水平控制

自助早餐服务水平,主要体现在服务项目、服务态度、服务方式、服务效率、服务技巧等方面,服务水平控制应把握以下四个基本环节。

(一)迎领服务

这是顾客的第一印象,必须特别注重以下三个方面:一是有合理选择顾客用餐的确认方式,应体现尊重、方便的原则,比如采用报房号或刷房卡等方式;二是要合理选择欢迎与领位的方式;三是视需要为顾客提供便利性项目,如寄存行李、通知结账服务。

70

（二）餐台服务

餐台是顾客获取食物，满足感官需求的重要载体。餐台服务员一要主动为顾客递送餐盘等餐具，并热情地为顾客介绍菜点；二要注意整理菜点，使之保持丰盛、整洁、美观，必要时帮助顾客取用菜点；三要注意及时更换或清洁服务叉、匙和点心夹，并随时补充餐盘等餐具；四要根据用餐情况把握菜点供应量，既要避免供应不足，又要避免过量提供菜点。

（三）餐桌服务

餐桌服务是使顾客用餐舒适、舒心的重要环节。餐桌服务员必须热情、主动、细心、及时，做到以下五个基本点：第一，及时为顾客拉椅让座，并为顾客提供咖啡、茶水等服务；第二，及时撤走顾客用过的餐具，以及补充餐巾纸、调料等；第三，根据顾客需要，及时为顾客取送煎煮食品或其他菜点；第四，注意观察，保持餐厅清洁卫生，并随时准备为顾客提供服务；第五，顾客用餐结束后，要主动向顾客告别，并迅速清理台面，重新摆台，既保持餐厅的整齐清洁，便于后来的顾客用餐。

（四）独特服务

顾客在酒店享用早餐，不再是单纯满足生理需求，还具有满足心理需求的特征。所以，酒店必须为顾客营造独特的早餐体验性服务。一是在服务方式上，比如厨师及服务人员的服装令人赏心悦目，以增强顾客用早餐时的愉悦感受；比如打造"煎蛋王子"/"煎蛋公主"的形象，将创新出菜与服务人员形象相结合。二是在特色的语言沟通方式、早上问候语的设计上为顾客提供独特的情感享受。三是在服务项目的设置上，比如在度假型酒店餐厅开辟儿童就餐区域，满足儿童就餐需求，解决携带孩子的父母就餐困扰；或者在餐厅初期设计时就考虑将儿童取餐区作为"专项设计"，餐台的高度、特色的儿童餐具，以及取餐的用具、装饰等。

扩充视频　　　酒店基本早餐的自助服务

第二节　零点与团体包餐产品管理

在酒店常规餐饮产品中，对散客的餐饮服务称为零点服务，零点餐饮产品强调顾客个性化需求及个性化服务。团体包餐产品主要服务于因某种共同的原因被主办人组织在一起，

71

并按每人相同的标准同时进餐的集体。

一、零点餐饮产品设计

零点餐饮产品是服务人员接待零星而来的、根据菜单自由点菜的客人时所提供的餐饮产品。零点餐饮产品具有就餐时间随意性、就餐要求多样性和就餐场所选择性三大特点，在餐厅接待中最普遍，也具有一定难度。在零点餐饮产品的经营设计过程中，要注意以下三个关键关节。

（一）把握顾客心理

餐厅服务要想使顾客满意，前提是必须读懂顾客内心的需求。来酒店用餐的顾客大都具有以下四个特征。①

1.优越感

顾客是酒店的"衣食父母"。所以，许多顾客在与酒店员工的交往中，往往需要服务人员为其提供服务。为此，酒店员工必须尊重顾客，乐于被顾客"使唤"。要始终记住这样一个信条"再忙也不能怠慢顾客"，忽视顾客等于忽视自己的收入，忽视酒店利润。

2.情绪化

顾客在工作单位其行为举止受各种职业规范制约。而来酒店用餐时，他则是一位"自由人"。所以，他会相对放松且比较情绪化。因此，酒店员工应对顾客宽容，设身处地为顾客着想，提供人性化的服务。

3.求享受

无论顾客出于何种原因来餐厅用餐，都有一个共同的要求，即享受。所以，餐饮服务必须注重细节，追求完美，为顾客提供舒适的环境和舒心的服务。

4.爱面子

人人都喜欢听好话、赞美的话，这是人的天性。对此，在餐饮服务过程中，酒店员工必须给顾客提供充分表现自己的机会。比如，当顾客不看菜单而迅速点出某一道菜时，服务人员应当对他投以赞美的目光，或者说上一句"的确，这道菜的味道不错，您确实很有眼光"。当顾客对某些菜点做出点评时，服务人员应该表现出做出适当的反应，不要忘记称顾客永远是"美食家"。一般来说，顾客大多喜欢自己被特别关照。所以在餐饮服务过程中，服务人员必须像对待自己的朋友一样关注顾客，为每位顾客献上一份特别的爱。

（二）注重服务规范

零点餐饮服务的规范性直接关系顾客的感觉。以中餐零点产品为例，关键要把握以下五个基本环节。

1.迎宾服务

迎宾服务是中餐零点餐饮服务的首要环节，是顾客对该酒店餐饮服务的第一印象。

1）热情迎宾

开餐前迎宾员备好菜单，面带微笑地站在规定位置上迎候顾客；见顾客到来，要主动迎

---

① 弗雷德里克·泰勒.科学管理原理[M].马风才，译.北京：机械工业出版社，2014.

上前问候,使用礼貌欢迎用语。对于常客,迎宾员要记住顾客的姓名、就餐的喜好,使顾客有宾至如归的感觉。

2)合理引座

若顾客已预订,迎宾员应热情地引领顾客入座;若顾客没有预订,迎宾员应礼貌地将顾客安排到满意的餐台。顾客餐位的安排,总的来说应尊重顾客的意愿,并注意以下基本准则:一是按照每批顾客的人数安排合适的餐桌,一张餐桌只安排同一批的顾客就座;二是要将顾客均衡地分配到不同的服务区域,以保证各看台服务员有效地为顾客提供服务;三是说话声音大的大批顾客应当安排在餐厅的包厢或餐厅靠里面的地方,以免打扰其他顾客;四是在为老年人或残疾人安排座位时,尽可能安排在靠餐厅门口的地方;五是年轻的情侣,可以安排在安静且景色优美的地方;六是时尚漂亮的顾客可以渲染餐厅的气氛,可以将其安排在餐厅中引人注目的地方。

当餐厅满员无座位时,应礼貌地告诉顾客餐厅已满,询问顾客是否可以等待,并告知大约等待时间;安排顾客在休息处等待,为顾客提供茶水;与餐厅及时沟通,了解餐位情况,以最快速度为顾客准备好餐台;为顾客送上菜单,可提前为顾客点菜。之后程序与餐厅有座位时相同。

3)引宾入座

当迎宾员把顾客带到餐台边时,主动为顾客拉椅让座,注意女士优先。拉椅时站在椅背的正后方,双手握住椅背的两侧,后退半步的同时,将椅子向后拉开半步的距离,用右手做出"请"的手势,示意顾客入座。在顾客即将坐下时,双手扶住椅背的两侧,用右腿顶住椅背,手脚配合将椅子轻轻往前送,让顾客入座。

4)送上菜单

在见到顾客时,迎宾员应根据顾客数拿好相应数量的菜单,站在顾客的右后侧,按先宾后主、女士优先的原则,依次将菜单送至顾客的手中。

5)复位记录

协助服务员完成上述服务后,迎宾员回到迎宾岗位,将顾客数、到达时间、台号等迅速记录在迎宾记录本上。

2.点菜服务

点菜服务是餐饮服务的重要环节,它既直接关系顾客的满意程度,也直接影响餐饮经营效益。目前,酒店的点菜服务有两种形式,一是专门设立点菜服务员负责点菜,二是由看台服务员负责点菜。但是不论采用何种方式,服务员均必须注意以下四个方面。

1)细心观察

点菜前要通过听、看、问等方式了解顾客的身份、宴请的类型、顾客不同的口味以及消费水平。根据顾客的具体情况,提供个性化的点菜服务,也就是在推荐菜式、菜品数量、价格时,既能达到酒店效益的要求,又能使顾客感受到服务员是从顾客的角度出发推荐,从而使顾客接受服务员的推荐。点菜时服务员应站在顾客的右边,姿势要端正,微笑,身体稍向前倾,认真听,认真记。

2）适时推销

服务员须熟悉菜单，掌握所推销菜品的各种做法和口味信息。牢记菜牌价和时价，宣传特价菜和特色菜，从原配料选择、口味特色、制作工艺等方面适时推销。在推销时，要灵活机动，赢得顾客的认可。

3）合理安排

顾客自己点菜时，服务员要耐心热情地帮助顾客合理搭配菜点，根据不同年龄顾客的口味、菜品分量，以及价位提出合理的建议。对于常客，要及时介绍新菜。对于同一原料的菜点，要介绍不同的做法，使顾客有新鲜感，从而让他们满意。当顾客点了相同类型的菜或汤，应主动提示顾客可另点一些其他菜品。若顾客表示要赶时间，应尽量建议顾客点一些制作快和服务快的菜点，不要点蒸、炸及酿等方法制作的菜点。对于制作时间长的菜品，服务员应及时告知顾客。

4）注重细节

在填写点菜单时，必须注意以下细节。第一，填写点菜单时要书写清楚、符合规格，点菜单上要注明用餐时间、开单时间、台号、人数、分量、值台员签名等。第二，填写点菜单时，酒水、冷菜、热菜和点心要分开填写。第三，如果顾客所点的菜式是菜单上没有的，应在点菜单上注明符号以便收款、制作和定价。同时，要询问顾客是否有忌口或者其他特殊要求，如穆斯林顾客或素食顾客，要在点菜单上注明。第四，顾客对某个菜点有任何要求都应写在菜单上。如顾客分开两桌点同样的菜，应在订菜单上注明"双上"。如果顾客不点任何酒水，服务员一般应在点菜单上注明，便于厨房合理出菜。第五，填写点菜单要迅速、准确，点菜结束时应及时复述菜单，检查菜单是否有遗漏或者错误，得到顾客的确认后要迅速交给传菜员，通知厨房，尽量缩短顾客的等候时间。

3. 餐前服务

在顾客入座后、尚未用餐时，服务员主要应做好以下四项服务。

1）问茶铺巾

在迎宾员为顾客递送菜单后，看台服务员应征询顾客喝什么茶，并主动介绍餐厅的茶叶品种。在问茶的同时为顾客打开餐巾，除去筷子套。

2）斟倒茶水

斟茶一般应从主宾位或长者、女士开始，顺时针进行。斟茶时要小心，避免茶水滴落在顾客的身上或洒落在餐台上。

3）增减餐位

视顾客就餐人数，对餐台进行撤位和加位。一般来说，如果增加餐位，应该在顾客入座后立即实施。操作时均应使用托盘，并将餐具摆在托盘上，在不违反操作规定的前提下尽可能几件餐具一起收/摆，以减少操作次数。

4）斟倒调料

为顾客斟倒调料时，应将白色工作巾垫在调料壶底部，调料不宜斟得太满，以味碟的1/3为宜。

扩充视频　　　　　　　　餐前服务

4.席间服务

席间服务讲究察言观色、注重细节、用心服务,具体应做好以下三项服务。

1)酒水服务

按顾客所点的酒水单到吧台取酒水,应该注意:一要检查酒水瓶子是否干净,不干净的要用干净的布擦干净。根据不同类型的酒水摆上相应的酒杯和饮料杯。二要根据酒水特点与顾客要求,处理与控制酒水温度。三要注意酒水操作规范。

2)上菜服务

一是注意上菜操作规范。如当顾客点了汤和羹类的菜,应按照顾客人数摆上汤碗和羹匙,有配料或洗手盅的,应先上配料或洗手盅,后上菜。二是注意整理台面。如餐台上的菜点占满了餐台的位置,应在征得顾客同意后将台面上数量最少的菜点合并到另一个餐碟上,并将空盘撤走,或把台面上数量最少的菜点换成一个小盆,然后再上菜,切忌将新上的菜点压在其他菜点上。三是检查出菜情况。注意顾客的菜是否已经上齐,若顾客等待了较长的时间还没上菜,要及时查看点菜单,检查是否有错漏,并立即做好追菜等工作。当接到顾客所点的菜点已售完的通知时,要立即通知顾客并介绍另外的菜点,然后在菜单上划掉该菜。同时,上最后一道菜点时要主动告诉顾客。

3)台面服务

台面服务是服务员巡视每桌顾客的台面,及时发现顾客需要的服务并立即完成。例如:随时为顾客添加酒水、饮料;随时撤去空盘和空酒瓶,并及时整理餐台;及时为顾客调换骨盘。

5.结账送别

服务员应察言观色,注重把握时机,并适时提供以下三项服务。

1)结账服务

当顾客提出要结账时,服务员应及时呈上账单。当顾客签单时,服务员应核对顾客的姓名、房号。如果顾客用现金或信用卡结账,服务员应协助顾客。服务员取回零钱及账单应当点清后再交给顾客,并向顾客道谢。

2)送别服务

当顾客离席时,服务员应主动拉椅送客,提醒顾客不要忘记所带的物品,并和顾客道别。

3）结束工作

顾客离开餐厅后,服务员立刻检查是否有遗留物品,若有,立即交给顾客。如果顾客已经离开,服务员应将遗留物品交餐厅领班处理。然后拉齐餐椅,撤掉所有用过的餐具,铺上干净台布,摆台,迎接下一批顾客。

（三）讲究服务艺术

服务艺术是源于服务实践并带有典型性、创造性的一种服务接待方法。它是在服务员良好素质和丰富实践经验基础上形成的精湛服务技能、娴熟服务技巧的综合体现,其核心就是一个"美"字,从服务的各项环节上体现美感,斟酒、派菜、递送相关物品,都能成为一种表演,形成一种仪式感。按照服务艺术的要求,服务员需要注意以下三个关键环节。

1.注重顾客类型

讲究服务艺术,首先要因人而异,根据餐饮顾客的不同类型,针对性地满足不同顾客需求。

1）老马识途型

这类顾客一般具有丰富的餐饮消费经验,因此在服务过程中应主动顺其意思提供恰当的优质服务。

2）开放外向型

这类顾客一般属胆汁质或黏液质人群,思维活跃、性格外向,喜欢和服务员交谈沟通。因此,在服务过程中应做到有问有答,主动问候。

3）优柔寡断型

这类顾客或是因为性格上的原因,或是因为缺乏类似的餐饮消费经验,在消费过程中往往犹豫不决、谨小慎微。因此,在服务过程中应引导其做出正确选择,并鼓励其接受自己恰当的建议和意见。

4）感觉良好型

这类顾客一般善于表现自己、注重面子、自我感觉良好,因此,在服务过程中可通过针对性服务满足其心理。

5）喜欢挑剔型

这类顾客在消费过程中往往十分挑剔,因此,在服务过程中应坚持有理、有利、有节的原则,满足其正当需求,拒绝其无理需求。

此外,不同年龄、不同性别、不同职业、不同地域、不同民族的顾客,在餐饮消费上均会呈现较大的差异性,需要服务员在日常工作中提供因人而异的各项服务。

2.注重服务时机

餐厅服务环境复杂多变,需要服务员把握时机,为顾客提供恰到好处的服务。服务员主要应把握以下几个关键环节。

1）点菜时机

由于顾客的多样性,服务员必须察言观色,根据不同顾客的情况,适时提供点菜服务,既不能让顾客有被催促的感觉,也不能让顾客有被怠慢的感觉。

2）上菜时机

通常第一道菜应在顾客点菜后 15 分钟内上桌，并应适时与顾客保持必要的沟通，以便顾客了解出菜情况。如果顾客有急事，应当立刻与厨房联络，使菜点尽快上桌。

3）席间服务时机

要根据顾客用餐情况，及时为顾客提供必要的餐桌服务。在此，要特别注意因人而异，因事而动，把握时机，恰到好处。既要注意按照服务标准与顾客需要及时提供服务，又要注意不影响顾客交流，不打扰顾客用餐。

4）结账时机

首先，服务员应及时清点顾客所点的菜点和饮料，提前做好结账准备工作。其次，服务员应察言观色，根据顾客的用餐情况，及时通知收款员准备结账。最后，服务员应核对和确认订单、台号、人数、所点菜的品种、数量与账单相符合，将账单放入收银夹内。

3.注重服务情感

人是追求情感满足的高级动物，餐饮服务能否得到顾客的高度认可，在很大程度上取决于情感的满足。尤其在移动互联网时代，网民的眼里只有情感[①]。

1）给顾客一份亲情

情感是中华民族服务之魂，古往今来，一杯大碗茶、一碗阳春面，总能注入店家对顾客在漫漫孤旅中的一份关爱。于细微处见精神，于善小处见人情，酒店必须做到用心服务，细心观察顾客的举动，耐心倾听顾客的要求，真心提供真诚的服务，注意服务过程中的感情交流，并创造轻松自然的氛围，使顾客感到服务员的每一个微笑、每一次问候、每一次服务都是发自肺腑的，真正体现一种独特的关注。

2）给顾客一份理解

由于顾客的特殊心态和酒店的特定环境，有些顾客会有一些自以为是、唯我独尊等行为，或是大惊小怪、无理指责。对此，酒店应该给予充分理解与包容。

3）给顾客一份自豪

只有让顾客感到有面子，以及感到愉悦，他才会常到酒店消费。所以，作为酒店的员工，我们必须让顾客有面子，让顾客产生自豪的感觉和当"领导"的快乐。

4）给顾客一份惊喜

要打动顾客，仅让顾客满意是不够的，还必须让顾客惊喜。为此，餐厅的优质服务应超越顾客的期望，即餐厅提供的服务是出乎顾客意料或从未体验过的。根据美国心理学家赫茨伯格的双因素理论：激励因素能激发人的积极性。超常性服务就是一种激励因素，它能激发顾客，使顾客感觉到关照和备受尊重，从而愿意成为餐厅的忠诚顾客。要超越顾客的期望，关键是餐厅的服务必须做到个性化和超常化，并努力做好延伸服务。个性化即做到针对性和灵活性。顾客是千差万别的，针对性就是要根据不同顾客的需求和特点，提供具有个性化的服务。

77

---

① 邹益民.饭店优质服务的新思维(一)[N].中国旅游报,2003-10-29.

扩充视频　　　　零点餐饮产品

二、团体包餐产品设计

团体包餐，在日本称为团膳，在美国称为配餐，即向企事业单位、活动赛事等提供团体餐。酒店的团体包餐产品主要面向旅游团队和会议团队。旅游团体包餐是指旅行社将参加同一旅游项目的人员组织在一起，集体在餐厅就餐的一种形式。旅游团体包餐一般由旅行社同餐厅协商，统一安排。会议团体包餐是指因参加某个会议而在餐厅集体就餐的一种形式，是酒店餐饮较为常见的团体包餐产品。会议团体包餐产品应注意以下基本要求。

（一）注重针对性

针对性，即要根据团队的特点，提供相应的餐饮服务。

（1）会议团体包餐的形式复杂多样，根据参会人员的喜好，可以是西餐、中餐、自助餐、宴会等。会议团体包餐等级规格的高低是由举办者的活动目的、活动事由、主要参加对象的重要程度、准备达到的活动影响、出席活动的主要人物身份地位、举办者的用餐标准等多重因素决定。因此，团体餐饮服务设计必须遵循满足目标顾客的需求原则，确保能根据目标顾客需求层次和等级规格，提供质价相符的优质服务。

（2）会议团体包餐不同时段用餐的方式、时间、人数不尽相同，酒店必须随时与会务组人员保持紧密沟通，以提供恰到好处的服务。

（3）会议团体包餐时间与人员均高度集中，必须提前就用餐场地、人员、菜肴、出菜、服务等各个环节做好策划安排，并加强现场指挥，以保证参会人员在最短的时间内完成用餐，同时又要考虑不影响其他顾客用餐。比如会议团队安排自助餐，就要根据其特点来针对性地设计和安排取餐台、菜单、出菜时机、餐位等，避免顾客长时间排队等候或菜点断档等情况。

（4）会议团体包餐有时会出现场地交叉，即开会的场地也是用餐的场地，酒店必须提前与会务组人员沟通，合理安排会议与用餐时间，并积极做好各种准备工作，保证在最短的时间内完成翻台，并使顾客能在规定时间用餐。

（5）会议团体包餐，由于参会人员身份差异、工作分工差异、地域差异等原因，经常会有一些特殊要求，酒店必须提前了解掌握各种不同顾客需求，及时准确地提供个性化服务。

(二)注重系统性

系统性,就是把会议团体包餐视为一个系统,以系统整体目标的优化为准绳,协调系统中各分系统的相互关系,使系统完整、平衡。会议团体包餐的系统性要求,须特别注意以下几个要点。

1. 全方位

会议产品与餐饮部门相关或由餐饮部门提供,其构成要素主要有会场服务、茶歇服务、用餐服务三大部分。为了让会议顾客感到满意,酒店必须对会议产品进行整体设计,使之体现层次性与一致性。

2. 全覆盖

会议产品的每个组成部分均有不同的环节,诸如场景布置、台型安排、台面布置、菜点设计、服务规范制定,以及灯光、音响、乐曲设计等。酒店必须统筹考虑,精心设计,合理安排,使之环环紧扣、步步到位。

3. 全过程

会议时间有长有短,2天以上的会议意味着顾客会重复消费。所以,酒店必须注重全过程管理,对会议顾客的餐饮产品进行系统设计。首先,要注意不同阶段会议顾客的不同要求,提供不同的服务;其次,要根据一天三餐的不同需求,设计不同的菜单、服务方式与服务程序;最后,要根据会议顾客重复用餐的情况,设计不同菜单,避免重复性菜品,以免导致会议团队顾客的审美疲劳。

(三)注重特色性

团队餐饮服务特色是能否给顾客留下深刻印象的一个关键要素,必须给予高度重视。

1. 特色本质

特色本质上在于差异性与创造性。所以,酒店会议团体包餐产品的特色打造,一是必须遵循顾客价值导向,注重知己知彼,追求人无我有、人有我高、人高我精,绝不能闭门造车、孤芳自赏;二是必须确立一切皆有可能的理念,撑开思维的翅膀,富于想象,打破常规,别出心裁,追求与众不同。

2. 特色层次

酒店会议团体包餐产品的特色可在以下三个层面加以思考:一是中国特色,中国历史源远流长，中国文化博大精深，中国餐饮特色鲜明，所以如何挖掘、凸显中国特色是酒店创造特色的一个基本思路，尤其是面对国外顾客时，更应如此；二是地方特色，中国地大物博、民族众多，风土人情各异，地方菜系风格独特，所以如何展示本地特色，当然也就成为创造特色的主要思路；三是酒店特色，这需要从酒店类型、酒店风格、酒店服务管理模式出发，创造与其他酒店不同的会议餐饮产品。

3. 特色范围

会议餐饮特色打造的范围涉及面很广，既可从人物角度去思考，如高级宴会服务师、会议服务经理等，也可以从物的角度去思考，比如吉祥物、纪念品、特色菜点、特色景观小品等；还可以从特色场景去考虑，比如服务秀、厨艺秀等。

扩充阅读　　　北京冬奥会菜单

第三节　酒吧产品设计与控制

酒，在人类生活中应用广泛，起着沟通、联络人与人之间感情的作用，同时也是社交的媒介之一。多年来，人们习惯了"无酒不成礼、无酒不成欢"。酒吧产品毫无疑问是酒店餐饮业务的重要组成部分。

一、酒吧环境营造

酒吧是专门为顾客提供酒水和饮用服务的场所，是为酒店创造高利润的服务部门。酒吧产品经营，首先必须注重酒吧环境氛围的营造。

（一）酒吧类型[①]

根据酒吧的销售方式、作用以及在酒店中的具体位置不同，可分为以下四种主要形式。

1. 立式酒吧

这是最常见、最典型、最具有代表性的酒吧。"立式"并不是指顾客必须站立饮酒或服务员必须站立服务，它只是一种传统称呼。立式酒吧的特点是以吧台和靠凳为中心，通过桌

---

① 该部分内容主要参考徐文燕编著的《餐饮管理》相关内容。

椅、沙发围合形成面向吧台的整体布局,为顾客提供酒水服务。

2.服务酒吧

服务酒吧是配合各餐厅菜点销售而设置的一种酒吧,以销售佐餐酒水和软饮料为主。这种酒吧混合饮料,即鸡尾酒的销售很少,一般也很少提供。服务酒吧的特点是吧台酒水员不直接面对顾客,顾客购买酒水是通过桌面服务员开票,再由桌面服务员到吧台将酒水提供给顾客。因此,其酒水销售以瓶装或原包装为主,酒吧布局以直线封闭型为主。

3.宴会酒吧

宴会酒吧是专为宴会服务而设置的一种酒吧。它主要设在宴会厅的某一场所,其设施可以是活动结构(随时撤除或移动的),也可以是永久固定的。宴会酒吧根据营业形式与收款方式不同,还可以分为以下三种。

(1)现金酒吧,即参加宴会的顾客取用的酒水,需要随取随付钱,宴会主办单位或主办人不承担宴会酒水费用。这种形式一般适用于大型宴会。

(2)赞助酒吧,即顾客取用酒水无须付钱,有时凭券取酒水,酒水费用由赞助者即举办单位承担。

(3)一次结账酒吧,即顾客在宴会或招待会中,可随意取用酒水,所有费用在宴会结束时由东道主即举办单位或举办人一次结清。

4.鸡尾酒吧

鸡尾酒吧又称鸡尾酒廊,通常设在酒店门厅或附近,例如酒店的大堂酒吧或休闲酒吧。鸡尾酒吧的特点是设计高雅,环境美观、舒适。鸡尾酒吧一般较为宽敞,大多有钢琴、竖琴或小乐队演奏,气氛温馨,音乐节奏缓慢,顾客可以在此尽情享受。

酒吧种类还可以按照客源对象分为男士酒吧、女士酒吧、会员酒吧、公共酒吧等;按酒吧位置和重要程度划分为大堂酒吧、屋顶酒吧、中心酒吧等。

(二)吧台造型

吧台是酒吧必不可少的基本设施,其形状多种多样,大体上可以分为以下三种。

1.直线或曲线封闭形

这种酒吧柜台设计的特点是吧台为长条形,两端与墙壁相连,吧台可以凸显在酒吧的中间,也可以退缩进酒吧间的一面墙中。柜台可以是直线的,也可以略带曲线。柜台长度没有统一的标准,一般根据酒吧间的座位多少来确定。吧台服务人员的配备,原则上为3∶1,即每3米长度配1名酒吧服务员。

直线或曲线封闭形吧台的优点是柜台面对酒吧,服务员站在吧台的任何位置都可以面对顾客,有利于对整个酒吧的监控,便于销售酒水和提供优质服务。酒店的立式酒吧、各个餐厅的服务酒吧、部分鸡尾酒吧等大多采用这种柜台设计形式。

2.圆形或者空方阵形

这种酒吧柜台设计的特点是吧台呈圆形或空方阵形,凸显在酒吧间的中间或靠墙的某一部位。吧台四面凌空、造型别致,主要适合大中型酒店的庭院、浴场、游泳池边等处的酒吧使用。其优点是可以形成酒店环境的一种点缀、一处风景,提升美观度。

3.马蹄形或半圆形

这种酒吧柜台设计的特点是吧台呈马蹄形（"U"形）或半圆形，从三个方向突出在酒吧间里。它与直线封闭形酒吧柜台设计的主要区别是直线形吧台的酒水陈列均靠墙一线排列，而马蹄形或半圆形的酒水陈列可以相对集中布局，三面观看。因此，这种酒吧柜台设计更富于变化，可以提升装饰度，往往为立式酒吧、鸡尾酒吧、宴会酒吧等广泛采用。

（三）酒吧设计

酒吧设计应有自己的独特性，尤其是主酒吧的设计更要体现其风格。酒吧设计应注意以下要点。

（1）灯饰应新颖，灯光要柔和，选用造型优美和有独特性的壁灯与台灯。

（2）为了方便调酒师和服务员的工作，以及吸引顾客对吧台的注意力，吧台内外的局部面积的照明度应强一些。

（3）配备优质的音响设备，创造轻松气氛并注意隔音，利用软面家具、天花板吸音装置和地毯来降低工作区的音量。

（4）配备现代的空气调节设备，保持室内的标准温度和湿度并不断地排出室内的烟味和酒味，使室内空气清新。

（5）酒吧的面积应适应顾客的周转率，通常将空间面积或部分大块面积隔成小间，以矮小的植物或装饰物等进行不同的方式分隔，使得酒吧安静雅致，各有特色。

（6）酒吧的家具要舒适，桌椅的设计既要有特色又要便于使用，并且应具备方便合并的功能以备为团体顾客服务。

（7）吧台设计既要有特色又要简单，以方便工作。吧台应具备在短时间内可配制出多种酒水的能力，可使调酒师在同一个地方完成几项相关的工作。例如：准备各种酒水，切配鸡尾酒的装饰水果，调制各种酒水，方便服务员取酒水，方便顾客饮用酒，方便储存与管理各种酒水，易于酒杯与调酒用具的洗涤、消毒与储存，等等。吧台内设计的关键是吧台的可用性，即吧台的工作区、服务区、洗涤区、储存区等的设计。

扩充视频　　酒吧环境营造

二、酒水服务提供

（一）酒水分类

酒是一种用水果、谷物、花瓣、淀粉或其他有足够糖分或淀粉的植物经过发酵、蒸馏、陈酿等方法生产出含酒精的饮料。一般酒精度为 $0.5\%vol\sim75.5\%vol$ 的可饮用液体都可以称为酒。

1.按酿造工艺分

酒按其不同的酿造工艺大致可分为三大类,即发酵酒、蒸馏酒、配制酒。

(1)发酵酒,是酿酒原料经过发酵后直接提取或用压榨法取得的酒浆。这种酒又被称为原汁发酵酒,如葡萄酒、啤酒、黄酒、米酒等。

(2)蒸馏酒,是将经过发酵的原料(发酵酒)加以蒸馏提纯,获得的含有较高酒精度的液体,通常可经过一次、两次或多次蒸馏,获得高质量的酒液。

(3)配制酒(又称浸制酒),是用一种烈性酒作为基酒,再将其他不同的原料,果汁、糖、香料及药材等经过加工后与基酒进行浸泡、混合、勾兑,使之成为种类、味道不同的新酒。

扩充阅读　　　　中国酒曲的历史

2.按酒精度分

由于酿酒原料的不同,酿制的酒品其酒精度即酒精含量也不相同,大体可划分成高度酒、中度酒、低度酒三大类。

(1)高度酒,指酒精度为 $40\%vol\sim65\%vol$ 的烈性酒。由于其酒精度较高,酒液刺激性较强。

(2)中度酒,指酒精度为 $20\%vol\sim39\%vol$ 的酒。这类酒比较温和,酒液刺激性较小。

(3)低度酒,指酒精度为 $20\%vol$ 以下的饮料酒,这类酒刺激性较小。

3.按酿酒原料分

由于酿酒所用原料不同,酿制的酒也各不相同,大体可分为白酒、黄酒、啤酒、果酒、汽酒、配制酒六大类。

(1)白酒,是以含有丰富淀粉的植物为原料,经发酵、蒸馏而成的。白酒的酒精度较高,一般为 $35\%vol\sim65\%vol$。

(2)黄酒,主要以糯米及黍米(谷)为原料,采用压榨法加工酿造,并以微生物菌类作为发酵菌。这类酒中的酒精度一般为 $12°\%vol\sim18\%vol$。

(3)啤酒,是由麦芽经糖化后加入啤酒花,再用酵母菌发酵酿成的,酒精度一般为 $2\%vol\sim4.5\%vol$ 不等。不同质量的啤酒,麦芽糖的含量不同,一般麦芽糖含量为 $11\%\sim25\%$。

(4)果酒,是以各种含糖量较高的水果为主要原料,经发酵、压榨酿制而成的。其酒精度多数在 15％vol 左右。

（5）汽酒，水果（以葡萄为主要原料）经发酵、压榨酿制而成的。这种酒在装瓶时会注入一定量的二氧化碳，使酒内充有气体，酒精度约 11％vol。

（6）配制酒，是酒与酒或酒与非酒精原料进行混合而成的酒，配制酒是一个比较复杂的酒类，这是因为它的原料、配制方法是多种多样的，也正因为这些不同，所以其酒精度也各不相同。

4.按酒色、酒味、酒香分

酿酒的方法和选料不同，酿制出的酒色、酒味、酒香也各不相同。

（1）酒色，不同的酿造方法酿造出的酒的色泽不尽相同，有白色、红色、黄色、紫色、黑色、金色等。

（2）酒味，不同的酿酒原料及不同的酿造工艺酿造的酒液的味道各不相同，有醇厚，有柔和，有甜、绵、爽、净等。

（3）酒香，由于酿造过程中发酵的方法不同，酿造的酒的香型也不相同，有浓香型、清香型、酱香型、米香型、果香型、兼香型等。

5.按照人们的用餐分类

（1）餐前酒，在餐前饮用，可细分为味美思酒（Vermouth）、茴香酒（Anises）和苦味酒（Bitters）。由于餐前酒多用草药、树皮、树根、茴香、龙胆、肉桂等酿造，并以葡萄酒和蒸馏酒为基酒，因此，餐前酒饮用后能增加食欲。

（2）佐餐酒，有白葡萄酒、红葡萄酒、玫瑰红葡萄酒、强化葡萄酒和香槟酒。葡萄酒是西餐配餐的主要酒类，它是由新鲜的葡萄发酵制成，酒精度较低，通常为 8％vol～14％vol。葡萄酒含有丰富的维生素（特别是 B 族维生素和维生素 C），因此，饮用后可以帮助消化，调节内分泌，起到滋补强身的作用。强化葡萄酒是在葡萄酒制造过程中加入白兰地，使酒精度达到 17％vol～21％vol，主要有雪利酒、波特酒等。这类酒严格来说不能算是佐餐酒，可以归入葡萄酒类。香槟盛产于法国香槟区，且只有香槟区出产的汽酒才能冠以"香槟"称号，其他区域或国家生产的汽酒只能称为葡萄汽酒。

（3）餐后酒，是以葡萄酒作基酒，加入食用酒精或白兰地以增加其酒精含量，再加入香料、果仁或药材等配制而成，餐后饮用能帮助消化。餐后甜酒大致可分为三种类型：植物类、食品类和果料类。著名的餐后甜酒有香草味酒、可可奶酒、加连露酒等。

（二）酒水质量

1.白酒

白酒的质量主要可从以下三个方面加以检验。

1）色

白酒应无色透明，质地纯净，无悬浮物及沉淀物，将白酒倒入杯中，杯壁上不能出现环状污物。如果白酒出现浑浊现象，有可能是受温度影响。处于低温下的白酒（0 ℃以下），常有絮状物产生，一旦温度上升，絮状物便自行消失。

2）香

白酒有清香、浓香、酱香、米香等类型。酒香应该协调、突出，有个性风格，回香悠久舒适。可将酒倒入杯中嗅闻,按其香气来判断其质量。

3)味

白酒甘洌,醇厚无异味,平和柔绵,无强烈刺激性。酒液失去应有的味道变得有腥臭味、油脂味或霉味,原因可能是酿酒时水质不净、酒液被污染、与挥发油气的物质共同储存、酒液中油脂氧化后产生油腻味,又或者是保管不善、瓶塞霉变等导致的。

2.黄酒

黄酒的质量同样可从三个方面加以检验。

1)色

黄酒色泽应浅黄澄清,老酒应呈黄红色,透亮有光泽,无悬浮物,无沉淀物。

2)香

浓郁芬芳,常带有所用的曲香和药香,或者甜香、酸香,不刺鼻,香味协调。

3)味

口感鲜美醇厚,甜甘者多见,平和柔绵,圆正滑润,无酸涩味。如酒液失去原有的浓郁醇厚味,气味酸臭,有腐烂时的刺鼻味,酸度超过0.6%,不堪入口等,其原因可能是酒瓶、酒罐没有密封,光线长期直接照射,储酒温度过高,开封后细菌侵入,感染其他霉变物质等。

3.啤酒

1)透明度

酒液透明有光泽,不得有悬浮物和沉淀物。若储存温度低于0 ℃时,酒液中出现絮状物,当温度上升后,絮状物会自行消失。若啤酒长期在低温条件下储存,絮状物则会由白色变为褐色,温度上升后也不能完全消失,使啤酒发生病变。另外,啤酒与空气长时间接触,也会产生浑浊现象。浑浊的啤酒绝对不能出售给顾客。

2)色泽

啤酒色泽的深浅度因品种而异,一般消费者喜好浅色啤酒。

3)泡沫

啤酒的泡沫以洁白细腻者为佳,并能持久挂杯(不低于3分钟)为好。

4)香气和滋味

啤酒应具有显著的麦芽清香和酒花微苦而爽适的口感,不得有其他味道。若啤酒有氧化味(老化味)、金属味、酸苦味等,原因是酒液的氧化和储存期过久,或酒液受到金属或细菌的污染;苦味不正则主要是生产过程中原料、技术没有达到应有的标准所致。所有变成怪异滋味和气味的啤酒都不应再饮用。

4.葡萄酒

1)色泽

红葡萄酒的酒液应呈紫红色,白葡萄酒酒液呈淡黄色,不管哪种颜色,酒液都应清透、有光泽、不浑浊。

2)香气

葡萄酒具有一般果香气味,更具有浓郁的醇香,不应有杂味。

3)滋味

葡萄酒应酸甜适度,纯净、醇厚,无过重的酒精味。若酒液表面结薄膜,酒味酸涩、发苦,酒液发浑,原因可能是盛酒器皿不净,酒液长期与空气接触,或酒花菌在酒液表面繁殖,使酒精变成水和碳酸物质。若酒液浑浊、触氧变色,红葡萄酒会呈棕褐色,白葡萄酒会呈黄色,有沉淀,原因是原料霉变或者过于成熟。

扩充视频	酒水的质量

（三）酒水饮用

1. 葡萄酒的饮用

红葡萄酒一般在 16～18 ℃饮用。干白葡萄酒、玫瑰红葡萄酒应该冷藏到 8～12 ℃饮用,一般是在顾客点酒后,把酒放在冰水混合的冰桶中,冰镇数分钟就行。也可预先把酒放入冰柜 1 小时左右,再取出来饮用。香槟、起泡葡萄酒、甜白葡萄酒最好在 6～8 ℃饮用,把酒放在冰水混合的冰桶中约 25 分钟即可。这样的温度能降低气泡的散发速度,维持酒的新鲜感,便于持久保存酒中的果味和酒精。

2. 白兰地的饮用

比较讲究的白兰地饮用方法是净饮,用白兰地杯(224 毫升的白兰地杯只倒入 24 毫升的酒),另外用水杯配一杯冰水,喝时用手掌握住白兰地杯的杯壁,让手掌的温度经过酒杯传至白兰地中,使其香味挥发,边闻边喝。这样才能真正地享受饮用白兰地的奥妙。每喝完一小口白兰地,就喝一口冰水,清新味觉能使下一口白兰地的味道更香醇。

英国人喝白兰地喜欢加水,中国人多喜欢加冰,但对于陈年上佳的白兰地来说,加水、加冰都会丢失香甜、浓醇的味道。白兰地还可以兑饮,如白兰地加可乐,用柯林杯,加半杯冰块,量取 28 毫升的白兰地、168 毫升的可乐,用吧匙搅拌即可。

3. 威士忌的饮用

威士忌的标准用量为每份 40 毫升,主要用平底杯具,也有专用的几种威士忌杯具,如饮用苏格兰威士忌常采用古典杯。据说,这种较宽大而不太深的平底杯更有利于展示苏格兰威士忌的风采。

威士忌通常于餐前或餐后饮用,可净饮(不加任何其他材料),也可兑水饮用。所兑的水可以是清水、汽水或苏打水,但需加冰块。威士忌作为餐后酒时,一般是净饮。喝威士忌时,可不断轻轻摇动,以使酒香充分外溢。

4. 开胃酒的饮用

开胃酒常被用于调制鸡尾酒的原料。其饮用方法主要有以下几种。

1）净饮

先将 3 颗冰块放入调酒杯中，倒入 42 毫升的开胃酒，用吧匙搅拌 30 秒，用滤冰器过滤冰块，将酒滤入鸡尾酒杯中，加一片柠檬。

2）加冰饮用

在平底杯中加半杯冰块，倒入 42 毫升的开胃酒，用吧匙搅拌 10 秒，加一片柠檬。

3）混合饮用

开胃酒可以与果汁、汽水等兑饮。比如金巴利酒加苏打水，即在柯林杯中加半杯冰块，倒入 42 毫升的金巴利酒，加入 168 毫升的苏打水，用吧匙搅拌 5 秒钟。又比如金巴利酒加橙汁，即在平底杯中加半杯冰块，倒入 42 毫升的金巴利酒，加入 112 毫升的橙汁，用吧匙搅拌 5 秒钟。其他开胃酒，如味美思等也可照此方法混合。

扩充视频　　　酒水的饮用

扩充视频　　　酒水服务提供

（四）酒水服务[①]

1.酒水服务含义

酒水服务是酒水经营的重要环节，顾客到酒吧或餐厅不仅用餐，还需要享受酒水服务。酒水服务是酒水服务员帮助顾客购买和为顾客饮用酒水提供服务的全过程，该过程从餐厅或酒吧预定开始，包括引座、写酒单、开瓶、斟酒、结账等，直至顾客离开餐厅或酒吧。广义的

---

① 该部分内容主要参考徐文燕编著的《餐饮管理》的相关内容。

酒水服务还包括一系列有关酒水服务的设施、酒具、酒水。

酒水服务是一种仪式，这种仪式通过酒水服务中各项程序和方法显示出来。酒水服务质量与酒水质量一起构成酒水产品质量。酒水服务必须与酒水种类、顾客饮用习惯、酒具、饮用温度、开瓶方法、倒酒方法联系在一起。优秀的酒水服务应提高服务价值，给顾客留下深刻和良好的印象。

2. 酒水服务种类

1）餐桌服务

餐桌服务是传统的酒水服务形式，顾客坐在餐桌旁，等待服务员到餐桌写酒单、斟酒水。这种服务方式适合一般的酒吧和餐厅。在餐桌酒水服务中，服务员常站在顾客右侧斟倒酒水，并从顾客右侧撤掉酒具。根据国际服务礼仪，先为女士斟倒酒水，再为男士斟倒。按照逆时针方向为每一位顾客服务。而中餐酒水服务，应先为主宾斟倒酒水，然后按照顺时针方向为每位顾客服务。

2）吧台服务

吧台服务是调酒师根据顾客需求，将斟倒好的酒水放在吧台上、顾客的面前。在吧台饮酒的顾客常为散客，或1～2人就座。在吧台饮酒时，顾客之间的距离较近，便于交流和沟通，因此，吧台服务多用于酒吧或传统西餐厅。在传统西餐厅，欧美客人在进入正式餐厅前，常在餐厅前边的小酒吧饮用餐前酒，等待其他同桌客人，待全部用餐客人到达餐厅后，一起进餐厅入座。

3）自助服务

在鸡尾酒会、自助餐厅和冷餐会的酒水经营中，酒水服务常采用自助式。服务员在餐厅摆设好临时吧台，在吧台斟倒好酒水，顾客到吧台自己选用酒水。

4）流动服务

在鸡尾酒会经营中，根据顾客需要，服务员采用流动式酒水服务。流动式酒水服务要设立临时吧台，服务员在临时吧台斟倒好各种酒水，然后将它们放在托盘上，送至顾客面前。参加鸡尾酒会的顾客常常站立饮酒，吃些小零食。鸡尾酒会通常在1小时内结束。

3. 酒水服务要点

在整个服务过程中酒吧服务员要特别注意服务技巧、服务态度、礼节礼貌等，切实提高服务质量，为此，需注意以下四项酒水服务要点。

1）准确操作

配料、调酒、倒酒应在顾客看到的情况下进行，目的是既可使顾客欣赏服务技艺，又能让顾客放心。服务员使用的饮料原料用量应正确无误，操作符合卫生要求。

2）不打扰顾客

调好的饮料端送给顾客以后，应立即离开，不要让顾客发觉服务员在听他们对话（除非顾客直接与你交谈），更不可随便插话。

3）尊重顾客

任何时候都不准对顾客有不耐烦的语言、表情或动作，不要催促顾客点酒、饮酒。如果顾客已经喝醉，应用文明礼貌地拒绝供应酒水。认真对待顾客对酒水服务提出的意见，投诉时应立即设法补救或重调。

4)特殊服务

除了掌握酒水的标准配方和调制方法外,还应注意顾客的习惯和爱好,如有特殊要求,应遵照顾客的意见调制。

扩充视频　　　　　　酒水的服务

扩充阅读　　　　　酒水斟倒注意要点

三、酒水标准控制

因为酒水成本额高,又容易出现损耗,所以在管理中一定要坚持标准化管理,控制成本消耗。酒水销售中的标准化管理主要包括以下几方面。

(一)标准定额

标准定额分为标准销售定额和标准成本定额。标准销售定额是指一个服务员一天应该完成的酒水销售额;标准成本定额是指每销售100元酒水应该支出的成本额,即成本率。这两种定额都以平均数为基础制定,坚持合理的标准定额管理既能调动员工的积极性,又能控制成本消耗。

(二)标准酒单

标准酒单应根据酒吧的档次、客源构成、顾客档次高低、顾客消费习惯等因素来确定。选择好酒水的种类和品牌,确定酒水价格。标准酒单一旦确定后,酒水的采购、准备、销售、服务等工作就都要围绕标准酒单进行,不得随意更改。

（三）标准配方

标准配方是指鸡尾酒调制的配方。酒吧里销售的每一款鸡尾酒都有它的标准配方,调酒师在调制酒水时一定要严格按照配方所规定的酒水种类和用量进行调制,不能随意增减酒水用量,这样既能保证鸡尾酒的口味和品质,又能维护供求双方的利益。

（四）标准基酒

基酒是构成鸡尾酒的主体,决定着鸡尾酒的酒品特色。可以作为基酒的主要有白兰地、威士忌、金酒、朗姆酒、伏特加、龙舌兰、中国白酒、葡萄酒、香槟等。酒吧里用作基酒的一般都是质量较好、但价格较为便宜的流行品牌的酒,这种酒被称酒吧特备酒。

（五）标准价格

整瓶销售酒水或拆零销售酒水的价格,是通过每瓶或每份酒水成本和标准毛利率来确定的。酒水的价格一经确定,就应保持相对稳定,以形成价格的标准化管理。

（六）标准量度

酒吧酒水量度一般有三种,即量杯量度、酒瓶计量表量度以及电子酒水配出系统。

1. 量杯量度

用量杯量取调制酒水所需的基酒是最经济,也是较精确的一种控制方法,成功的关键是每酒必量。这种方法最大的优点是顾客乐意接受,因为这是传统的方法。但比较熟练的酒吧服务员则不喜欢这种方法,认为会影响配酒速度,而且他们不用量杯倒酒也同样精确。但事实上,同一服务员在不用量杯的情况下,配制的酒水往往不可能完全一样,更不必说不同的服务员之间的差异了。其实,只要服务员习惯使用量杯,其速度与不用量杯时相差无几。不用量杯,不但酒店的酒水得不到应有的控制,而且顾客也得不到质量相同的产品。

2. 酒瓶计量表量度

由于酒店很难使酒吧服务员做到每酒必量,于是就有人发明了酒瓶计量表。这是一种可以固定在酒瓶上,可以调节流量、锁固并能自动记录总流量的装置,也就是说,每一次的倒出量可以预先调节固定,而且每倒出一次,计量表会自动记录。使用这种装置,原料用量得到严格控制,并且每次倒出量完全相同,使酒水质量得到保证。只要每天开吧时和结算时分别记录表上读数,两者之差,便是这种酒当天的消耗量。

这种装置的主要缺点是倒酒速度慢,而且倘若倒出量定为每次1盎司,那么当配制酒水需要1.5盎司时,就会带来很多麻烦。此外,由于酒吧中用酒较多,大量安装这种设备,费用往往较高。因此,一般只有在酒水成本太高且极难控制时,才会使用这种装置。

3. 电子酒水配出系统

电子酒水配出系统是目前较为先进的酒吧酒水量度工具,它可以与收款机连接,自身也可以有微电脑或数据处理系统。使用这种系统,酒水贮藏室可以设在离酒吧几十米的地方,服务员只要按动配出器上的键,便可得到所需的规定数量的酒或配料,由于省时省力、量度精确、控制严密,很受服务员欢迎。但这种设备价格昂贵,并且连入系统的基酒和配料的数量受到限制,一般只能把最常用的基酒和酒水连入,因此免不了还得用其他方法量取别的基酒和配料,这是这种系统最主要的缺点。

扩充视频　　　　酒水标准控制

本章小结

（1）餐饮常规产品是酒店满足顾客日常需要的必备产品，也是酒店餐饮收入的基本组成部分。常规产品主要包含自助早餐产品、零点餐饮产品和团体包餐产品、酒吧产品。各类餐饮产品均有不同的特点与管理要求，需要分类管理，有的放矢。

（2）提高早餐品质是各家酒店争夺顾客的重要手段。自助早餐产品可从餐厅环境控制、出品质量控制和服务水平控制三方面入手，

（3）对散客的餐饮服务称为零点服务，零点餐饮产品强调顾客个性化需求及个性化服务。团体包餐产品主要服务于因某种共同的原因被主办人组织在一起，并按每人相同的标准同时进餐的集体。

（4）酒吧是满足顾客休闲、社交等需要的主要产品，也是体现酒店档次的重要服务设施。酒店酒吧产品管理既要注重酒吧的环境氛围，又要注意提高酒水服务的水平，还要注意有效控制酒水的销售。

思考与练习

1. 自助早餐的服务水平控制需要注意哪些要点？

2. 零点餐饮产品该如何把握顾客心理？

3. 团体包餐产品需要遵循哪些原则？

4. 酒吧的环境布置应注意哪些要点？

5. 做好酒水服务，关键应抓好哪些基本环节？

6. 酒水销售控制应把握哪些要素？

案例分析

　　一天中午，某酒店中餐厅来了三位刚刚入住该酒店就来餐厅用餐的顾客，看台服务员小金热情地招呼顾客，并按服务规范，拉椅让座，上茶送巾，并及时递上菜单，请顾客点菜。很快顾客就点了酸辣汤等5道菜肴与6个馒头。因为顾客没有点酒水与冷菜，不一会，第一个菜酸辣汤就上来了。一位顾客尝了一口就说有点咸。小金一开始觉得可能是厨师盐放多了，但小金判断尽管如此但应该还是在顾客能够接受的范围。所以，她走上前去，面带微笑，轻声细语地说道："三位贵宾，是否觉得这个酸辣汤有点偏咸？"顾客说："是的。"小金接着说："不好意思，都怪我没有事先告知三位，我发现你们进餐厅时脸上明显带有一些疲惫，好像是经过了较长时间的旅行，这个时候，人的味觉会受到一定的影响。所以，我特意关照厨房第一个酸辣汤口味稍偏重一点，以刺激一下你们的味蕾，后面的几道菜肴应该会按正常口味制作。不知道我这样做得对不对。如果三位觉得这个酸辣汤不合你们的口味，我马上让厨房重新制作，你们看如何？"三位顾客虽然不知道小金的说法是否有科学道理，但从内心深处感受到小金的细心，他们确实经过了二十几个小时的长途旅行才来到此处，的确有点疲劳。于是，他们表示不用重做，后面的菜与馒头快点上就好了。小金表示感谢后立即到厨房，告知厨师酸辣汤顾客感觉偏咸，后面这几个菜要特别注意。果然，后面几个菜的口味均符合顾客要求，三位顾客非常满意。离开餐厅时，三位顾客一再表扬了小金热情、细心、周到的服务。

问题：

(1)你是否认同服务员小金的做法？为什么？

(2)假如你是服务这三位顾客的服务员，你会怎样处理此事？

(3)从该案例中，我们可以得到哪些启示？

第四章

酒店宴会产品设计与控制

学习导引

宴会产品是酒店餐饮的最重要产品,是酒店餐饮收入的最重要来源,而且酒店的宴会水平往往也是体现酒店服务与管理水平的重要标志,是酒店扩大社会影响力的重要载体。因此,加强宴会产品管理,提高酒店宴会业务水平,对提高整个酒店的经济效益和社会效益都有着十分重要的意义。那么,宴会产品有哪些类型与特征,宴会产品呈现怎样的趋势,宴会产品设计主要包括哪些内容,宴会产品的管理环节与要求如何? 这是本章为学生展示的主要内容。

学习重点

通过本章学习,学生应该重点掌握:

(1)宴会的特征和种类;

(2)宴会的评价指标;

(3)宴会产品设计的内容与方法;

(4)宴会组织管理的基本环节与控制方法。

第一节 宴会产品认知

一、宴会产品的类型

宴会又称宴席、酒席,是指比较隆重、具有一定规格、用酒菜款待顾客的聚餐方式。根据不同的划分方法,宴会产品可以分为不同的种类。

(一)按宴会形式划分

根据宴会形式,宴会产品主要可分为中餐宴会、西餐宴会、冷餐酒会。

1. 中餐宴会

中餐宴会是使用中国餐具（如筷子等）、食用中国菜点、采用中国式服务的聚餐形式。中餐宴会的环境布置、台面设计、菜点酒水及服务，一般要求反映中国的传统文化气息和中国的民族特色。

2. 西餐宴会

西餐宴会是一种使用西式餐具（如刀叉等）、采用西式摆台、品尝西式菜点、提供西式服务的宴会。西餐宴会根据菜式和服务方式的不同，又可分为法式宴会、俄式宴会、美式宴会等，西餐宴会体现西方文化。

3. 冷餐酒会

冷餐酒会是一种规模较大、布置华丽、场面壮观、气氛热烈、环境高雅，采用顾客自助形式的宴会形式，通常适用于庆典活动、商务聚会、招待会、新闻发布会等。冷餐酒会作为集古今中外餐饮特色的宴请方式，随着我国改革开放的深化及中外餐饮的频繁交流，得到日益广泛的运用和迅速的发展，并且出现了高档化和大型化的趋势，成为中华餐饮百花园中的又一奇葩。与中餐宴会和西餐宴会相比，冷餐酒会具有以下特点：①举办地点比较随意，既可在室内，也可在室外的院子或花园举行。②举办形式灵活自由，既可设座位，也可不设座椅站立进餐，不排席位，也没有固定的席位。③菜点以冷菜为主，适当辅以热菜或烧烤，事先置于菜台上，让顾客自由拿取。④酒水设酒水台，既可以由顾客自取，也可以由服务员端送。

（二）按外交礼仪划分

根据我国外交礼仪的要求，宴会产品主要可分为国宴、正式宴会、便宴和家宴。

1. 国宴

国宴是国家元首或政府首脑为国家庆典，或为外国元首、政府首脑来访而举行的正式宴会，是一种最高规格的宴会形式。国宴的特点如下：悬挂国旗、会标，奏国歌；宴会厅布置豪华庄重；礼仪礼节严格规范，参加宴会者以身份级别的高低事先排定，对号入座；程序严密，服务标准。

2. 正式宴会

正式宴会是仅次于国宴的一种高规格宴会。它除了不挂国旗、不奏国歌，出席宴会的人的规格不同外，其余安排大体与国宴相同。

3. 便宴

便宴即非正式宴会。不挂国旗，不奏国歌，可以不排席位，不做正式讲话，菜点数也可酌情增减。

4. 家宴

家宴即在家中招待顾客的便宴。它通常由家庭主妇亲自下厨烹调，家人共同招待。改革开放以来，我国也兴起在家里以私人名义宴请外国来宾，如邓小平就曾在家里宴请过美国总统里根及夫人。

（三）按宴会主办目的划分

根据主办目的不同，宴会产品主要可分为庆贺宴、迎宾宴、商务宴。

1. 庆贺宴

庆贺宴是指一切具有纪念、庆典、祝贺意义的宴会,如婚宴、生日宴、乔迁之喜宴、开业庆典宴、庆功宴等。庆贺宴的特点是主题突出、风格鲜明、气氛热烈、场面隆重。

2. 迎宾宴

迎宾宴是指为迎接远方来的宾客而举行的宴会。迎宾宴的特点有围绕主客进行,喜雅静,重叙谈,讲面子。

3. 商务宴

商务宴是指为了一定的商务目的而举办的宴会。商务宴的特点与迎宾宴相似,只不过服务人员更要注意场面的观察,要随时为主人和宾客创造商务洽谈的有利条件。

二、宴会产品的特征

宴会产品不同于其他普通的餐饮产品,具有以下特征。

(一)主题性

宴会作为一种重要的社交形式,一般都有明确的目的和主题,或为了庆贺节日,或为了给贵客接风洗尘,或为了庆贺生意达成,或为了大楼落成等,大到国宴,小到家宴都是如此。它既是一种礼尚往来的表现形式,也是人们增加了解、加深印象、增进友谊、改善关系、促进业务的重要手段。

(二)规格性

宴会不同于便餐,它具有安排周密、讲究规格气氛的特征。为此,宴会的组织一般具有以下特点。

1. 设计的综合性

作为一个重要而有明确主题的宴会,其设计是否科学,直接关系到宴会的成功与否。所以,从场景布置、台型安排、台面布置、菜肴设计、服务规范到灯光、音响、乐曲等,均需精心设计安排,使之环环相扣,步步到位。

2. 礼仪的规范性

宴会的主办者为了达到一定的社交目的,希望能营造出一种热烈、隆重的气氛,以表达其热情的好客之情。所以,无论是宴会厅的布置,还是服务规格以及工作人员行为举止,都必须注重礼仪规格,营造隆重、有档次的氛围。

3. 组织的严密性

宴会是一个系统工程,哪怕是某一个细小的方面出现差错,都会导致整个宴会的失败。在实施宴会设计方案时,必须严格按服务分工和程序标准操作。无论是服务人员还是管理人员,都必须对宴会进行过程中的每一个环节进行认真、细致、周密的安排。宴会的现场指挥,则应随时掌握宴会的进程,协调各方面的关系,保证宴会的正常进行。

(三)精致性

宴会作为高规格的用餐方式,必须给与宴者备受尊重的感觉与美好的感官体验。所以,宴会必然具有精致性的特征。宴会的精致性主要体现在宴会场地及台面的赏心悦目、菜肴的精致可口、服务的舒适完美等方面。

（四）超值性

宴会的高档次、高要求，必然带来高消费、高收益的特征。一般而言，宴会的人均消费与餐饮毛利率往往远远高于零点餐厅，宴会收入及利润的高低往往决定酒店餐饮经营效益的好坏。

三、宴会产品评价指标

宴会业务对酒店经营的重要性可谓举足轻重，那么如何评价一场宴会的成败？以中餐宴会产品为例，大体可从以下三个角度加以评价。

（一）顾客角度

对顾客来说，宴会的成败主要取决于是否给与宴者创造了独特而美好的宴会体验。其主要有以下三个评价指标。

1. 满意度

满意度，即宴会按预定的方案顺利进行，达到了顾客期望的程度，使顾客有一种物有所值的感觉。这一指标的评价主要体现在以下三个方面：一是达到了宴会举办者的目的；二是酒店兑现了事先的各种承诺；三是满足了绝大多数顾客的与宴需求；四是宴会费用在举办者的预算之内。这一指标既反映宴会产品设计与管理体系的科学性，也反映了酒店的服务能力与执行力程度。

2. 分享度

分享度，即与宴者乐于分享宴会产品和认为宴会产品值得分享的程度。在网络化与分享化的时代，凡是独特与美好的体验，顾客均会主动分享。一场成功的宴会，往往与众不同、精彩纷呈、高潮迭起，所以顾客的分享程度必然是宴会成功与否定的主要指标。

3. 惊喜度

惊喜度，即超越与宴者期望的程度。顾客期望，即顾客对酒店宴会产品能满足其需求而提前勾画出的一种标准。顾客期望的形成主要由以下因素决定：一是酒店自身属性，二是酒店宣传承诺，三是顾客个人特征，四是顾客消费经历，五是公众口碑传播。顾客期望是否恰当至关重要，顾客期望过低，没有吸引力；期望过高，则会让顾客失望。要创造顾客惊喜，必须注重顾客期望管理，一方面酒店的宣传推广要合情合理、恰如其分，另一方面宴会产品的设计与组织必须精益求精、不断创新、不断提高。

（二）企业角度

对企业来说，宴会产品评价指标主要取决于为企业创造价值的程度，即名利双收的程度。其评价指标主要有以下三个。

1. 影响度

影响度，即酒店宴会产品在社会公众与消费者中产生的影响力，主要表现为知名度与美誉度。一场具有一定规模的成功宴会，往往是酒店扩大影响、提高知名度的良好载体。主要指标是正面曝光率，如媒体数量、媒体档次、报道质量等。

2.黏合度

黏合度,即宴会产品的品质在提高目标顾客群体忠诚度方面起作用的程度。黏合度既表现为举办宴会的主人,也表现为与宴的顾客,既包括已进入的目标市场,也包括潜在的目标市场。成功的宴会不仅能够促使举办者多次消费,还能够吸引与宴者跟从与模仿消费。

3.获利度

获利度,即酒店通过宴会所获得的直接经济效益程度。获利度的主要指标为单场宴会收入、人均标准、毛利率等。

(三)行业角度

宴会产品作为酒店餐饮的主要产品,需要在引领宴会发展方向方面起到应有的作用。成功的宴会至少应在以下几个方面成为行业经典。

1.文明性

宴会作为一种高级的社交活动,应该充分体现文明性。文明性主要有以下三个方面:一是保证健康饮食;二是注重营养,根据国际、国内的科学饮食标准设计宴会菜肴,根据就餐人数实际需要来设计宴会,荤素调剂,营养配置全面,菜品组合科学,在原料的选用、食品的配置、宴会的格局上,都要符合平衡膳食的要求;三是注重节俭和环保,宴会应注重热情有礼、节俭适度,合理控制宴会的时间与宴会菜肴数量,防止浪费。

2.精美性

宴会的精美性主要表现在三个方面:一是美景,即注重宴会场景的意境和文化气息的营造,从餐厅的布置到台面的设计、服务员的服饰、菜单的展示、餐具的配套、都将围绕宴会的主题,努力创造理想的宴会艺术境界,给顾客以美的享受;二是美食,即精致可口的菜肴通过人的感觉器官引起的美感;三是美趣,即社交礼节、上菜表演、音乐安排、艺术表现等因素相结合所形成的意境和韵味美,使与宴者产生愉快、欢乐的情绪和留下难以忘怀的美好记忆。

3.特色性

随着体验经济的到来,顾客需求呈现个性化、体验化趋势。为此,酒店宴会应充分体现特色性,在宴会菜肴、用料、服务、酒水、环境等方面追求个性化的风格。

酒店宴会的特色性,主要应该体现在以下四个方面。一是中餐宴会是中国的"专利产品",应有中国文化之魂与中国的待客之道,同时应有中华民族的符号。当然,适当融合国际元素也未尝不可,但绝不能本末倒置。二是酒店宴会应有地方风情,能反映特定地区、城市的文化特色,使中国的酒店宴会产品呈现精彩纷呈、百花齐放的局面。三是酒店宴会应有酒店特色,无论是场景布置、台面设计,还是菜肴安排、服务方式等,均应充分凸显酒店自身的文化与风格。当然,一些酒店利用自身优势,将宴会的举办地点、场所置于大自然之中,如选择在室外的湖边、草地上、树林里,让人们感受大自然,满足人们对回归自然的渴望,这应该说是一种特色选择。四是酒店宴会应充分体现宴会举办者的初衷,凸显特定的宴会主题,使宴会富有独特的寓意与情怀。

第二节　宴会产品设计

宴会产品设计，就是根据顾客的要求和承办酒店的物质和技术条件等因素，对宴会活动进行统筹规划，并拟出实施方案和细则的创作过程。根据我国的情况，宴会举办地点可分为酒店内与酒店外（宴会外卖），但宴会产品设计与控制的内容与要求基本相同，只是宴会外卖管理更加复杂一点，需要考虑的问题更多一点。宴会产品设计主要包括以下四个方面。

扩充阅读　杭州有人一顿外卖家宴花了3万元

一、宴会场景设计

宴会场景设计，就是对宴会举办场地进行选择和利用，并对环境进行艺术加工和布置的创作。宴会场景设计应注重以下基本要求。

（一）满足顾客需要

宴会的场景设计，必须把握顾客的需求。顾客的需求具有多样化、层次性、多变性、突发性等特点。我们在进行宴会场景设计时应注意以下几个方面。一是要注意满足大多数与宴者的需求。二是要抓住顾客的主导需求，不同的宴会、不同的举办者对宴会的主导需求也不尽相同。三是侧重迎合其中少数特殊人物的心理需求。一般情况下，当主宾的地位、身份、影响高于主人时，宴会设计要以主宾为主，反之亦然。会议宴请的宴会设计则要以会务组人员要求或大会主席为主。四是要注意应急方案，尤其是大型宴会，顾客对宴会的需求可能会出现某些变动，在进行宴会场景设计时要有先见之明，做到有备无患。

（二）突出宴会主题

所谓宴会主题，就是宴会主办者的设宴意图，如婚庆、祝寿、接风洗尘等。酒店必须根据宴会主办者的设宴意图，设计准确的宴会主题。各种摆设、布置、点缀、灯光、色彩等场景均需围绕主题展开和衬托。

经典案例　　　　主题宴会台面设计

此款台面是宁海新世纪大酒店为知名企业西林集团总裁宴请美国华盛顿投资商詹姆先生所设计的(见图4-1)。

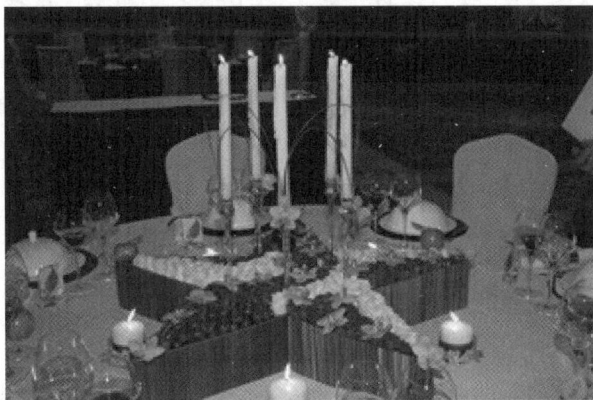

图 4-1　主题宴会台面设计示例

台面中间是以一个五角星为依托,绿色为主色调的造型。五角星的创作灵感来自宴请主人和宴请宾客的生活经历,宴请宾客詹姆先生曾是一名军人,因工作原因曾在中国军队工作过一段时间,对中国军队有一种特殊的情怀,而宴请主人也是退伍军人。五角星造型是中国军队标识的缩影,特有的军人绿色是生命与未来的象征。

五角星内绿色的水蜡叶代表着长长久久,兰花是君子的象征,白色的芬得拉玫瑰代表着纯洁高贵的友谊,三者合一,象征着主人与宾客之间的高贵、长久、君子般的深厚情意。另外,酒店了解到,詹姆先生的故乡盛产樱桃,其本人对樱桃十分喜爱,因此在用芬得拉玫瑰制作了一个华盛顿州地图的同时,还用樱桃进行了点缀,且在餐前也特意为顾客准备了樱桃,以体现宴请主人对宴请宾客的细心与关怀。点点跳跃的烛光营造出温馨的氛围,以示宴请主人对宴请宾客的热情,彰显对世界和平的渴望,朵朵黄色的蝴蝶兰点缀其中,犹如只只蝴蝶翩翩起舞,令人无限遐思。

酒店对台面的摆设方法也进行了创新,采用了中西合璧的摆设方法。圆形的餐垫、餐盘以及餐盘盖处处彰显着一种现代气息。具有曲线美的水晶杯在红葡萄酒的衬托下更显得晶莹剔透,绿色的苹果席位卡不但新颖而且给人视觉上的美感。整个台面处处体现着细节,没有昂贵的费用,没有华丽的场面,简约却不简单,清新自然又不失高贵典雅,淡淡君子之交却处处彰显温馨和谐。

(资料来源:由开元酒店集团提供。)

（三）科学选择场景

场景，主要是指宴会所在场地的自然环境和餐厅装饰环境。不同的用餐环境对宴会主题、进餐者心理具有不同的影响。良好的环境气氛，可以增强顾客宴饮时的愉悦感受。反之，则会令顾客宴饮时感到索然无味。场景选择的思路有二：一是利用自然之美，让天地日月、湖光山色、海滩风光作为宴会背景，达到佳肴与美景相伴，如"海滩宴""船宴""草坪酒会"等；二是根据宴会主题和宴会组织者的审美，选择相应风格的餐厅，并设计相应的装饰布置。当然，在科技高度发达的今天，通过科技赋能，宴会场景有了更多的选择。

（四）优化宴会布局

因宴会场地有大有小、桌数有多有少、宴请标准有高有低，宴会场景设计必须根据不同的情况，合理安排场地，科学设计宴会台型。

1. 突出主桌

多桌宴会，要注意主桌的位置，一般情况下，主桌应设在面对大门、背靠装有壁画或加以特殊装饰布置的主体墙面的位置。若主体墙面不是面对大门，原则上主桌应以主体墙面为主。

2. 松紧适宜

要注意餐桌之间的距离，方便顾客进餐和敬酒，便于服务员穿行服务。

3. 避免干扰

若在一厅之中有多场宴会，要用屏风或活动门隔开，若两家主办单位的宴会主题及消费标准不同，应设计不同的出入通道。若只能用同一通道进出，则应把标准高的宴会放在里面，并设计不同的跑菜路线，切忌让跑菜员从外面低标准的与宴者身边经过，以免出现不必要的尴尬。

（五）注意环境点缀

为了烘托主题及增加宴会场景的艺术氛围，宴会的场景设计必须注意对宴会场地进行适当的点缀和装饰，其方式主要有以下四个方面：一是在宴会厅内放置一些盆景或鲜花，使宴会厅有春意盎然、生机勃勃之感；二是在墙面或柱子上悬挂一些字画，以增强宴会厅的文化艺术氛围，或起到画龙点睛、烘托宴会主题的作用，如龙凤呈祥图、寿星图等；三是放置切合主题的古玩、雕刻制品及其他工艺品，使宴会厅呈现出高品位、高格调及民族特色；四是利用色彩与灯光来渲染宴会主题，创造宴会的意境。

二、宴会台面设计

宴会台面设计，又称餐桌布置艺术，它是根据宴会主题，对宴会台面用品进行合理搭配、布置和装饰，以形成一个完美台面组合形式的艺术创造。宴会台面的设计，必须紧扣宴会主题，掌握宴会的规格档次，了解顾客的文化背景和风俗习惯，重在台面的美化造型。宴会台面设计包括中餐宴会台面设计、西餐宴会台面设计、冷餐酒会台面设计，下面以中餐宴会台面设计为例进行说明。

（一）台面中心造型设计

宴会台面的中心造型，不仅是宴会主题的体现，而且也是宴会规格档次的反映。台面中心造型设计,一般可采用以下六种方法。

1. 花卉造型

花卉造型,即采用花瓶、花篮、花束、花盆或花坛等装饰中央台面。花卉造型要注意以下两个方面:一是花卉的选择,要考虑各民族的不同习惯,同时要注意花卉的质量和色彩的搭配;二是要注意花卉的造型,要做到主题突出、错落有致、层次分明、丰富生动、整体协调、富有艺术感染力。

2. 雕塑造型

雕塑造型,就是采用果蔬雕、黄油雕、冰雕或面塑等来装饰中央台面。雕塑造型应形象逼真、栩栩如生、立意明确,既可折射宴会的主题,营造一种特殊的气氛,给人美的享受,又能充分展示厨师的高超技艺。

3. 果品造型

果品造型,即将时令水果或部分干果衬以绿叶或其他装饰物来装饰中央台面。果品造型,既可装篮造型,也可切拼摆成"百花齐放""乘风破浪"等图案,既可观赏,又可食用。

4. 彩碟造型

彩碟造型,即通过特定的餐具造型和特别制作的冷菜拼盘组合形成一定意义的图案来装饰中央台面。比如彩碟造型"黄鹤归来",就是由特别制作的八只形态各异的"黄鹤"与"黄鹤楼"构成,造型优美,形象逼真。

5. 鱼缸造型

鱼缸造型,即通过精致的鱼缸配以热带鱼或金鱼等来装饰中心台面,使宴会台面富有生机。

6. 镶图造型

镶图造型,即用不同颜色的小朵鲜花、纸花、五彩纸屑或有色米豆,在餐桌上镶拼各种图案或字样,用以渲染宴席气氛。比如接待外宾的宴会,摆出"友谊""迎宾"等字样,以表示宾主之间的友好情谊。

当然,台面中心造型一般是以某一造型为主,适当配以其他造型综合而成,产生一种整体和谐之美。

(二)餐具设计

台面的装饰,除了台面中心造型外,还可利用餐具的精心配置,达到红花配绿叶的效果。用餐具装饰台面时应注意以下四个方面:一是既可以利用各种各样的餐具来达到差异化、变化美,也可用系列化、标准化的餐具来达到整体美、统一美;二是器皿与菜点在色彩上要相互衬托,形成明暗反差,色彩对比;三是餐具的质地和档次应与宴会的规格相适应;四是餐具的摆设应方便顾客进餐。

(三)织物设计

织物设计,主要是通过台布、口布、台裙、椅套等的不同的颜色、形状和组合来达到衬托宴会台面的效果。

台布,即覆盖于桌子上桌布,可用印花、刺绣和编织的各种花色台布,以特制的台面中心点缀来设计台面主题。

101

口布，也叫餐巾，口布造型设计主要是口布颜色和花型的设计。其设计的总体原则如下：一是要根据台布和餐具及宴会的主题来选择口布的颜色；二是要根据宴会的性质、规模和时令季节等因素来选择花型；三是口布的花型必须注意顾客的身份、宗教信仰、风俗习惯及爱好，同时，应突出主位。

除了台布、口布的装饰外，台面设计还应注意椅套等其他饰物与之配套呼应。

三、宴会菜单设计

宴会菜单设计是融技术性、艺术性、创造性于一体的工作，其内容主要包括菜点设计、菜名设计和装帧设计。

（一）菜点设计

菜点设计是菜单设计的核心。宴会菜点的设计要点如下。

1. 了解顾客，投其所好

宴请菜点设计一定要了解主办单位或主人举办宴会的意图，掌握其喜好，并尽可能了解参加宴会人员的身份、国籍、民族、宗教信仰、饮食嗜好和禁忌，从而使设计的菜点满足顾客的爱好和需要。当然，众口难调，宴会的菜点设计只能保证满足重点顾客和大多数顾客的要求。

2. 突出重点，尽显风格

宴会菜点的设计犹如绘画的构图，要分主次轻重，突出主题。宴会菜点的设计必须注意层次，突出主菜，创造使人回味的亮点，同时任何艺术作品均需有自己的风格，宴会菜点的设计同样应显示各个地方、各个民族、各家酒店、各个厨师的风格，独树一帜，别具一格，使人一朝品食，终生难忘。

3. 合理搭配，富于变化

宴会菜点如同一曲美妙的乐章，由序曲到尾声，应富有节奏和旋律。宴会菜点设计应注意以下三点：一是应注意冷菜、热菜、点心、水果的合理搭配。造型别致、刀工精细的冷菜，就像乐章的"前奏曲"，将赴宴者吸引入席，先声夺人；丰富多彩、气势宏大的热菜，就像乐章的"主题曲"，引人入胜；小巧精致、淡雅自然的美点，就像乐章的"间奏"，承上启下，相得益彰；而色彩艳丽、造型巧妙、寓意深刻的水果拼盘，则像乐章的"尾声"，使人流连忘返。二是应注意菜点原料、调味、形态、质感及烹调方法的合理搭配，使之丰富多彩、千姿百态、口味各异、回味无穷。三是应注意合理搭配，达到合理营养、平衡膳食。

（二）菜名设计

"牡丹虽好，仍须绿叶扶"，好的菜点需要有好的菜名。宴会菜名的设计，必须根据宴会的性质、主题采用寓意性的命名方法，使其名称典雅、主题鲜明、寓意深刻、富有诗意。如婚宴菜单中的"花好月圆""鸳鸯戏水""双月争辉""鸟语花香""珠联璧合""龙凤呈祥"等。1993年4月29日，经过海峡两岸的共同努力，"汪辜会谈"在新加坡海皇大厦举行。上午，海峡两岸关系协会会长汪道涵和台湾海峡交流基金会董事长辜振甫签署了《汪辜会谈共同协议》；晚上，汪道涵请辜振甫吃饭，桌上一共有九道菜。九道菜道道有口彩；乳猪和鳝片被叫作"情同手足"；乳酪龙虾被称为"龙族一脉"；琵琶雪蛤膏的菜名是"琵琶琴瑟"；董园鲍翅的菜名为

"喜庆团圆";木瓜炒素菜虽然是素的,可它叫"万寿无疆";三种海鲜一起烧,不叫"海三鲜",而叫"三元及第";官燕炖双皮奶叫"燕语华堂";荷叶饭被称为"兄弟之谊";最后一道水果拼盘被称为"前程似锦"。

(三)装帧设计

菜单装帧主要体现在制作菜单的材料、形状、大小、款式及印刷和书写等方面。菜单的装帧设计应体现别致、新颖、适度的准则。比如利用工艺扇、工艺瓷盘、微型石雕等制作的菜单,不但起到菜单本身的作用,而且令人赏心悦目,成为可收藏之物。

四、宴会服务设计

任何宴会最终都是通过服务来完成的,服务是整个宴会中不可或缺的重要环节。宴会服务设计主要是服务程序与标准、服务方式及席间活动的设计。

(一)服务规程设计

宴会服务规程设计,就是设计宴会服务的先后顺序及时间安排,并具体确定每一环节的服务要求。宴会服务程序可分为宴会前准备、迎宾服务、就餐服务和宴会收尾工作等基本环节。宴请性质、规模、档次不同,服务标准也不同。宴请活动的档次越高、规模越大,服务要求也越高。

(二)服务方式设计

宴会服务方式,既包括服务人员的站姿、走姿、手势动作,又包括上菜方式、菜肴介绍、服务的具体动作等。宴会服务方式的基本要求是优美得体、新颖别致、符合礼仪。服务方式的选择,既要充分考虑宴请的性质和规格档次,同时又要精心营造宴会的气氛。

(三)音乐活动设计

1.音乐设计

音乐,以其独有的手段,表达思想感情,是宴会不可缺少的助兴工具。一桌丰盛的佳肴,若配上优雅舒适的环境和委婉动听的音乐,会使宴会锦上添花,给与宴者带来美的享受。宴会音乐的选择,一是要与宴会的主题相符。如生日宴中的《祝你生日快乐》、婚宴上的《婚礼进行曲》等。二是要与宴会的进程相一致。如迎宾时的《迎宾曲》、开席时的《祝酒歌》、席间的《步步高》和送客时的《欢送进行曲》。三是要符合与宴者的欣赏水平。这里既有内外之差,也有职业之别,还有文化水准之不同。四是要与宴会的场景相协调,注意民族特色和地方特色。

2.表演设计

表演设计,即根据主办者的需要,设计一台演出。既可以是乐队演奏,也可以是文艺表演或时装表演。表演设计,关键是要做到活泼、轻松、丰富多彩、连贯和谐,既有观赏性和娱乐性,又要注意舞台、灯光、音响的设计与控制。

3.娱乐设计

宴会席间的娱乐活动,还可以根据主办者的要求,采用自娱自乐的方式,如卡拉OK、与宴者即兴表演和跳舞等。其设计关键是场地和灯光、音响、设备的布置与配套。

（四）突发事件处理预案

对宴会期间可能发生的突发事件进行预估,完善突发事件的相关责任人及处理程序与方法,有必要时进行实地演练。

第三节　宴会产品控制

一、宴会预订管理

宴会预订既是顾客对酒店提出的要求,也是酒店对顾客的承诺,二者通过交流沟通,达成协议,形成合同,规范彼此行为。宴会预订是宴会组织管理的第一步,其工作的好坏直接关系宴会的效果。

（一）宴会预订方式

宴会预订方式是指客户为预订宴会与酒店宴会预订员之间接洽联络,沟通宴会预订信息而采取的方式、方法。宴会预订包含三种方式。

1. 面谈预订

面谈预订,即顾客或中介人与预订员面对面洽谈宴会所有细节。面谈预订是较为理想的一种预订方式,因为通过面对面的交谈,顾客可以充分了解酒店举办宴会的各种基本条件和优势,双方洽谈举办宴会的一些细节问题,有利于解决顾客提出的一些特殊要求,有利于增进彼此间的了解和信任,达成一致意见。重要的、规模较大的宴会一般都采用面谈预订方式。

2. 电话预订

电话预订,主要用于接受顾客询问,向顾客介绍宴会有关事宜,为顾客检查和核实时间、地点及有关细节。电话预订简便快捷,但因双方不宜长谈,所以电话预订一般适用于问询顾客、常客或关系户。

3. 网络预订

网络预订,即通过网络或移动终端,以文字的方式询问和回答有关问题的预订方式,如网络预订、微信预订、短信预订等。网络预订一般适用于简单的宴会预订,一些常客往往也采用此预订方式。

扩充阅读　　杭州友好饭店宴会预订确认书

（二）宴会预订确认

1.信息准备

不论采用何种预订方式,预订人员都必须熟知有关宴会场地、菜点、厨房技术力量、服务、收费等方面的具体情况及以往宴会成功经验,掌握必要的信息资料。在接受预订时,须核查宴会预订的有关记录,以知晓宴会预订的可行性。

2.宴会洽谈

宴会洽谈,即宴会具体细节的接洽商谈。在此过程中,宴会预订人员应意识到洽谈的过程实际是宴会产品的营销过程,首先要注意洽谈技巧,立足于此次宴会业务成交;其次要着眼于引导与刺激顾客的潜在需求,力求效益的最大化;再次注意给顾客一个理想的期望,既使顾客对此次宴会有一定的期待,同时又不至于让顾客实际体验后感觉失望。通过洽谈,至少应该在以下六个方面达成共识:一是场地、设施、设备等方面的情况;二是菜点、酒水等方面的情况;三是酒店提供的优惠项目和配套服务项目;四是宴会标准;五是宴会定金的收取;六是宴会提前、推迟、增人、减人、取消等方面的约定。

3.预订确认

宴会预订达成意向,无论是初步确认,还是最终确认,均需填写宴会预订单。宴会预订确认,可以分为顾客确认和酒店内部确认。顾客确认,即双方就有关事项和细节经过洽谈,达成了共识,填写宴会预订单或签订宴会合同,由顾客和预订员分别签字。酒店内部确认,即由宴会预订部门制作宴会活动通知单,发送至各有关部门,并经各有关部门签收确认。宴会活动通知单的内容基本与宴会预订单的内容相似。

承接了顾客的宴会,填写好宴会预订单后,预订员应在宴会预订控制表上做好记录,然后汇总到预订日记簿上。宴会预订日记簿可采取平面宴会活动预订日记簿和立体型宴会活动预订日记簿。

（三）宴会预订变更

宴会预订变更包括宴会预订的全部取消和部分变更。

1.全部取消

由于某种原因,已经预订的宴会可能取消。如顾客要求取消预订,预订员应该做好如下工作。

(1)询问顾客取消预订的原因,尽可能排除不利因素,尽量挽回生意,如是大型宴会,应立即向经理报告。

(2)在预订控制表上做出调整,在宴会预订单上盖上"取消"印,并记下取消预订的日期和要求,取消人姓名以及接受取消宴会预订的员工姓名。

(3)向有关部门通知宴会预订取消的信息。

(4)如是重要和大型宴会,应填写"取消宴会预订报告"。

2.部分变更

如果由于某种原因,宴会预订发生变动,应立即向有关部门发送宴会更改通知单。

二、宴会产品控制

再好的方案若不落到实处，等于一纸空文。所以，宴会产品控制是宴会的关键。其内容主要包括宴会前组织、宴会中控制和宴会后管理三个阶段的工作。

（一）宴会前组织

1.人员分工

人员分工，即根据宴会要求，对迎宾、看台、传菜、酒水及衣帽间、贵宾室等岗位进行明确分工，提出具体任务和要求，并将责任落实到每个人。宴会的人员分工，要根据每个人的特长来安排，以使所有人员达到最佳组合。在合理分工的基础上，应使每一岗位的服务人员做到"七知三晓"："七知"即知宴会规模、知宴会标准、知开餐时间、知菜单内容、知宾主情况、知主办地点、知宴请主题；"三晓"指知晓宾主风俗习惯、知晓特殊要求、知晓本店承办条件。

2.宴会前检查

宴会前检查是宴会组织实施的重要环节，其工作主要有以下几个方面。

1）餐桌检查

餐桌检查的内容主要包括：餐桌摆放是否符合宴会主办单位的要求；摆台是否按本次宴会的规格要求完成；每桌应有的备用餐具及棉织品是否齐全；席次卡是否按规定放到指定的席位上；各桌的服务员是否已到位。

2）卫生检查

卫生检查的内容主要包括个人卫生、餐用具卫生、宴会厅环境卫生、食品菜点卫生。

3）安全检查

安全检查的目的是保证宴会顺利进行，保障参加宴会顾客的安全。安全检查应注意以下问题：①宴会厅的各出入口有无障碍物，太平门标志是否清晰，洗手间的一切用品是否安全，若发现问题，应立即组织人力解决。②各种灭火器材是否按规定位置摆放，灭火器周围是否有障碍物，若有应及时清除。要求服务人员熟练使用灭火器材，严格执行"四防"制度。③宴会场地内的用具（如桌椅等）是否牢固可靠，若发现破损餐桌应立即修补撤换，不稳或晃动的餐桌应加固垫好，椅子不稳的应立即更换。④地板有无水迹、油渍等，新打蜡的地板应立即磨光，以免使人滑倒，查看地毯接缝处对接是否平整，若不平整应及时处理。⑤宴会需用酒精或固体燃料等易燃品的，要专人负责，检查放置易燃品的地方是否安全。

4）设备检查

宴会厅使用的设备主要有电器设备、音响设备和空调设备等，要对这些设备进行认真、详细的检查，以免意外事故的发生，避免因设备故障破坏宴会气氛，影响酒店声誉。

3.部门沟通

首先是与厨房的沟通协调，宴会管理人员必须事先做好与厨房的沟通，如冷菜的特色、热菜的上菜顺序、所用的餐具、菜点所附的调配料等。其次是与保安部门的沟通，确保参加宴会顾客的车辆进出、停放安全及人员的安全。最后是与工程、采供、财务等部门的沟通，确保各种宴会所需资源的及时供给。

（二）宴会中控制

宴会成功与否，与宴会进行过程中的控制是否有效关系甚重。宴会中控制的重点包括以下几个方面。

1. 控制宴会进程

宴会的现场指挥,必须熟知整个宴会的策划方案,掌握主人的讲话致辞,领导敬酒、席间表演等各个细节,以便及时安排递酒上菜等时间,同时,要掌握不同菜点的制作时间,做好厨房的协调工作,保证按顺序上菜并控制好上菜的间隔时间,上菜过快或过慢都会影响宴会气氛。此外,还须注意主宾席与其他席面的进展情况,根据两者的速度适当调控,保证整个宴会进行顺利。

2. 督导宴会服务

在宴会进行过程中,要加强巡视,及时根据宴会的进展和场上的变化,现场指挥,调度人员,协调好各方面的关系,及时弥补服务中的不足,保证宴会服务达到规范的要求。

3. 处理突发事件

在宴会进行过程中,经常会出现一些新的情况和新的问题,必须当机立断,迅速处置,在最短时间内满足顾客的需求,把不良影响降到最低限度。

(三)宴会后管理

宴会结束后,要认真做好收尾工作,使宴会有一个圆满的结局。要做好宴会的收尾工作,应重点注意以下三个方面。

1. 结账工作

宴会后的结账工作是宴会收尾的重要工作之一,结账要做到及时、准确:如果多算,则会导致主办单位不满,影响酒店形象;如果少算,则使酒店受损失。因此,管理者要督导员工认真做好以下工作,确保结账准确无误。

(1)在宴会临近尾声时,宴会组织者应该让负责账务的服务员准备好宴会的账单。

(2)根据预算领取的酒水可能不够,也可能有余。如果不够,则应将临时领取的酒水及时加入账单,以免遗漏;如果有余,则应督促服务员及时将剩余的酒水退回至发货部门,在结算时减去退回的酒水费用。

(3)各种费用在结算之前都要认真核对,不能缺项,不能算错金额。将宴会各种费用单据准备齐全,在宴会结束马上请宴会主办单位的经办人结账。

2. 征求意见

每成功举办一次大型宴会,宴会组织者、服务员和厨师就积累了一次高水准服务的经验。宴会结束后,宴会组织者应主动征询主办单位对宴会的评价,如宴会场景设计、菜点质量、服务水平等。如果在宴会进行中出现差错,要主动向顾客道歉,求得顾客的谅解;如果顾客对菜点不满意并提出意见和建议时,应虚心接受并及时转告厨房。征求意见便于总结经验,防止以后再出现类似问题。一般来说,宴会结束后,酒店要给宴会主办单位发一封征求意见和表示感谢的信件,感谢顾客在本酒店举办宴请活动,并希望今后继续合作。

3. 整理餐厅

大型宴会结束后,应督促服务人员按照事先的分工,抓紧时间清洗餐具,整理餐厅。负责清洗餐具的服务人员要爱护餐具,洗净擦净并分类摆放整齐。清洗餐具时应把餐具的破损率降至最低。负责整理餐厅的服务人员要把餐厅恢复原样,具体工作包括撤餐台、收餐椅、做好餐厅场面卫生等。宴会组织者应在各项工作基本结束后进行全面检查，最后关好门窗，关上电灯，切断电源。

三、宴会资料管理

宴会资料管理，是指对已经举办的宴会的有关资料的收集、整理、存档以及再利用的一整套措施。有效的宴会资料管理，既可以为酒店开展公关活动、提高知名度提供翔实资料，还可以为酒店宴会设计提供原始的信息和素材，为组织管理者提供经验，成为新员工上岗培训生动、具体、真实的教材。当然，在宴会推销时，宴会设计及活动资料还可以作为形象资料，让顾客有更直观的了解。

（一）宴会预订资料管理

无论何种宴会预订方式，都要留下记录或者填写宴会预订表。预订资料以其原样保存下来，有利于出现纠纷时成为解决问题的原始依据。同时，宴会预订资料能为宴会营销、宴会预订方式的改革提供第一手参考资料。此外，还可以通过对过去的宴会预订资料的比较，分析老客户的预订特点和规律，掌握这些老顾客负责人、联系电话等的变化情况，开展有效的宴会预订。

（二）宴会设计资料管理

宴会设计资料主要包括宴会设计的目的、宴会设计的要求、宴会场景设计、宴会台面设计、宴会菜单设计、宴会程序设计等内容。一个好的宴会设计方案，不仅对当时宴会的成功举办起到十分重要的作用，而且对今后宴会设计也具有十分重要的指导意义。尤其是宴会菜单资料，它往往倾注了宴会设计师（包括其他有关人员）的辛勤劳动，体现了宴会设计师的智慧和水平，是最珍贵的档案资料。在今后同一顾客的接待活动中，以往的宴会菜单更是具有重要的参考价值。

（三）宴会活动资料管理

宴会活动资料主要包括以下内容。

(1)宴会举办过程中音乐曲目的安排与选用。

(2)宴会活动的程序及其临时变更调整资料。

(3)宴会现场偶发事件和应急事件处理的情况记录。

(4)宴会主桌上主人、主宾等的座序及名单。

(5)宴会活动拍摄的录像、照片资料。

(6)宴会前、宴会中配套活动（如文艺演出、时装表演、国画、书法及其他表演）的主要资料。

(7)宴会主要来宾及知名人士的有关资料。

(8)现场观察到的 VIP 饮食爱好和兴趣资料。

(9)顾客宴会后丢失物品及其结果资料。

(10)账单资料。

宴会部或餐饮部应有专人负责收集和整理这些宴会活动资料，并与其他宴会资料一起存档。

（四）宴会效果反馈资料管理

有时一个好的建议，可以给酒店带来意想不到的经济效益；有时一个重要人物的表扬意见，可以给酒店带来良好的社会影响；有时一个关键人物的投诉，又足以使酒店名声扫地、经济效益受损。因此，酒店应该重视顾客的反馈意见，并将各种反馈意见收集存档，以便指导今后的工作。宴会效果反馈资料包括以下三方面的内容。

（1）顾客对宴会的表扬意见，这是鞭策和鼓励员工继续搞好工作的动力，也是宴会的成功之处，需要发扬光大。

（2）顾客对酒店提出的善意的改进意见。提出这种意见的人，往往是见多识广的行家，或是酒店的老朋友、老顾客。对这类反馈意见酒店一定要重视，仔细倾听，认真记载。对于合理可行的意见，要敦促有关部门迅速落实和处理，并在适当时候由酒店经理亲自致信或出面表示感谢。

（3）顾客的投诉。宴会顾客投诉的情形十分复杂，有合理投诉，有不合理投诉；有书面投诉，有口头投诉；有现场投诉，有事后投诉；有质量方面的投诉，有价格方面的投诉等。不论是哪种性质、哪种方式、哪种原因的投诉，酒店都要在处理之后，认真、仔细、如实地记载，将其作为重要的档案管理资料，为以后改进工作、培训新员工作提供参考。

（五）宴会总结资料管理

一场大型宴会的举办，花费大量的人力、物力，经过众多人的共同劳动，无论是成功还是失败，总有许多经验值得我们去认真总结。宴会总结资料一般由主管或宴会部经理执笔完成，全面、具体、概括地总结宴会活动的全过程，客观地分析宴会活动的得与失，这对于今后的宴会设计具有重要的参考价值和借鉴意义。

扩充阅读　　**G20 杭州峰会欢迎晚宴——西子宾馆**

本章小结

（1）宴会是酒店餐饮经营最重要的业务。宴会预订是宴会组织管理的第一步，必须了解和把握宴会的预订信息、预订确认和预订变更这三个基本环节。

（2）宴会设计是宴会能否成功的重中之重，必须根据顾客的要求和承办酒店的物质和技术条件等因素，对宴会活动的场景、台面、菜单、服务等方面进行统筹规划，并拟出实施方案和细则。

（3）宴会的组织实施是宴会的关键。其内容主要包括宴会前组织、宴会中控制和宴会后管理三个阶段的工作。同时，酒店必须加强宴会的资料管理工作，做到准确与完善，并能充分发挥其作用。

思考与练习

1. 为什么酒店必须高度重视宴会产品？
2. 对宴会进行不同的分类有何意义？
3. 你认为怎样的宴会才是成功的宴会？
4. 怎样给顾客创造赏心悦目的宴会场景？
5. 宴会台面设计关键要把握哪些要素？
6. 一份理想的宴会菜单有哪些关键要素？
7. 如何创造宴会服务高潮，以激发顾客的良好情绪？
8. 酒店宴会产品外卖需要的基本条件有哪些？
9. 怎样做好宴会的资料管理工作？

案例分析

案例一

今天，海蓝大酒店的餐饮部张总监既激动兴奋，又有一点忐忑不安，因为早上营销部李总监给他提供了一个重要信息。

事情的经过是这样的。

昨天，李总监去拜访一位重要潜在客户徐总。该客户是本市一家进出口公司的总经理，每年有众多的国内外客户到这家公司开展业务，以往这家公司都是将客户安排在本市的一家五星级酒店，各种宴请也大都安排在那里。李总监在与徐总的交谈中了解到，三个月后的16日是他母亲80岁寿诞，他准备为母亲举办一场寿宴。起初他打算在之前合作的那家五星级酒店为母亲举办寿宴，但最近那家酒店出现人员变动，导致他在那里举办的一个重要接待活动出现较大失误，他有点担心会再出差错。同时，他也听曾到海蓝大酒店用过餐的朋友说，海蓝大酒店自从去年年底餐饮部调整之后，无论是环境、菜肴还是服务，都有了很大的提高。所以，当李总监拜访他并希望他给海蓝大酒店一些提供服务的机会时，他就把想为母亲举办寿宴的事情说了出来。他表示只要母亲高兴，参加宴会的宾客满意，费用不是问题。他要求海蓝大酒店先提供一个寿宴接待方案，他觉得可以就签订宴会预订合同，并预付定金。

问题：

(1)为了做好这次宴会的设计与接待工作，张总监需要进一步了解哪些信息？

(2)针对徐总的要求及进一步收集的相关信息，张总监应制定一个怎样的寿宴活动方案？

案例二

每个人都梦想着一场完美的婚礼，同时也希望亲朋好友见证幸福的时光。新郎小张与新娘小李拟邀请宾朋在甲酒店举办婚宴，婚宴前三个月，新郎、新娘与甲酒店签订了婚宴预订合同单，约定了婚宴时间、餐桌数、每桌标准，确认了菜单，同时定制了婚庆礼仪的价格标准等。

三个月后的某天晚上，婚礼在甲酒店如期举行，酒店按合同提供婚庆及宴会服务。婚礼正在进行过程中，供电部门突发故障导致停电，婚宴大厅 LED 黑屏，音响突然停止，应急照明灯虽已亮起，但婚礼还是被迫中断了。原本酒店有自备发动机，正常启动应该迅速来电，但酒店的发电机却临时出现故障，据现场工程师估计，修复需要 20 分钟。

问题：

(1)此时此刻，酒店婚宴现场管理者应该怎么办？

(2)针对该次停电事故，酒店后续应该做什么？

第五章 →

酒店餐饮促销业务管理

学习导引

俗话说"养在深闺人未识""好东西也得靠吆喝",酒香不怕巷子深的年代已经过去了。酒店餐饮产品只有通过促销活动才能被顾客关注并实现其价值。餐饮促销是指在市场调研基础上开展的适应市场、占领市场与创造市场的业务活动。那么,酒店日常餐饮经营中究竟应通过怎样的方式与手段来推广自己的产品?怎样让酒店的餐饮促销活动与众不同,吸引顾客注意?互联网时代酒店应如何利用多元化的促销平台,以实现促销策划的目的?这就是本章要回答与解决的问题。

学习重点

通过本章学习,学生应该重点掌握:

(1)酒店餐饮广告促销、营业推广、人员促销等常规促销策略的选择、策划与评估要点;

(2)酒店餐饮促销活动的策划、实施方法及实际操作要点;

(3)酒店餐饮促销平台的基本形式、特点与提升策略。

第一节 餐饮常规促销策略

餐饮常规促销策略,这里是指酒店餐饮在广告宣传、营业推广及人员促销等方面的谋划与方略,目的在于扩大酒店餐饮的影响,促进酒店餐饮的销售。酒店应在不同的时间、不同的场合,根据不同的购买对象,采取不同的促销策略。

一、广告促销策略

餐饮经营者应善于利用广告来促进餐饮产品的销售。

（一）广告媒介选择

广告媒介，即存储和传播信息的物质工具。酒店餐饮可利用的广告媒介主要分为以下几类。

1.传统媒介

传统媒介，即通过某种机械装置定期向社会公众发布信息或提供教育娱乐的交流活动的媒介，主要有以下几种。

1）电视

电视具有传播速度快、覆盖面广、表现手段丰富等优点，电视广告可将声像、文字、色彩并用，是感染力很强的一种广告形式。但这种方法成本较高，制作起来费工费时，同时还受时间、播放频道、储存等因素的限制和影响，而且信息只能被动地单向沟通。

2）电台

电台具有成本较低、效率较高、大众性强等优点，适合对本地或者周边地区的消费群体进行广告宣传。电台广告一般可以通过热线点播、邀请嘉宾对话、点歌台等形式，刺激听众参与，从而增强广告效果。但是这种方式同样也有不少缺陷，如传播手段受技术的限制，不具备资料性、可视性，表现手法单一，被动接受性等。

3）报纸杂志

报纸杂志适合美食节、特别活动、小包价等餐饮广告，也可以登载一些优惠券，让读者凭券享受餐饮优惠服务。这种方法具有资料性的优点，成本也较低，但是形象性差、传播速度慢、广告范围也较小。

4）邮寄品

邮寄品是通过邮政部门将酒店餐厅资料直接邮寄给顾客的广告媒介，比较适合一些特殊餐饮活动、新产品的推出、新餐厅的开张，以及吸引本地的一些大公司、企事业单位、常驻酒店机构以及老顾客等的活动。这种方式较为灵活，竞争较少，给人感觉亲切，也便于衡量工作绩效，但是费用较高且费时费工。

2.新媒介

新媒介，即以数字信息技术为基础，以互动传播为特点，向用户提供信息和服务的传播形态。

1）网络平台

酒店在一些受众密集或有特征的网站上摆放商业信息，并设置链接，点击即可到某目的网页。网络广告采用数字技术制作，只要链接的主页被网络使用者点击，就必然会看到广告，这是任何传统广告无法比拟的。酒店可以利用网络刊登广告，进行产品促销。网络广告具有传播范围广、覆盖面大、信息发布及时等特点。

2）移动电话

依托手机的网络或智能功能而开发的广告媒介，主要包括数字杂志、数字报纸、数字广播、手机短信、桌面视窗、数字电视、数字电影、触摸媒体、手机网络等。随着网络越来越发达，移动电话的使用覆盖面越来越广，这种广告传播比网络平台更灵活和便捷。

3.自媒介

自媒介，即私人化、平民化、普泛化、自主化的传播者，以现代化、电子化的手段，向不特定的大多数或者特定的单个人传递规范性及非规范性信息的媒介。

1）宣传品

酒店可自己制作餐饮宣传品。例如：印制精美的定期餐饮活动宣传册，介绍本周或本月的各种餐饮娱乐活动；特制一些可让顾客带走的以作留念的"迷你菜单"；各种图文并茂、精致小巧的"周末香槟午餐""儿童套餐"的介绍宣传画等，将它们放置于电梯旁、餐厅的门口，或者前厅服务台等处，供顾客取阅；店内餐厅放置各种有关美食节、甜品、酒水、最新菜点等信息的帐篷式台卡等。

2）网站

酒店可自己建立官网，并将官网作为酒店综合性的网络营销工具。酒店网站内容包括菜品介绍、会员招募、网络调研、顾客网络体验、网络订餐等。酒店网站应以顾客为核心，处处围绕顾客需求进行设计，充分体现酒店餐饮的服务特性，展示酒店餐饮产品的独特魅力。

3）微博

酒店可在微博上注册自己的官方账号，发表宣传广告类的文章，介绍餐饮产品、服务情况，以引起潜在顾客的注意。微博广告促销有利于推销产品、树立正面形象、提升企业与产品的知名度，与网络上的潜在顾客建立一种新的沟通方式，从而赢得市场，获得更多的利润。

4）微信

微信，是一个为智能终端提供即时通信服务的免费应用程序。酒店可通过微信公众平台进行具有趣味性与诱惑力的广告推送。当然，也可结合微信会员管理系统开发微官网、微商城、微会员、微推送、微支付、微活动，实现点对点的营销，形成一种线上线下微信互动的营销方式。

（二）餐饮广告策划

美国学者经过大量的研究发现，尽管现代社会充斥着形形色色的广告，但人们往往不会有意留意每一个广告，实际上也不可能明确地看到或听到每一个广告，顾客对广告的注意率是相当低的。所以，只有通过精心构思，运用艺术手段，把产品信息创造成一个能表现广告主题思想，且具有实际操作性的艺术作品，才能引起顾客的注意，激发其购买兴趣。

1. 广告策划原则

为了保证广告的正确方向，并取得良好的效果，广告策划须遵循以下几个原则。

1）主题

一则广告作品的成功，贵在以"精"取胜，而不是以"全"取胜。餐饮广告创意必须具有鲜明而突出的主题来表达自身酒店餐饮的独特个性。一则堆砌了一大堆文字或图片的广告作品，反而无法产生理想的效果。

2）新奇

餐饮广告必须具有独特的表现方式和诉求突破口，通过一些出人意料的、惊人的形式来表现餐饮或产品的优势，以此刺激消费。

3）有情

餐饮广告的真正效果就是社会公众在接触广告的瞬间产生共鸣，并产生联想。所以，餐饮广告要取得良好的效果，就必须拨动顾客的心弦，其关键在于以情感人，形成美好意境。

在感性消费的今天,顾客更需要在这种消费意境的引导下,进入一种特定的消费氛围,获得良好的消费感受。

4)严谨

餐饮广告必须观点正确,论述有据,布局严谨,构思严密,搭配合理。

5)通俗

广告是一种面向大众的信息传播活动,因此广告创意要通俗易懂,使顾客容易理解。但是,通俗不是肤浅,而是深入浅出、形象生动。

2.广告策划意境

意境是广告的核心,在广告策划中,为了形成良好的意境,应善于通过语言、画面、声响等手段,设计独特而美好的餐饮广告意境。

1)语言意境

语言意境,即借助人们对语言的联想规律,创造出具有美好、正面、积极导向意义的广告作品。酒店餐饮广告应通过富有诗意但又不乏自然、简约的文字、词语、标语或口号,引发顾客产生美好的联想,甚至创造身临其境的效果。著名的酒店管理先驱丽兹先生提出的一句广告语是"丽兹酒店,酒店中的国王,国王们的酒店",这句广告语就能引起人们对丽兹酒店的想象:奢侈豪华的大堂布置,高级舒适的设施设备,细致周到的服务,不知不觉之中就进入一个"国王们的世界"。

2)画面意境

画面意境,即以直观、生动、形象的画面,作用于受众的视觉器官,引发人们进入某种行为、生活意境,使人徜徉其中。酒店在广告创意策划中,为了形成画面意境,要善于选择有代表性的画面作为广告画,并且画面上应"留有余地",激发人们想象。比如皇冠假日酒店在推销四川美食时,不仅创作了"空山灵雨缀斜阳,忆四川;今嗜珍馐叙酒情,在眉山"的诗句,并配有山水画,把四川美食引入诗意般境界。

3)声响意境

声响意境,即以逼真的声响刺激受众的听觉器官,引导人们进入某种生活意境。声响意境一般多用于电视广播广告作品中。在餐饮广告作品中,可模拟一些餐饮消费独有的声音来增添现场感,如干杯的声音、开酒的声音、起锅的声音等。

4)情节意境

情节意境,即根据受众的心理活动规律,设计有情节性的剧情,展示某种理想化的社会活动,吸引公众产生参与该情景的欲望。如一些酒店在设计春节餐饮广告时,先通过"母亲在厨房操劳"和"厨师在厨房操劳"的两幅画面的对比,提出"在这特殊的日子里,让我们的母亲好好休息"从而形成了良好的"情节意境"。在餐饮广告创意中,为了形成良好的情节意境,应善于从时机、环境和方法三个方面加以认真思考,设计出富有情节性、艺术性的表现。

3.广告策划过程

餐饮广告策划一般需经过以下三个环节。

1)信息处理

策划创意源于基础资料。策划人员应多角度、多渠道地收集各类相关信息,并对信息进行细致的过滤筛选、分析鉴别以及组织整理,经过"去粗取精、去伪存真、由此及彼、由内到外"的过程,得出分析结果,尤其是要找出酒店的餐饮产品或服务最能吸引公众的地方,即找准广告的诉求点,为决策服务。

2)立意构思

在"咀嚼"信息的基础上,策划人员应对各类有效信息进行多方组合,确定广告的主题和关键词,并在此基础上寻找表现主题的各种手段。在立意构思阶段,策划人员可集合群体的智慧进行互相启发,常用的方法是头脑风暴法。

3)求证抉择

当获得初步满意的构思后,策划人员应在小范围内征求广告受众的意见和建议,并通过科学的分析和对比,对构思进行检验和求证。在此基础上继续修改,直至形成满意的构思。

(三)餐饮广告评估

1. 广告评估方式

广告效果评估并不一定要在广告活动结束之后才进行,根据评估的不同时间,广告评估方式可分为以下三种。

1)事前评估

事前评估,即在广告尚未正式推向受众之前,为了检测广告创意结果而进行的评估。事前评估的目的是通过评估,测试广告表现效果,及时找问题、找失误,调整原有的广告方案。

2)事中评估

事中评估,即在广告活动进行了一段时间,但还没有结束时开展的效果评估。事中评估的目的是验证本次广告活动的效果,对广告进行必要的修正和补充。

3)事后评估

事后评估,即在整个广告活动全部结束之后进行的效果评估。事后评估的目的是通过评估总结经验教训,作为今后广告活动的借鉴和参考。

2. 广告评估指标

餐饮广告传播效果的评估活动,就是在顾客接触广告作品之后,酒店以广告在顾客中引起的各种心理效应的大小作为判断标准,从广告的传播效果和销售促进效果两方面入手,进行广告评价活动。餐饮广告传播效果评估主要包括以下六个方面。

1)注意度

注意度是指广告发布后,曾经留心注意过该广告的人数占总体顾客数的比例。衡量是否被注意的标准是当一则广告出现时,被调查者能否说出以前是否见过或听过,能有所反应的,则表明注意过,反之则表明未曾有过注意。

2)知晓度

知晓度是指广告发布后,表示明确知道有该产品的人数占总体顾客数的比例。

3)理解度

理解度是指广告发布后,对产品有所了解的人占总体顾客数的比例。

4)记忆度

记忆度是指广告发布后,能对广告的一些主要信息有所记忆的人占总体广告接受者的比例。

5)好感度

好感度是指广告发布后,对广告内容持肯定态度的人占总体顾客数的比例。

6)驱动度

驱动度是指广告发布后,因为看到广告而进行消费的人占总体顾客数的比例。

3.广告评估方法

餐饮广告销售效果的评估是对广告经济效益的测定,它将广告发布以后市场占有率等的改变情况作为评估广告效果的依据。测定销售效果的最简单的办法就是对照广告推出前后餐饮的营业额和利润率的变化,但是由于餐饮的营业额受多种因素的影响,比较时,应注意考虑这些因素对当期营业效果的影响。测定销售效果的方法很多,一般,最简洁的是对照各类营业报表,套用如下公式,评估广告的经济效果。

$$每元广告费收益 = \frac{本期营业额 - 上期营业额}{本期广告支出}$$

$$销售增长率 = \frac{广告实施后的营业额 - 广告实施前的营业额}{广告实施前的营业额} \times 100\%$$

$$广告增销率 = \frac{销售增长率}{广告费增长率} \times 100\%$$

二、营业推广策略

营业推广,是指刺激市场的快速或激烈的反应所采取的鼓励达成交易的促销措施。营业推广主要包括针对顾客的推广、中间商的推广和酒店员工的推广,本书仅对顾客推广加以阐述。餐厅的优惠促销主要有以下几种形式。

(一)优惠型促销策略

优惠促销,是为鼓励顾客多次光顾和在营业的淡季时间里购买、消费餐饮产品和服务而采取的一系列折扣办法。酒店餐饮优惠型促销以赠送同类或其他餐饮产品为主。

1.折扣策略

折扣是针对顾客求廉心理而设计的促销策略,实质就是"加量不加价",顾客购买一定数量的产品时,可按事先公开的规则,享受不同的折扣政策,常见的形式主要有以下几种。

1)时段折扣

时段折扣,即在不同的用餐时间段给消费者不同的折扣。时段折扣一般在餐饮销售的淡季和非营业高峰期间给顾客优惠的价格,以吸引顾客前来消费,进而增加销售额。

2)数量折扣

数量折扣,即根据不同的购买数量或者消费数额给予不同的优惠,包括累计数量折扣和一次性数量折扣两种形式。累计数量折扣规定顾客在一定时间内,用餐消费若达到一定数量或金额,则按其总量给予一定折扣,其目的是鼓励顾客经常到本酒店消费,成为可信赖的长期客户。一次性数量折扣规定一次购买某种餐饮产品达到一定数量或购买多种产品达到一定金额,则给予折扣优惠,购买数量越多,折扣越大。例如,购买10份自助餐9折优惠、20份8.5折优惠,或者买10免1,以及一次消费满多少减多少等。其目的在于鼓励顾客大量购买,或集中向本酒店购买,促使餐饮产品多销、快销。

3）套餐折扣

套餐折扣，即酒店将若干种菜肴、产品或者酒店不同类型的产品组合成一种套餐，并以相对较低的价格出售。采用此类折扣策略的目的在于平衡酒店及餐饮业务，带动有潜力的滞销产品，增加酒店或餐饮整体收入。

2.赠送策略

赠送策略主要有以下三种方式。

1）赠券

赠券，即给顾客一定金额的餐饮消费券。赠券的目的在于利用消费者的"占便宜"心理，通过赠券这个"诱饵"来吸引消费者。赠券通常与其他促销方式结合运用，例如满多少金额就送新产品消费券等。

2）试用新品

试用新品，即酒店开发出新的餐饮产品或者菜肴时，送给某些顾客免费品尝。该策略的目的一方面在于测试与提高新产品的市场认可度，另一方面在于增加对顾客的情感投入，提升顾客的忠诚度。

3）额外赠品

额外赠品，即根据人人皆爱惊喜的心理，餐厅在正常销售中向顾客赠送一些小礼品。酒店赠送的礼品应根据顾客用餐目的、用餐时间、年龄、职业和餐饮习俗等，在种类、内容和颜色等方面，有针对性地进行赠送，以便"投其所好"。赠品不能给人廉价的感觉，其包装要用心，且讲究赠送的时机。

3.团购策略

团购，就是认识的或者不认识的顾客联合起来，来加大与商家谈判的能力，以求得最优价格的一种购物方式。网络团购作为一种便捷的购物模式已成为顾客一种新的消费方式，同时也成为众多企业的一种营销方式。酒店可以利用团购网站，推出酒店需要推销的餐饮产品，以扩大影响，增加销售。

（二）体验型促销策略

体验型促销，是指针对顾客追求文化品位和精神享受的心理体验而设计的促销活动。

1.展示型促销

展示型促销，即通过营造一种独特的餐饮消费氛围，以刺激顾客餐饮消费欲望，促进顾客消费行为，提高餐饮消费水平的策略。

1）产品展示

产品展示，即酒店通过展示一些产品信息或实物，以刺激顾客的餐饮消费欲望。比如，在酒店电梯内或大堂等处设置餐饮告示牌或橱窗，招贴诸如菜肴特选、特别套菜、节日菜单和新增项目等信息，或刊登特色菜肴、餐厅等的照片等。又比如餐厅通过食物推车现场销售酒水、冷菜、甜品、水果等，从而营造出适合其经营方式和产品特色的气氛和情调，充分满足顾客进餐时的精神享受的需求。

2）生产展示

生产展示，即通过展示餐饮产品的生产过程，不仅体现酒店的生产环境卫生，获得顾客

118

的信任,而且这种可视化的现场加工情境有时能激发人的食欲,如在就餐现场进行一些具有一定表演性质的烹饪操作,尤其是各类特色点心的制作,可以刺激顾客的消费欲望。透明厨房是现代餐厅经常使用的生产展示方法。有的餐厅还会提供电视实况转播,采用点菜、点厨等方式,甚至邀请顾客直接参与,直观感受生产流程。

2. 竞赛型促销

竞赛型促销,即针对顾客好胜好强的心理而设计的、诱导顾客参与酒店某一产品或与酒店形象有关的竞赛活动。竞赛型促销典型的活动方式有生活趣味竞赛、技能操作竞赛、娱乐竞赛、体育竞赛、相关知识竞赛等。

3. 抽奖型促销

抽奖型促销,即针对顾客的侥幸获大利心理,设置中奖机会,利用抽奖的形式,吸引顾客消费。抽奖活动的基本准则:抽奖活动不是针对部分特殊顾客举办的,而是针对所有顾客举办的,奖品的获得不是依靠竞技而是依靠个人的运气。

(三)忠诚型促销策略

忠诚型促销策略,即为围绕顾客忠诚而采用的、为常客提供一系列具有附加值的关爱措施。

1. 升级奖励

升级奖励,即针对经常消费的顾客采用服务与折扣优惠升级的促销策略,以提高顾客的转移成本。例如,高规格的接待礼仪、贵宾专属服务、高折扣、免收服务费、赠送创新菜肴、赠送水果拼盘等。

2. 积分奖励

积分奖励,即餐厅按照顾客消费金额的多少计算积分并累加,根据顾客积分制定和实施不同档次的奖励计划。例如免费兑换或者抵扣兑换消费餐饮产品以及酒店其他产品等。积分奖励是一种用于奖励餐厅常客、提高顾客忠诚度的优惠促销方法。

3. 联合促销

联合促销,即酒店与其他企业基于利益共享原则,以某种运作手段共同为自己的顾客或会员提供多种利益的组合促销手段。例如某餐厅与葡萄酒生产商合作举办"葡萄酒节",顾客不仅可以在餐厅以优惠价格购买葡萄酒,而且可以享受菜品折扣,从而实现双重实惠。

(四)场景化促销策略

随着社会发展,我国的人口结构发生了变化,"80后""90后"甚至"00后"成为主要的消费群体。作为在互联网时代成长起来的一代人,他们的消费习惯与消费行为都与互联网密不可分。[1] 因此,基于移动互联网的场景化营销模式应运而生。所谓场景化促销,就是围绕网民输入信息、搜索信息、获得信息的行为路径和上网场景,构建以"兴趣引导+海量曝光+入口营销"为线索的网络营销新模式。

1. 场景基本维度

场景,是指在某一时间和地点,由一定的人物和人物活动所组成的生活画面,可以分为

119

---

[1] 蔡余杰,纪海.场景营销[M].北京:当代世界出版社,2016.

虚拟场景和真实场景两种。场景化营销,至少应考虑以下四个维度的场景化①。

1）场景化产品

场景设计不仅是包装的设计,还包括产品规划在内的设计。场景设计具体包括两部分:一是产品的场景化表现,包括产品场景化命名、产品概念的场景化、产品包装场景化等;二是产品规划,通过对整个消费市场的洞察,对酒店餐饮产品进行上市节奏的规划,包括产品细分、产品的价值定位(如高端产品、中端产品等)。

2）场景化沟通

场景化沟通是完成"产品和顾客见面"的一个过程,需要通过中间环节的场景化建设来完成。场景化沟通主要包括:①终端媒体化建设,通过产品和终端的有机结合,形成产品在终端的强势表现,让顾客能够一眼看到;②规划线上和线下的销售渠道,形成互动,全面覆盖目标消费群体。在场景化沟通环节,要根据企业的实际情况和竞争状况,对不同类型的渠道进行场景化建设,并让这些渠道间具有相互支持或者相互呼应的能力。

3）场景化交易

场景化交易,即通过设定合适的价格体系,实现顾客对产品的价值认同,从而完成物超所值的消费体验。在这一过程中,顾客会通过产品的品牌表现和价格所呈现的价值两个方面去比较产品的不同,从而做出选择。

4）场景化消费

顾客购买产品之后,只是完成了从产品到商品的过渡,并没有完成最终的消费体验,我们需要向顾客传递消费体验,促使顾客能够通过体验产品而产生认同,从而让顾客的参与感最大化。

2.场景促销核心要素

场景促销必须同时具备四个核心要素:一是体验,即作为商业逻辑的首要原则,大范围、多维度重塑和改造场景;二是链接,即基于移动互联技术和智能终端所形成的动态"链接"重构,让场景呈现多元碎片化;三是社群,即社群感、亚文化形成内容的可复制,造成大规模传播和顾客卷入感;四是数据,即大数据成为量化驱动场景营销的底层引擎和枢纽元素。

3.场景促销成功关键

1）洞察顾客心理

通过对顾客生活需求场景的研究,挖掘打动顾客的"触点",其实质是通过场景洞察顾客的消费心理。酒店餐饮顾客的消费主要受到以下四个方面的影响。一是消费观念,这来自顾客多年消费所形成的价值观,无论是追求实惠,还是追求品质,这些观念决定了他们选择的范围。二是消费态度,这是由收入水平决定的。一般情况下,顾客选择的产品消费价值与收入成正比。三是品牌认知,产品品牌的影响力和传播价值对不同的人群具有不同的影响。四是社交影响,这是顾客购买过程中产生信任感的最佳路径,通过口口相传最终形成共识。因此,酒店应积极运用神经营销学的基本思想,准确洞察顾客的消费心理与消费习惯。未来,基于大数据和移动互联网的数据营销将成为主要发展方向。

---

① 本土管理实践与创新论坛.互联网+"变"与"不变"[M].北京:中华工商联合出版社,2016.

2）激发顾客情感

场景营销本质上是一种体验营销，通过体验让顾客感到愉悦，产生黏性，形成口碑。著名营销学家菲利普·科特勒说，营销是创造和满足需求。场景营销就是构建一个情景触发顾客需求并加以满足。这个需求可能是刚性需求，也可能是柔性需求。场景可能是现实场景，也可能是虚拟场景，或者是混合场景。总之，这些场景可能是顾客的痛点，也可能是顾客的兴奋点，或者是痒点，无论是哪种情况，如果顾客和某个场景所呈现的特征形成共鸣，则顾客的购买就成为可能。

3）创造真实瞬间

随着以网络为代表的虚拟世界的日益强大，顾客对于真实的渴求也与日俱增。所以，场景构建要以顾客为主体，在特定时间、地点，为顾客创造特定的生活场景，尽可能客观自然，不落斧凿痕迹，让顾客感到亲切真实。

4）实施精准推送

场景营销必须根据顾客习惯，在合适的时机，用合适的方式，推送合适的场景，以达到满足顾客欲望、响应顾客需求、创造顾客价值的促销效果。

三、人员促销策略

人员促销，即酒店员工采用口头表达形式，劝说顾客购买酒店餐饮产品。酒店人员促销可分为酒店专业销售人员的外部促销和酒店服务员服务现场的内部促销。以下仅对酒店专业销售人员的促销加以阐述。在顾客主权的市场经济时代，酒店专业销售人员必须通过有效的方式，在业务、需求等方面与顾客建立关联，形成一种互助、互求、互需的关系，把顾客与企业联系在一起，减少顾客的流失，以此来提高顾客的忠诚度，赢得长期而稳定的市场。

（一）接近顾客技巧

酒店专业销售人员接近顾客的技巧主要体现在三个方面。

1.接近准备

酒店专业销售人员在正式与顾客接触前，需要有备而去，这样才能取得良好的效果。酒店专业销售人员应在温习酒店业务相关知识的基础上，做好顾客资格鉴定、购买行为习惯了解两项工作。顾客资格鉴定主要是通过购买需求、能力、数量、决策权等来判断其是否为酒店的潜在顾客，特别是在团队顾客的接近准备中，团队决策者往往是酒店餐饮产品购买成功的关键；了解顾客购买行为习惯，可帮助酒店专业销售人员有针对性地向顾客介绍酒店餐饮产品，提高成交率。

2.约见技巧

对顾客进行预先约见具有省时省力的特点，酒店专业销售人员做好充分准备能使促销计划顺利进行。酒店专业销售人员必须认真学习和研究约见顾客的技巧：当用电话约见时，销售人员必须预先设计好开场白、谈话简洁、语调平稳、用词贴切；当用信函约见时，酒店专业销售人员在展示酒店餐饮产品特色、约定具体电话联系时间的同时，应尽量以亲人朋友的口吻写给目标顾客，使内容充满人情味；当通过第三方介绍时，酒店专业销售人员应注重委托人的选用。

3.接近方法

酒店专业销售人员接近顾客的方法主要有以下四种：一是利益接近法，即用酒店所能提供给对方的价值（如优惠券、赠券等）来激发其兴趣，进而转入业务洽谈；二是产品接近法，利用酒店餐饮产品特色引起顾客的注意，从而顺利进入促销面谈；三是赞美接近法，酒店专业销售人员迎合顾客受称赞的心理，从而成功地接近顾客；四是赠礼接近法，通过赠送小礼品，引起顾客的兴趣与好感，来接近顾客。

（二）展示洽谈技巧

洽谈是指酒店专业销售人员运用各种方式、方法和手段，将酒店餐饮产品及相关信息呈现给顾客，并说服其购买的过程。在介绍和展示产品时，酒店专业销售人员要以生动的方式描述酒店餐饮产品的特色、功能、使用价值和利益等信息，并达到说服顾客购买产品的目的。

1.展示方法

展示是指在促销过程中向顾客介绍酒店餐饮产品的过程，也是促销过程的重要部分，其目的是向顾客表达能够带给顾客的好处，证明能够满足顾客的利益需求。酒店专业销售人员应在将产品的顾客利益理解清楚的基础上，灵活应用各种示范法。比如：当谈话地点在酒店时，酒店专业销售人员即可以使用体验示范法，让顾客参观餐厅、品尝食物等活动，使顾客亲身感受酒店餐饮产品的特色与优势；当洽谈地点在酒店之外时，酒店专业销售人员则应采用写画示范法，把酒店的宣传资料（如照片、宣传册、价目单等）、接待数据以及认证书复印材料等展示给顾客，引起顾客对酒店餐饮产品的兴趣并获得顾客的肯定。

2.报价技巧

价格是买卖过程中相对较敏感的话题。酒店专业销售人员在报价时，一定要选择适当的时机、准确的价位，以及容易为顾客所接受的表达方式。酒店专业销售人员在促销过程中常见的报价方式有以下三种：一是自高向低，这有利于提高酒店收入，但会给顾客带来一定的压力，常用于上门顾客；二是自低向高，这一方式相对安全，是淡季常见的报价方式；三是分列式，该方式是根据酒店服务项目的性质来分别报价；四是综合式，主要针对有多项服务需求的顾客，采用包价方式。

3.洽谈技巧

缺乏技巧的销售人员在和顾客见面后，往往急于进入推销状态，他们会迫不及待地向顾客介绍自己的产品。科学的促销，需要酒店专业销售人员通过说好开场白、恰当的提问方式等，迅速将顾客的注意力吸引到促销的酒店餐饮产品上来。同时，酒店专业销售人员应做好一名听众，通过倾听了解顾客的想法，发现其兴趣所在，从而确认顾客的真正需求，以此不断调整促销计划，突出促销要点。

（三）业务成交技巧

业务成交是顾客同意且接受酒店专业销售人员的推销建议，并商定具体购买酒店餐饮产品的阶段。酒店专业销售人员要通过排除成交障碍，利用相关的业务成交技巧，达成交易。

1.排除成交障碍

首先，排除顾客异议障碍。若发现顾客欲言又止，酒店专业销售人员应减少自我表达，请对方充分发表意见,真诚地与顾客交换意见。对于一时难以纠正的偏见,则可将话题转移。对于恶意的反对意见,可以"装聋扮哑"。其次,排除顾客价格障碍。当顾客认为价格偏高时,应充分介绍和展示产品及服务的特色和价值,使顾客感受到"一分钱一分货";对于低价产品,应介绍价低原因,让顾客感到价廉且物美。最后,排除习惯障碍。实事求是地介绍顾客不熟悉的产品,并将其与他们熟悉的产品进行比较,让顾客乐于接受酒店餐饮新产品。

2.促进业务成交

在最终达成交易阶段,酒店专业销售人员仍有许多工作要做。有些顾客在购买时仍然存在一定的疑虑、怀疑、胆怯的心理。因此,酒店专业销售人员必须密切关注顾客的心理状态,判断成交迹象,捕捉成交时机,具体如下:顾客的语言信号,如"太好了""他们也一定会喜欢"等;顾客的行为信号,如顾客频频点头等;顾客的神情信号,如顾客态度更加友好、紧锁的眉头舒展等。同时,在促销成交时,周围的环境对成交与否很重要,竞争对手的争夺、顾客朋友不经意的否定等都可能改变顾客的购买决策,使促销工作前功尽弃。

3.做好售后服务

售后服务是确保顾客满意、获得重复购买、建立长期合作关系的必要环节。成交后应立即明确有关履约的交货时间、购买条款和其他的具体工作。销售人员在接到订单后,要制定售后工作访问日程表,以确保售后服务工作得到妥善安排。

扩充阅读　　　一份甜品卖到了17万元

第二节　餐饮专项活动促销策略

餐饮专项活动是酒店根据业务发展、季节变化、市场竞争、顾客消费需求变化等实际需要而策划组织的,将餐饮服务与娱乐、文化、观赏等结合起来的餐饮营销活动。

一、餐饮专项活动策划

(一)活动策划准则

餐饮专项活动在丰富现代餐饮文化、拓展餐饮客源、造就酒店声势等方面具有举足轻重的地位。为保证专项活动事半功倍,首先必须确立活动策划的基本准则。

1. 实效性

实效性，即专项促销活动必须真实有效，能实现顾客、酒店与社会的共赢。

（1）合法性。酒店所选择的专项促销活动必须在无条件遵循法律法规、政策规范的基础上，严格遵守职业道德和行业竞争规范，不能中伤竞争对手。

（2）真实性。酒店在策划各类活动时，应从酒店自身的资源条件出发，实事求是，诚信经营，不能以"假大空"式的宣传模式搞噱头、造声势，误导顾客做出各种错误判断。比如冠名为"美国西部美食节"的活动，既无与美食节主题相匹配的真材实料，又无突出美国西部餐饮文化的卖场衬托，有的仅仅是几张海报、几顶牛仔帽、几种变了样的美国菜点。

（3）有效性。酒店专项促销活动必须给酒店带来一定的改变，如知名度的提升、市场地位的提高、购买频率增加等。

2. 文化性

文化性，即酒店专项促销活动应颇具文化含量，增加餐饮产品的文化品位。文化性准则要求酒店在餐饮活动的安排、卖场布置、宣传策略、市场开发等方面充分发挥文化的魅力，集视觉、听觉、味觉、嗅觉等感官文化和心理文化于一体，利用文化进行包装、宣传，并组织策划各类文化型的讲座、游艺活动，实现以文化拓市场、以文化创品牌的目的。

3. 适度性

适度性，即酒店应确定科学的办节次数和合理的办节规模。任何活动都要适度，不可一味贪大求全，否则容易耗费过多精力和财力。一般，酒店在一年中可将几次规模较大、影响较深的专项活动作为其中的"精品"，在餐饮市场上推波助澜，此外可辅以一些规模较小、时间较短的美食节活动。例如以某一相对集中的客源为促销重点，设计某类针对性的产品和服务，以较少的投入吸引这类相对狭小的客源。

4. 独特性

专项促销活动的生命力源于其与众不同的大胆创意，而流于平庸的专项活动往往浪费酒店资源，起不到应有的效果。为此，餐饮促销活动必须突出以下三点。

（1）专。专项促销活动顾名思义应该强调专注与专一，注重某个主题的聚焦，不可面面俱到。

（2）特。专项促销活动必须有自己的个性，有与众不同的卖点。

（3）新。专项促销活动必须有新意，能给顾客耳目一新的感觉，比如新奇的概念、新颖的方式等。

5. 联合性

目前，跨界合作已成为一种基本态势。酒店在餐饮专项活动的组织和策划上应主动向有关单位或部门"借力"，以实现规模效应。

（1）与酒店其他部门合作，策划内容丰富、不限于美食的"大蛋糕"。就现代的饮食观念而言，吃这种消费活动往往和顾客的住、行、游、购、娱等消费需求紧密联结在一起。因此，酒店在餐饮专项活动的策划上不应简单地就吃论吃。

（2）与社会各界合作，举办以民间小吃为主题的美食节，邀请当地的民间艺人、民间文化研究者等专业人士，借"外脑的智慧"增加美食节的文化深度。比如在各地民俗节庆旅游屡出高招的今天,酒店可配合当地政府部门举行的民俗节庆活动举办各类美食节,作为各类民俗节庆活动的子项目。

(3)与其他企业合作,策划各方共赢的专项促销活动。比如与儿童食品、用品供应商共同合作举办的儿童专项促销活动,有多方相关利益群体参加的圣诞节专项促销活动等。

扩充阅读 "环游世界80天"主题餐饮活动

(二)活动策划理念

理念支配行为,思路决定出路。餐饮专项活动策划必须有正确的策划理念。

1. 顾客思维

顾客思维,就是在专项促销活动各个环节中都要以顾客为中心去考虑问题,由顾客,即产品最根本诉求和愿景的提供者,决定产品的导向。从传统的产品思维进化到顾客思维,需要注意以下三个方面。

(1)痛点思维,即专项活动策划应着眼于顾客在餐饮消费时抱怨的、不满的、感到痛苦的接触点。问题即商机,只有能帮助顾客解决问题的专项促销活动,才能赢得顾客的认同与厚爱。

(2)卖点思维,即餐饮专项促销活动必须有自己独特的价值主张,给顾客需要的利益。尤其在设计美食节专项活动时,要结合地域与节庆特点,例如与本地知名中医馆共同推出冬季养生美食节,或与某著名婚恋机构合作推出情人节派对等。

(3)尖叫思维,即餐饮专项促销活动应致力于为顾客创造惊喜。要达到这一目标,餐饮专项活动策划必须注重细节、追求完美、创造极致。特别是在实行忠诚型促销策略时,更需要通过超越顾客预期的亮点,来感动酒店餐饮目标顾客。

2. 粉丝思维

粉丝思维,就是在进行酒店餐饮创新策划时必须注重吸引粉丝、巩固粉丝。移动互联网时代,粉丝不仅能提升餐饮产品销量,还能为餐饮品牌带来正向口碑传播,并在餐饮品牌出现负面评价甚至是危机公关时,在第一时间捍卫品牌。以粉丝思维开展餐饮专项活动,需要注意从以下三个方面充分满足顾客。

(1)尊重感,即在餐饮专项促销活动中应着眼于凸显酒店目标粉丝的尊贵感。

(2)参与感,即在餐饮专项促销活动中应注重与粉丝的良性互动,让粉丝有兴趣参与,并能从中获得快乐。

（3）成就感，即在餐饮专项促销活动中要立足于让酒店粉丝拥有一种自豪感。

3.品牌思维

品牌思维，就是在餐饮专项促销活动策划中，必须致力于餐饮品牌的塑造，实现餐饮品牌溢价。品牌溢价的关键在于提高品牌的顾客价值。顾客愿意为品牌产品支付额外费用，产品功能价值固然重要，但起决定作用的是产品的心理价值，即信任价值、情感价值与身份价值。所以，创造理想品牌溢价的关键是创造品牌崇拜，即建立在顾客将品牌视作自己拥有的某些特权（如话语权、建议权等）的基础上，对品牌忠诚，并且有意区别其他品牌的消费群体。因此，酒店应该特别注重以下几点。

（1）传播品牌价值观，即在餐饮专项促销活动策划中，应特别注重聚焦并传播酒店餐饮品牌所推崇的基本理念与独特主张。

（2）塑造神秘感，即应为专项促销活动注入超出常规、激发想象的神奇与神秘元素，以增强顾客的内心探求欲望和对超越者奋斗过程的敬意。

（3）传播品牌故事，即通过讲述顾客最期望听到的故事，增进与目标受众的情感交流，引起酒店餐饮品牌与目标受众的心灵共鸣。

（三）专项活动策划内容

1.时机选择

餐饮专项促销活动既然不是一种日常的促销活动，而是特定时间的促销活动，那么就必须思考举行专项促销活动的时机。

1）节假日期间

节假日是人们愿意庆祝和娱乐的时光，是酒店举办美食专项活动的大好时机。在节日开展专项活动或其他餐饮推销，需要将餐厅装饰起来，烘托出节日气氛，并且餐饮管理人员要结合各地区民族风俗的节日传统进行活动组织，使活动多姿多彩，进而使顾客感到新鲜和欢愉。

2）销售淡季

专项促销活动可以作为调节餐饮需求的一种手段，餐厅可在餐饮销售淡季策划举办各种美食节活动，增加客源流量，提高座位周转率。

3）特定季节

餐厅可以在不同的季节开展多种多样的季节性专项活动，这些专项活动可根据顾客在不同季节中的就餐习惯和在不同季节上市的新鲜原料来计划，较常见的季节性美食节正是推销时令菜的好时候。

2.主题选择

活动主题是所有活动所要表达的中心思想，它决定了专项活动对市场的吸引力。在具体确定促销活动主题的过程中，餐饮管理人员应当注意以下几方面。

1）主题要符合酒店自身的条件

举办专项活动是对整个酒店，尤其是酒店餐饮部门的考验，同时对酒店的组织、管理、服务、生产、协调和创新能力等提出了较高的要求。因此，酒店应当选择与自身规模、档次和服务管理水平相当的活动主题，从而保证活动的顺利进行。盲目地随波逐流会导致活动的失败，非但不能达到举办活动的本来目的，而且会使酒店遭受财务和形象等方面的损失。

2）主题要与酒店和餐厅的形象一致

开展营销活动是为了树立和强化酒店餐饮品牌形象,增加无形资产,进而增加销售收入。而作为促销手段的专项活动是酒店餐饮营销活动的重要内容,因此专项活动的举办应当符合酒店已经形成或者正在形成的形象,谨慎地选择美食节主题。例如,在五星级酒店举办家常菜美食节可能就不适宜,而举办私房菜美食节可能就比较适宜。反之,在三星级酒店举办法国大餐美食节可能也难以激发顾客的兴趣。

3）主题应当符合并满足市场需求

所有专项活动都是围绕主题而展开的,为了使专项活动内容赢得顾客的认同并吸引顾客参与,主题必须迎合顾客的要求。因此,酒店餐饮管理人员应重视市场调查,深入了解顾客的需求,选择相应的主题。

4）主题对顾客要有冲击力

专项活动的主题必须表现出强烈鲜明的独特个性,且必须简明易懂,并能给顾客以深刻的印象。

3.活动方案

活动方案是活动策划的重点部分,根据分析部分的研究结果,阐明专项活动的主要内容、活动进程具体安排、具体实施细节、经费预算、主要参与者、效果预测工作、投资估算与经济效益分析等。如广告推销策划中,要详细说明广告促销策略的内容、特定的目标市场,详细列出媒体选用情况及所需费用、每次刊播的价格,最好能制成表格,列出调研、设计、制作等费用,并说明广告促销活动预计可达到的目标。

二、餐饮专项活动实施

餐饮专项活动策划要卓有成效,必须借助以下策略达到有效的组织实施。

（一）有效沟通,达成共识

在实际工作中,活动策划者与活动执行者可能不是同一人,甚至分属不同的部门。所以,活动策划方案要付诸实施,首先必须做好策划部门与执行部门的有效沟通,并达成基本共识。

1.精准传达

为了避免在活动实施过程中的"误解"而出现"走样"或不到位的情况,策划部门除了在策划过程中要与执行部门保持密切的沟通外,更要在执行前将活动方案的策划背景、目标、内容、实施步骤、结果衡量、实施中应特别注意的重难点等准确无误地传达给执行部门,使执行部门深刻领会策划部门的真正意图与活动方案的精神实质。

2.深刻领会

执行部门在了解了策划部门的意图与方案后,应进一步梳理方案的执行要点,可考虑采用图像思考法对方案的执行进行认真思考。图像思考法,即利用人类图像思考的能力,将策划方案执行的情景和进程事先在头脑中像电影放映一样播放一遍,以加深活动执行者对活动方案的理解,并预测可能会出现的问题及执行效果。

3.针对培训

活动策划方案实施,可能会涉及一些新的理念、新的知识、新的方法、新的技术,这就要

127

求执行部门必须对相关人员进行有针对性的培训，使他们能在执行过程中得心应手。

（二）整合资源，有备无患

俗话说"兵马未动，粮草先行"，专项活动实施必然需要各种资源，必须提前组织整合。

1. 物资整合

餐饮专项活动设计完成后，需要有专门人员负责餐饮专项活动菜肴生产所需的各种原材料的筹措和准备，既要保证生产所需的各种原料和辅料准备充足，又要确保各种调料、盛器和用品及时到位。若需要从外地购买特殊原材料，也必须提前订购，或约请相关协作单位购置，以保证餐饮专项活动的顺利进行。

2. 设备整合

相关生产设备的调剂是资源准备的重要一环，在不影响正常经营的前提下，提前调剂好生产设备，确保生产所需，若需要添加特殊设备，也需提前做好采购计划。由于餐饮专项活动短暂性的特点，因此，设备的准备工作尽量以调剂、租赁或套用为主，以免造成活动后的闲置和浪费。

3. 人员整合

餐饮专项活动的组织作为日常经营的补充，在原有产品基础上增加经营品种，在不影响正常经营的前提下增加新的经营项目。如果餐饮专项活动依靠本酒店的技术力量举办，要通盘考虑厨房人员和服务人员，确保足够的人手来维持餐饮专项活动的运行；如果餐饮专项活动需要借助外来力量，那需要提前和协作单位沟通，联系相关生产和服务人员提前准备，免得仓促上阵，影响餐饮专项活动的效果。

（三）宣传推广，有的放矢

餐饮专项活动能否成功、能否起到扩大知名度等的作用，关键在于活动前的宣传推广。

1. 精心设计

餐饮专项活动的广告宣传包括对外宣传和对内宣传两方面，即既要吸引店外顾客，也要吸引住店顾客。餐饮专项活动宣传资料除菜单、酒水单外，更重要的是场地布置和对外宣传所需要的各种 pop(pop of purchase)广告（购买总广告）单。宣传资料要求设计精美，能够体现活动的主题，能够引起顾客的关注，印刷质量要符合酒店的档次。另外，在活动现场使用的引导指示标牌、宣传招贴画、食品包装盒（袋）等都必须认真设计准备。

2. 凸显卖点

宣传推广能否成功，重中之重是能否凸显专项活动的卖点，并引起顾客的关注。一般来说，活动的卖点往往也是产品的卖点，毕竟举办专项活动的最终目的是让酒店独特的餐饮产品被更多的顾客熟知或者加强顾客与产品的黏性。所以，餐饮专项活动的宣传推广，应聚焦策划方案设定的活动主题与概念，围绕餐饮产品的关键要素，通过目标顾客喜爱的途径与方式，充分展示活动的卖点，以占领目标顾客的心智。

3. 精准投放

要想引爆餐饮专项活动，就必须投放到能对活动传播起决定性作用的核心顾客。传统营销将信息传递给核心顾客往往是通过媒体渠道的投放，这种方法可以让关键人接收到信息，但很难让他们将信息进行裂变。所以要想驱动关键人为酒店服务，酒店需要主动接触这些关键人群,促成他们的体验并令其分享,从而实现信息多频辐射。

(四)精心组织,恰到好处

餐饮专项活动实施,必然牵涉多个部门、多个环节,必须注重组织协调,确保环环紧扣,步步到位。

1.精心布置

餐饮专项活动必须有气势、有氛围,卖场布置应特别注意。独特的卖场不仅可以突出活动的文化内涵,突出餐饮专项活动的主题,而且能调动顾客前往餐厅就餐的积极性,塑造酒店和餐厅的新形象。因此,管理人员必须按专项活动方案设定的要求,精心布置活动卖场,以满足开展特定形式餐饮专项活动的需要。

2.各方协调

活动期间,餐饮部门既要做好与酒店内营销、管家、采供、保安、工程、财务等部门的协调,又要做好与外部供应商、中间商、劳务服务等单位的合作,还要加强与消防、卫生防疫、食品安全监管等政府部门的联络与配合。

3.现场控制

餐饮专项活动现场控制,关键要做好顾客组织、出品控制、服务提供与安全保证等方面的管理工作,确保活动井然有序、氛围良好、安全无事故、达到预期目标。

三、餐饮专项活动实务

酒店餐饮专项活动大体可以分为美食节促销活动、节假日促销活动、特定顾客促销活动。

(一)美食节促销活动

美食节促销活动是酒店在日常的餐饮经营活动之外的一种餐饮产品和服务销售活动,是酒店在短时间为促进餐饮销售而采取的一项营销措施。

1.美食节特点

美食节有别于酒店组织的常规餐饮产品,它是酒店一日三餐正常餐饮销售以外的特殊经营活动,其特点主要有以下几个。

1)时间集中

任何一项美食节促销活动,无论规模大小,其持续时间总有一定限度,一般不超过一个月。从性质上而言,持续时间过长的美食节就已转变成为餐厅一种固定的产品而不能称之为美食节。

2)形式多样

由于受经营条件、厨师力量、主体客源的消费品位等因素的影响,酒店在确定常规餐饮经营内容、方式时往往有一定的局限性。而酒店的美食节,则可以在不同的时期,选择不同主题、不同活动方式、不同活动地点、不同菜肴品种、不同就餐环境以及不同组织方法。

3)影响深远

为了扩大影响,一方面酒店通过独特、新颖的组织方式和鲜活、大胆的卖场布置吸引顾客的关注;另一方面则借助一定规模的广告宣传,加强顾客对美食节的了解。因此,与酒店一般的常规餐饮产品相比,美食节往往会给顾客留下深刻印象并成为关注的焦点之一。

4）组织复杂

美食节促销活动是酒店在相对集中的时间段内推出的一种主题鲜明的特色产品,它往往需要众多的环节,如美食节的策划、美食节的准备、美食节的组织管理以及美食节后的总结等工作。这些工作往往涉及餐饮、营销、公关、管家、采供、工程等不同部门,需要管理人员、服务人员、技术人员等通力合作。因此,在组织管理上呈现较明显的严谨性和复杂性。

2.美食节策划

为了保证美食节的成功,酒店须对美食节促销活动进行周密的策划。

1）主题选择

美食节主题选择必须坚持以顾客、市场导向,基本可以分为以下几类:一是以外国菜肴（多为欧美或东南亚国家菜肴）为主题;二是以我国著名菜系为主题;三是以法定节假日或流行的节日为主题;四是以某种时令食品或某类食材为主题,如海鲜美食节、小龙虾美食节、全鸭席美食节等;五是以某种烹饪方式为主题,如火锅、砂锅、烧烤等;六是以古代菜点为主题,如红楼宴美食节、随园菜美食节等。

2）美食节计划

美食节促销活动计划的内容应当视具体情况而定,一般来说,应包括举办目的、日期、装饰布置、菜单及酒水单的设计、宣传促销广告、员工培训、费用预算等内容。

3）菜单设计与制作

美食节菜单应突出其纪念价值和欣赏价值。菜单品种应根据美食节的主题而定,并应充分考虑厨师力量以及各种食品原料的可获得性,同时,应考虑菜肴等的合理搭配。

3.美食节实施

美食节的实施与餐饮专项活动实施环节基本相同,尤其应注重以下三个环节的控制。

1）试制菜肴

美食节,顾名思义美食是核心。无论是利用酒店自身的厨师还是聘请协作单位的厨师,都必须在活动开始前对即将推出的新菜进行试菜。一方面,为了让菜品能够满足市场的需要,试菜时可以聘请一些专家或顾客代表参加,听取他们的意见反馈,在新菜品推出之前做最后的改良,使餐饮专项活动推出的菜品更接近顾客需要;另一方面,通过试菜也可以进一步明确各种菜品的生产规格和要求,明确菜品质量标准,并起到培训厨师和服务员的作用。

2）场地布置

美食节大部分是在酒店室内（餐厅或大堂等）举行,但有时也可根据需要在草坪、花园、游泳池、广场等户外地点来举办。场地的布置不但要体现美食节的主题,而且要满足开展特定形式餐饮活动的需要。同时,为了使到来的顾客能方便识别美食节活动的具体地点,一般餐厅入口处会设置反映美食节主题的模拟景观、实物展台等。重点推荐的主打餐饮产品和服务以及菜单、酒水单等也可以陈列在入口的展台上,既起到装饰作用,又能增加顾客对美食节产品和服务的认识,引导顾客消费。此外,还必须注意气氛的渲染,如布置彩灯、灯箱和外墙壁挂等。

3）营业控制

美食节活动举办期间,业务繁忙,餐饮管理人员应注重四个控制:一是原材料数量、质量、价格方面的控制;二是菜点制作数量、品种、质量的控制;三是对客服务的控制;四是顾客、酒店、员工安全的控制。

(二)节假日促销活动

岁末年初,元旦、春节、端午节、中秋节、劳动节、国庆节等节假日,是酒店餐饮销售的黄金时期,根据节假日的风格特色,酒店餐饮部门应尽量营造欢乐的节日气氛。

1.根据客源市场构成不同,进行产品整合

节假日期间,家庭用餐、亲朋好友聚会是餐厅主要客源构成。餐饮产品应以满足此类需求为主,菜品方面应口味清淡、老少皆宜、菜量偏多、价格适中,并适时推出各种档次的宴会用餐,其间穿插特色菜、招牌菜、新派菜等,使顾客全面了解厨师水平,促进餐饮品牌形象的树立和推广。

2.根据节假日不同,突出特点气氛差异

节假日不同,其特点气氛也不同。如春节是传统的喜庆节日,餐饮活动要突出喜庆气氛,以抽奖、赠送小礼品等方式增加就餐的娱乐性,而劳动节、国庆节是休闲假日,要从菜品、宴席的调整创新以及着力推广饮食文化服务来突出休闲性,以此吸引顾客消费。

3.根据中西方文化不同,形成鲜明主题

中西方文化的特色差异也必须在餐饮专项活动中显现出来,如在餐厅布置、餐台设计、菜单印刷、背景音乐和灯光、活动内容等方面都要有所差异,不仅能让顾客品尝中西方美食,还能让顾客深度体验中西方国家文化。

（三）特定顾客促销活动

特定顾客促销活动，即在不同时间针对某特定顾客群体开展的专门促销活动，如针对儿童、准大学生、准新郎新娘等的促销活动。这类促销活动应特别注重以下三个基本要素。

1. 概念令人怦然心动

概念，是概括特定顾客促销活动特性而形成的心理意念和抽象符号，是创意的集中体现。好的概念，必须具有三个基本特征：一是与众不同的创意，具有强大的冲击力；二是通俗易懂的表达，具有必要的覆盖率；三是打动心灵的诉求，具有很强的穿透力。

2. 内容令人蠢蠢欲动

活动内容必须针对特定顾客的个性需求加以设计并提供，充分突显以下三个特性。

（1）功能性，即专项活动提供的产品必须满足顾客的功能需求，如吃饱、好吃、卫生、安全等，这是专项活动内容的底线标准。

（2）情感性，即顾客在专项活动中获得独特的情感满足。专项活动通过必要的仪式感与情景，将产品带入情感境界，赋予产品生命力和感染力，让顾客拥有一段美好的情感体验。

（3）象征性，即活动蕴含一定的人生哲理、价值观、审美品位、身份地位等，顾客通过专项活动，能体验人生追求、张扬自我个性、寻找精神寄托。

3. 促销令人即刻行动

专项促销活动必须给顾客带来实实在在的利益。为此，特定顾客促销活动必须关注以下基本要求：一是需要有必要的、令人可信的承诺；二是需要有迎合顾客消费心理的优惠措施；三是需要有针对特定顾客群体的促销方式与相应利益。

扩充阅读　　上海养云安缦酒店婚礼秀活动案例

第三节　餐饮平台促销策略

随着信息技术的发展及互联网的普及，餐饮促销策略开始呈现多元化、数字化发展，酒店开始借助不同的餐饮平台开展促销活动。以移动互联网为主要沟通平台，配合传统网络媒体和大众媒体，通过有策略、可管理、持续性的线上线下沟通，酒店与顾客建立、转化、强化关系，从而实现酒店的促销目的。

一、餐饮促销平台的类型与特点

根据平台的特点,将餐饮促销平台划分为以下三类。

(一)酒店自主平台

信息化建设初期,酒店会借助成熟的第三方数字平台力量,逐渐实现数字化转型。但是,随着企业数字化运营系统的全面建设,为了满足未来发展需要,同时满足顾客逐步形成的数字化消费习惯,酒店通过自建平台达到自主运营,从而直接与目标群体进行链接。酒店自主平台主要包括酒店官网和酒店 APP,这类平台均由企业自主建设且独立运营,页面风格及模块功能都可以根据企业需求定制开发,但同时这也对企业数字化运营能力提出更高要求。

1.酒店官网

酒店官网是企业早期的数字化平台形式。它不仅是企业品牌形象的传播阵地,同时也是信息的集散地。顾客可以通过浏览酒店网站主页阅读酒店的各类信息,并进行相应产品的预订。酒店官网具有两大优点:一是信息容量大,页面可以展示酒店全业务信息,帮助顾客进行综合判断,不同业务可以相互支持,但也可能因此导致某类业务不容易显现,无法细分消费市场;二是多窗口浏览,消费者可以同时打开多个页面,便于对信息进行阅读和比较。但是,酒店官网也存在两个缺点:一是运营成本高,具有酒店独立域名的官网,初期投资成本较高,且需要有专门的技术人员进行运营和维护;二是搜索操作难,顾客一般通过搜索引擎搜索酒店官网主页,有时候还会误入第三方广告平台,这对顾客的使用效率和操作体验都有影响。依托酒店官网进行餐饮促销,可以帮助顾客全面了解酒店信息,同时还可以与酒店其他部门产品进行整合营销;另外,餐饮部门可以获得顾客一手数据并进行分析,从而有针对性地对顾客进行忠诚度培养。

2.酒店 APP

APP 是 application(应用软件)的简称,现多指第三方智能手机的应用软件。从技术角度上看,与酒店官网相比,酒店 APP 同样存在建设成本相对较高的问题,但同时具有三个优点。

(1)操作便捷。顾客可以通过打开手机上的酒店 APP,直接进入该应用软件,并能随时、随地接收信息。

(2)形式丰富。酒店 APP 可以采用文字、图片、视频等各种形式,传递企业文化,同时也更符合现代人的手机使用习惯。

(3)数据独立。酒店 APP 需要由顾客主动下载并注册使用,酒店可以获得用户的基础数据,如加以有效分析,有助于精准营销和提供更优质的服务。

大型酒店集团 APP 还可以通过平台功能为会员提供特殊服务,如消费积分等,从而深度挖掘顾客消费数据价值。

(二)社会化媒体平台

社会化媒体是互联网蓬勃发展的产物,主要包括微博、微信、短视频平台和电商直播平台等,是大众社会化信息聚集地,影响着顾客对品牌或产品的好恶,以及购买意向。依托社会化媒体注册酒店账号,由酒店自行运营,通过与社会化媒体的互动,酒店与顾客直接对话,可以逐步培养顾客对品牌的兴趣和关注习惯,从而产生更好的营销效果。较之酒店自主平台,社会化媒体平台的运营成本低,但见效更快,由此已成为酒店主流促销平台。下面介绍几个常见的社会化媒体平台。

1. 微博

微博是一种基于用户关系信息分享、传播以及获取的,通过关注机制分享简短实时信息的广播式的媒体平台。微博促销是酒店以每一个微博用户为潜在传播对象,发布企业信息、产品信息,树立良好的企业形象和产品形象。微博平台促销具有以下三个特点。

1)覆盖面广

微博是一个成熟的社交平台,拥有广泛的媒介受众,因此,以微博作为促销平台,可以将酒店信息快速传递给浏览者,甚至引发热点。

2)易吸引粉丝

微博作为一个开放性的社会化媒体平台,能快速吸引粉丝,尤其是具有个性魅力的微博账号可以保持与粉丝的高度黏性,并持续积累粉丝量与专注度。

3)互动便利

"活动内容＋奖品＋关注(转发/评论)"的活动形式是微博互动的主要方式,以此可以保持与粉丝的黏性。通过这些方式,酒店与粉丝进行实时互动,并达到唤起粉丝情感认同的目的。

2. 微信

微信是一个为智能终端提供即时通信服务的应用程序,其支持跨通信运营商、跨操作系统平台,通过网络快速发送语音、视频、图片和文字信息,同时,也可以使用通过共享流媒体内容的资料和基于位置的社交插件。利用微信平台,酒店可以向顾客传递各类促销信息,最终实现企业品牌力强化或产品、服务、销量提升。微信平台促销具有以下四个特点。

1)受众广泛

微信平台具有门槛低、功能全、运营成本小等优点,无论是用户日常习惯,还是平台商业功能,微信都具有显著优势。目前,在众多社交平台中,微信已稳居霸主地位。

2)分享便利

微信的摇一摇、朋友圈、公众号、语音记事本等已逐步成熟,其中公众号文章的在看、点赞、转发等功能可以更快实现信息的共享和辐射,尤其可以使高星级酒店餐饮信息贴近大众消费群体。

3)交易简单

微信内嵌的微店、微商城、小程序等均已开发了直接交易的功能。顾客在看到心动的促销信息时,可直接下单订购,完成交易,酒店也可直接达成变现。

4)实时互动

微信的本质是实现社交,因此,利用微信平台,酒店可以对顾客的评价、疑问做出及时响应,从而加强与顾客的实时互动。

3. 短视频平台

短视频是以新媒体为传播渠道,主要为持续时间不足 5 分钟的视频。常见的短视频平台有抖音、快手等。相比于微博、微信,短视频平台的起步较晚,但发展速度很快。短视频平台促销就是酒店通过短小精悍的视频向顾客展示产品的生产过程及消费卖点,从而刺激顾客消费欲望的传播策略。短视频平台促销具有以下四个特点。

1)快速传播

进入滑屏时代,人们的注意力很难长时间集中在同一事物上,短视频平台正是抓住这一消费者特征,将视频时长划分为 15 秒以下、15 至 30 秒,30 秒至 1 分钟、1 分钟以上这几档,以信息浓缩方式引起用户的传播狂潮。

2)感官刺激

较之文字和图片,视频包含声音和动态画面等丰富的感官刺激元素,能与用户制造高互动性,形成更强烈的促销氛围,对用户形成直接的感官冲击。

3)保持原创

优质的短视频要求具备良好的内容创意并坚持输出原创。相较于图片和文字,短视频不易被复制,可以通过添加水印等方式保护作品原创属性,更好地体现酒店的特色和价值。

4)数据可视

与传统促销平台比较,短视频平台可以直观记录视频播放量、评论量、转载量、关注量等数据。通过数据分析,对比账号历史数据和竞争同行数据,及时了解市场动向,并做出促销调整策略。

4.电商平台

"网红经济"和"直播带货"的流行,催生了一批电商平台(如淘宝等)的异军崛起,通过主播在直播间展示产品实物及促销方案,甚至现场演示食物的烹制或商品的使用,与用户进行实时交流,从而直接实现交易。电商平台促销具有以下几个主要特点。

1)强 IP 性

IP(Intellectual Property)直译为"知识产权",网络语义为"形象文化"。主播无论是娱乐明星,还是意见领袖,或者是网络红人,甚至是酒店具有优秀直播经验的员工,他们的强 IP 性,可以激发用户感情寄托以及购买忠诚。

2)强互动性

直播间用户留存率、互动率、购买率等是平台进行流量分配的重要指标。主播可以同时与多位用户进行现场对话,设计引流性的标签话语,贴近用户,不仅加深主播个人印象,还能引发话题,吸引非粉丝群体的关注,其效果远胜于其他促销平台。

3)强场景性

"第一现场感"是电商平台的一大特性。依托独特的电商场景,由主播直接展示真实产品以及消费环境,引领用户身临其境,帮助用户预想可能存在的消费疑惑,并给予第一时间回复,交易成功率可得到大幅提升。

4)全天无休

电商平台完全对接全天候用户需求,抢抓每一秒商机,尤其是数字虚拟主播的出现,完美解决了主播人力有限的问题,可满足顾客 24 小时购买需求。利用电商平台,可助力旺季或特殊节假日期间酒店餐饮产品的火爆预售活动。

随着我国电商直播行业进入重塑规范阶段,这一行业也将从流量驱动转为产品驱动,进入以品牌自播、知识主播、技术赋能和定制直播等为特点的发展新阶段。

（三）专业餐饮平台

专业餐饮平台介于前两类平台之间。首先，从专业性来说，社会化媒体平台不限商家类型，酒店自主平台则只限单一酒店（品牌），而专业餐饮平台集结各类生活消费类企业并以餐饮产品销售为主，既能满足餐饮专项需求，又能覆盖更大市场；其次，从运营流程来说，酒店自主平台和社会化媒体平台主要帮助酒店发布促销信息、达成交易，而专业餐饮平台还包含产品消费及售后评价回应等环节，因此，专业餐饮平台也是酒店关注的重要促销平台之一。

1. 美食团购平台

美食团购平台是借助互联网的力量来聚集资金，从而加大与商家的谈判能力，以求为顾客谋得最优价格的运营平台（如大众点评、美团等）。酒店根据自身特点，设计好团购产品，借助美食团购平台进行协议推广，并积累用户点评信息，从而获得批量客源。美食团购平台促销的主要特点包括以下几点。

1）客源本土化

团购平台的产品以性价比取胜，但要求现场兑现，故而重点针对的是本地大众市场。作为高星级酒店，一般会根据自身定位，推出自助餐或节日套餐等具有本土消费属性的团购产品。

2）生产规模化

团购平台推出的餐饮产品，以餐饮套餐或特殊食品（如节假日菜品或时令菜品）为主，可以帮助酒店实现批量生产，从而降低生产成本，提高生产效率。

3）业务可控化

团购产品一般具有消费时限。因此，酒店可以根据自身经营能力，通过设置团购产品消费预约要求，如提前预约时间、单日预订限量等，将团购客户作为酒店正常经营的补充。当酒店出现营业高峰，则减少团购顾客比例，反之亦然，以此平衡酒店运营压力。

4）竞争显性化

通常团购平台会对进驻商家进行分类，可以帮助顾客精准筛选目标商家，因此"货比三家"对顾客而言更易实现。在这种情况下，要想在同类产品中脱颖而出，酒店需要制定性价皆优的促销方案。

随着社群经济的突起，大规模社区团购平台迅速发展，通过社区团购实现社群营销，倍数发展粉丝，凝聚私域流量，团购平台是酒店不容忽视的促销平台。

2. 餐饮外卖平台

餐饮外卖平台，是餐饮企业借助外卖平台上架餐品及发布运营信息，顾客通过平台进行选择和下单，再由专业配送团队从餐厅提取餐品后在有限时间内递送至顾客的运营平台（如饿了么、美团等）。餐饮外卖平台，主要满足顾客非堂食的购买需求。餐饮外卖平台促销的主要特点如下。

1）即时性

较之其他的促销平台，餐饮外卖平台主要满足顾客的即时需求，即顾客在浏览餐饮外卖平台页面时，基本已经具有明确的餐饮消费需求，并即将做出消费选择和购买决定。

2）全流程

其他促销平台的功能侧重于吸引关注以及促进顾客购买产品，而餐饮外卖平台还承担餐品的运送环节，同时还承担对商家生产和服务能力的监管责任。

3）双促销

从促销力度来看，餐饮外卖平台不仅展现商家的促销内容，如酒店的优惠套餐、特价活动等，作为第三方，也会提供不同的折扣优惠，如满减、满返等，这种双重折扣甚至可以让顾客以低于堂食的价格得到相同的产品。

尽管餐饮外卖消费已经成为一种常态化消费形式，但是，由于外卖食品品质不可控，与酒店餐饮经营定位存有差异，因此对于多数酒店，尤其是高星级酒店而言，他们并没有将餐饮外卖业务作为其主流业务，而多用于应对顾客无法进行堂食消费的突发情况或定制需求。

二、社会化媒体平台促销管理

社会化媒体的不断发展推动了社会化媒体营销的产生，并成为促销平台的核心，其与顾客之间的强互动性和场景性，不仅对传统媒体，还对其他两类促销平台形成了碾压式的优势。通过社会化媒体而开展的促销活动，去除了酒店中心化，真正突出顾客的地位，强调顾客的参与作用，从而形成顾客与酒店共同建构的促销体系。依附于不断发展的互联网技术，社会化媒体平台功能的不断优化也有助于促销技术的升级，因此，对酒店而言，更应重视对这一开放性平台的餐饮促销管理。

（一）平台促销内容

促销的核心，永远离不开产品和服务本身，尤其是在社会化媒体平台，酒店餐饮要和社会餐饮同台竞技，更应对酒店餐饮促销内容清晰把脉、对症选药、精准施方。

1. 倾听顾客的声音

社会化媒体的最大特点就是最大限度地尊重顾客话语权，因此，要开展什么样的促销活动、怎样设计促销方案，酒店要多倾听顾客的声音。酒店应通过开设意见征询式的开放性话题，邀请顾客参与互动，既可以为促销活动预热，还能提高促销活动的成功率。

2. 融合酒店综合价值

酒店餐饮顾客的消费动机往往不限于对食物的热爱，针对此种情况，酒店餐饮的社会化媒体营销要体现酒店的全类产品价值。一方面要宣传酒店产品的显性价值，如地理位置、优惠价格、原料渠道等，还要强调酒店品牌、酒店星级、历史文化、产品主题等隐性价值；另一方面酒店还要介绍客房、会议、康乐、休闲等其他产品，这既可以使平台信息饱满，又能满足顾客多元化的购买需求。

3. 焕发酒店产品活力

随着社会化营销的快速发展，顾客对内容甄别的速度在不断加快，因此，仅凭固化业务很难获得顾客的长期关注。酒店餐饮促销内容要在内容上保持推陈出新，大胆进行跨界合作，焕发产品年轻活力，方能吸引更多顾客关注。

（二）平台促销形式

无论运用哪种社会化媒体平台，均需借助优质方案，才能打动顾客，因此要培养专业的新媒体运营团队，打造与众不同的酒店 IP。平台促销形式要把握以下三项原则。

1. 文案有颜

同样的促销内容，如果采用不同的文字字体、图片风格、叙事形式及页面布局，其阅读美感可能会迥然不同，顾客阅读停留时长也会不一样。因此，要时刻关注当下网络审美风向（如少字多图等），更好地提升文案"颜值"，迎合现代审美。

2. 形式有趣

只有趣味性强的促销方式，才能让顾客保持愉悦状态，并流连忘返，成为忠实粉丝。通过提前设计甚至预演彩排，反复磨稿，细抠包袱，形成完美脚本，顾客必然可以感受到酒店的诚意态度和专业水平。

3. 主播有型

社会化媒体促销效果往往与主播风格息息相关，一个有个性的主播，不仅可以增强社会化媒体促销效果，甚至还可以制造公关热点，形成病毒式传播，使酒店能够快速出圈。

（三）平台促销功能

社会化媒体是集公关、客服和营销于一体的综合网络站点，酒店要熟悉各种社会化媒体的界面功能，找到开启促销大门的黄金钥匙。

1. 创造网络爆点

利用社会化媒体平台海量粉丝的关注效用和社群效应，将社会化媒体平台用户流量转化为酒店官方网站的流量，通过酒店在社会化媒体平台上发布的信息吸引和发展注册用户，增加酒店的网络曝光量，提升搜索排名。

2. 植入促销信息

酒店通过社会化媒体平台发布促销信息，并巧妙植入酒店二维码、产品购买链接、产品优惠券等，对用户进行购买诱导，积极发挥社会化媒体平台对酒店销售机会的促进效应。

3. 善用优化升级

社会化媒体平台自身的竞争，驱动各媒体平台不断进行功能优化升级，酒店应保持与时俱进，追踪平台升级功能，其既体现酒店的互联网潮流身份，同时也迎合顾客对媒体技术的尝鲜欲望。

（四）平台用户互动

良好互动是用户关系的基础，而社会化媒体本身就特别强调人际关系网络的有效利用。与传统媒体比较，社会化媒体将信息传递从单向变为双向，信息反馈从间接、私密变为直接、公开，信息交互效果提升至满格。对于平台用户互动，酒店要注意以下三项原则。

1. 真诚

为提高回复效率，设置模板式、格式化的回复言辞，有的甚至采用人工智能方式进行互动，这些互动方式形式大于内容，只能让顾客感受到机械的交流，无法感受到酒店的诚意。尤其是顾客个性化的评价，酒店更应有针对性地回复，如果需要，甚至可以进一步进行私信交流，发挥社会化媒体平台的沟通作用。

2. 持续

随着平台粉丝数量增加，平台互动人工成本攀升，有的酒店可能无暇回复，或仅提供朝九晚六的限时人工服务，导致顾客不能得到及时回应。酒店应根据社会化媒体平台的发展情况,做好人事规划,确保与顾客有持续稳定的互动频率。

3.典范

酒店一直是服务行业的标杆,曾创下"三声内接起电话"等多项行业礼仪标准,因此在社会化媒体平台中,也应保持服务行业的标杆水准。主播或客服无论是在言行修养还是业务能力上,都应谨记酒店身份和品牌形象,树立业界典范。

三、餐饮网络平台促销技巧[①]

无论是自主平台、社会化媒体平台还是专业餐饮平台,作为网络平台,酒店进行餐饮促销活动,均应在数字化转型背景下遵守网络规则,并应特别注重以下四个促销技巧。

(一)重叠轨迹

在信息爆炸时代,要想将餐饮促销信息通过网络平台精准传播给潜在顾客并不容易,酒店必须努力使促销传播轨迹与潜在顾客生活轨迹重叠。要做到这点,酒店首先应对潜在顾客的生活形态以及媒介使用习惯进行研究,形成清晰的顾客数字消费画像,如本酒店顾客常用的媒介形式有哪些,他们的媒介使用行为方式是怎样的,习惯于什么时段进行信息浏览,容易被什么形式的信息所吸引等。其次,酒店也应该对自身促销关键点进行梳理,如餐饮促销产品或活动的卖点如何提炼、可以通过什么形式的有形展示来传递促销信息、如何培训销售终端的员工与顾客进行沟通等。知己知彼,方能百战不殆,只有双向轨迹重叠,酒店餐饮促销信息才能在信息巨流中被顾客获取。

单一通过酒店的数字平台运营可能势单力薄,因此,酒店应充分发挥社群、员工甚至是顾客力量撒大网、捕大鱼,借助朋友圈转发点赞、微博关注、店铺收藏、消费评价等各种方式进行宣传,以此不仅可以树立良好的企业形象和产品口碑,还能实现稳定的促销成果。

(二)寓促于乐

随着顾客的价值理念从理性开始转向感性,顾客对于产品功能性的差异可能并不会过于关注。相反,感官和情感上的愉悦成为激发顾客购买欲望的重要因素。娱乐指数既影响酒店的促销氛围,同时也会影响顾客的潜在需求。因此,在餐饮促销策划中,要利用网络平台立体化呈现的特点,将娱乐化的促销方式融入其中,在酒店与顾客的互动对话中,让顾客感受到快乐,并欣然接受酒店促销内容,比如在促销文案的设计中,以拟人化的行文风格吸引顾客,或者通过插入小游戏的方式植入餐厅及主推菜系的相关信息,让顾客以角色扮演的形式参与其中,在完成游戏后获得促销优惠券,另外直播间可以选用幽默风格的主持人,配合巧妙设计的直播脚本,必然可以实现成功的促销。

娱乐形式不同,娱乐效果也有差异。相较而言,文字没有图片形象,图片不如视频生动,但文字信息清晰、图片展示方便,因此,只有将不同形式加以结合,才能产生丰富的促销效果。不同的促销平台其功能各有侧重,而娱乐只是一种催化剂,唯有真诚的态度和优质的产品和服务,才能让顾客内心铭记。

(三)组合媒介

要实现强大且持久的促销效果,依靠单一平台是无法达到这一目的。因此,酒店在进行

---

① 李娜.餐饮文化诠释与管理创新研究[M].哈尔滨:哈尔滨工业大学出版社,2022.

餐饮促销时要对不同平台媒介形式进行整合,比如在微博上有酒店官微、在微信上有酒店公众号和视频号、抖音上有酒店直播间、大众点评网上有酒店主页等。一方面将相同的促销信息发布在不同的平台上,进行交叉传播;另一方面则发挥不同平台的优势,实现媒介互补。新时代的人们已逐步形成碎片化的消费习惯及个性化的消费需求,每种媒介所拥有的受众相对有限,且类型不一。因此,酒店应通过不同媒介的交叉传播,扩大酒店促销广度,从而增加受众基数。

在组合媒介的过程中,要注重传统媒介与数字媒介,以及数字媒介之间的整合,同时考虑不同促销阶段的要求,如在促销活动开展前期宣传时选择官网宣传,发挥搜索引擎的作用;在活动进行过程中,通过直播进行现场解说,并在多平台设置购买链接,从而直接促成交易。当然,酒店也需根据自身经营能力及促销目的进行整合规划,确保不同媒介都能持续更新,以保持粉丝黏性。

（四）意见领袖

酒店餐饮要凝聚潜在顾客,要注意意见领袖的寻找及维护。通过社交网站,加强对粉丝关注点的研究。常用的方法是通过粉丝量、粉丝标签、粉丝互动以及构建粉丝影响力模型来寻找意见领袖。粉丝量大的粉丝代表,其传播营销力大;标有"吃货""美食""酒店"标签的粉丝与酒店的黏性强;经常给官网留言、互动以及转发的粉丝也极具价值,他们活跃度高,且愿意参与企业的营销活动,并乐于分享;构建粉丝营销力模型则是通过对不同影响因素赋权,如点评数、贡献值、获得鲜花数等,然后对数据进行清洗和计算,最终找到意见领袖,这种是更为定量化的科学方法,也更容易被网络社区认可。

酒店餐饮营销部门在找到意见领袖后,还要注意对其进行有效管理与维护,主动分析其评论行为及消费习惯,并针对性地向他们推送信息以及优惠折扣,让他们能感受到被重视,从而更加积极主动地参与餐饮的营销活动。

本章小结

（1）酒店餐饮产品只有通过销售活动才能实现其价值,而成功的销售有赖于富有技巧的促销策划与活动。餐饮常规促销策略,就是酒店餐饮在广告促销、营业推广、人员促销等方面的谋划与方略,目的在于扩大酒店餐饮的影响,促进顾客的消费行为,提高酒店餐饮的消费水平与市场占有率。

（2）餐饮专项活动促销是酒店根据业务发展、季节变化、市场竞争、顾客消费需求变化等实际需要而策划、组织的各种餐饮营销活动。专项活动的策划需要遵循一定的准则和理念,制定切实可行的方案,从而卓有成效地实施。

（3）餐饮促销平台,是酒店以移动互联网为平台,进行促销信息发布,与顾客进行互动的促销平台。餐饮促销平台主要包括酒店自主平台、社会化媒体平台以及专业餐饮平台。

思考与练习

1. 餐饮广告的新媒介、自媒介与传统媒介有哪些区别？

2. 请收集一个酒店餐饮推广的案例，分析其促销的类型和特点。

3. 餐饮人员促销时该如何巧妙地接近顾客？

4. 餐饮活动策划应遵循哪些基本准则？

5. 餐饮活动的实施有哪些基本要点？

6. 通过搜索，找到某品牌酒店的 APP 或官网，对其界面进行评价和分析。

7. 通过搜索，找到某品牌酒店的微信公众号并关注，对其数据信息进行分析。

8. 通过搜索，找到某品牌酒店的电商直播活动并观看，对其主播及直播活动进行评价和分析。

9. 请在元旦和春节中任意选择一个节日，并说明选择的理由，然后制定一份与众不同的酒店餐饮促销活动策划方案。

案例分析

案例一

某酒店为扩大影响，拓展市场，在报纸上刊登了一则广告："为回馈广大顾客对××酒店的厚爱，酒店的零点餐厅特向顾客倾情奉献 10 款特价菜肴，以及一元钱一条鱼、一元钱一盘鸡，为期 4 周，真诚欢迎新老顾客光临。"该广告引起了许多顾客的兴趣。当天，有一位顾客来到酒店，点了 1 个冷菜和 3 个一元的特价菜和 1 瓶黄酒，结果遭到服务员拒绝，说一人只能点 1 个特价菜，由此引发一场口舌大战，顾客最后拂袖而去。第二天，一位记者来到该店，只点了 1 个一元的特价菜和 1 碗米饭，同样遭到服务员的拒绝，说只有点了非特价菜肴后才能享受特价菜。为此，这个记者在报纸上披露了此事，并指出该酒店发布的广告有欺骗顾客之嫌。又过了两天，来了 8 位顾客，他们点了 15 个菜，其中 8 个特价菜，用餐后，其中 5 个特价菜根本没有动过，顾客提出要求打包，服务员不同意，说特价菜不能打包，只能堂食，如要打包，则需按原价付费。顾客要求经理出来解决此事。餐厅经理也坚持特价菜只能堂食，不能外带。为此，顾客投诉到消费者协会，说该酒店欺骗顾客，要求主持公道。新闻媒体再次报道了此事，并开辟了专栏进行讨论。

问题：

(1) 你觉得该酒店是否存在欺骗行为？

（2）你认为应怎样避免案例中的情况？请重新撰写一份广告词。

（3）当顾客反馈促销广告不实时，酒店餐饮管理人员应如何正确应对？

（4）当媒体介入酒店营销行为，酒店餐饮管理人员应如何进行危机公关？

案例二

一位老太太问怀孕的儿媳妇："你现在最想吃什么？"儿媳妇回答道："我现在最想吃李子，特别是酸李子。"老太太说："好的，我马上去买酸李子。"

老太太满面笑容地来到第一家水果店，见到店主就问："有李子卖吗？"年轻的店主见有生意，马上迎上前说："老太太，买李子啊？您看我这李子又大又甜，还是刚进的，新鲜得很呢！"没想到老太太一听，竟扭头走了。店主很纳闷："奇怪啊，我今天哪里不对，哪里得罪老太太了？今天真倒霉。"

老太太来到第二家水果店，也问了第二位店主同样的问题："有李子卖吗？"店主马上迎上前说："老太太，您要买李子啊？""是啊！"老太太应道。"我这里的李子有酸的也有甜的，您是想买酸的还是想买甜的？"店主问道。"我想买一斤酸李子。"老太太说。于是，店主就给老太太称了一斤酸李子。

买了李子后老太太没有马上回家，继续在市场转。到了第三家水果店，第三位店主得知老太太想买酸李子时很好奇，于是问道："别人都买又甜又大的李子，您为什么要买酸李子？"老太太说："我儿媳妇怀孕了，想吃酸的。"这时店主满脸笑容地对老太太说："哎呀！那要特别恭喜您老人家，快要抱孙子了！老太太，您对儿媳妇真好！有您这样会照顾人的婆婆，可真是您儿媳妇天大的福气啊！"接着店主又问："您知道孕妇最需要什么样的营养吗？"老太太说不知道，店主说："其实孕妇最需要的是维生素，水果之中，猕猴桃的维生素含量最丰富，所以您要经常给儿媳妇买猕猴桃！这样的话，您儿媳妇准能生出一个漂亮健康的宝宝。"老太太一听很高兴，马上买了一斤猕猴桃。当老太太要离开的时候，店主说："我天天在这里摆摊，每天进的水果都是最新鲜的，下次来就到我这里来买，还能给您优惠。"从此以后，这个老太太每天来这里买水果。

问题：

（1）请分别分析三位店主的营销意识与推销行为。

（2）从第三位店主身上，我们可以学到哪些东西？

第六章

酒店餐饮服务品质管理

学习导引

　　金杯银杯，不如群众的口碑。酒店餐饮产品要赢得顾客的真正认可，关键在于服务品质。所以，加强餐饮服务品质管理，对培养顾客忠诚度、提高餐饮经营效益至关重要。酒店餐饮服务品质是指酒店餐饮服务活动所能达到规定效果和满足顾客需求的特征和特性的总和。那么酒店餐饮服务品质管理主要应把握哪几个关键环节？每一个环节应抓住哪几个关键节点？每个管理节点又有哪些基本要求与方法？这就是本章需要回答的基本问题。

学习重点

　　通过本章学习，学生应该重点掌握：
　　(1)餐饮服务规范组成部分及设计的基本原则；
　　(2)餐饮服务现场控制的对象、内容与关键点；
　　(3)餐饮服务品质评价的依据、方法与持续改进的思路与方法。

第一节　餐饮服务规范设计

　　酒店餐饮服务品质管理是一个系统的管理，其应遵循 PDCA 循环管理的基本思想，构建餐饮服务品质的管理体系。据此，餐饮服务品质管理的首要环节是在调查研究的基础上建立餐饮服务规范。餐饮服务基本规范主要包括餐饮服务品质规范、餐饮服务提供规范以及餐饮服务控制规范。

扩充阅读	PDCA 管理理论

一、餐饮服务品质规范

餐饮服务品质规范，即餐饮服务所要达到的水准和要求，也就是通常所说的餐饮服务品质标准，反映的是餐饮服务的结果质量标准。餐饮服务标准既是服务设计的结果，也是编制服务提供规范和评价服务品质的依据。基本方法是把需要顾客评价的服务特征与特性形成定量或定性的质量指标或要求。酒店餐饮服务品质规范设计，必须遵循以下三项基本原则。

（一）符合原则

符合原则，就是酒店餐饮服务品质标准设计必须坚守底线思维，满足国家法规、行业标准与企业目标。

1.国家法规

酒店餐饮服务品质规范必须达到国家各类法规的基本要求，比如消防管理、食品卫生、消费者权益保护等法规。

2.行业标准

酒店餐饮服务品质规范设计，必须以国际、国内的有关行业标准为基本依据。所谓行业标准，就是对重复性事物和概念所作的统一规定，它以科学、技术和实践经验的成果为基础，经有关方面协商一致，由主管机构批准，以特定的形式发布，作为共同遵守的准则和依据。根据标准的适用领域和有效范围，我国把标准分为三级：一是国家级标准，由国家标准化主管机构批准、发布，是全国统一的标准；二是专业（部）标准，由专业标准的主管机构或专业标准化组织批准、发布，是某个专业范围内统一的标准；三是企业（地方）标准，由企事业单位或其他上级有关机构批准发布的标准。目前，地方标准属于企业标准一级。除了上述我国的三级标准外，还有国际标准和区域标准。国际标准是由国际标准化组织通过的标准。区域标准是指世界上某一地区标准化组织通过的标准。目前，我国酒店比较通行的标准主要有三个：一是酒店的等级评定标准，二是 ISO 9000 标准，三是绿色酒店标准。

3.企业目标

餐饮服务品质标准必须服从于酒店的整体管理目标。任何酒店为了在激烈的竞争中脱颖而出，抓住顾客的心，均会确定独特的品牌形象及相应的标准。餐饮服务品质标准必须与之适应，成为酒店品牌形象的主要载体。

（二）有效原则

有效原则，就是餐饮品质规范设计须注重效果与效率的有机结合，既满足顾客的需求，又保证酒店取得理想效益，实现顾客价值与企业价值的有机统一。

1.注重顾客导向

顾客导向，是指酒店的战略决策、日常运营管理及经营评估等都以认知、创造和实现顾客价值为基本出发点。在餐饮服务品质规范设计中，必须研究酒店餐饮目标顾客的需求，以确定科学的餐饮服务结构和标准。顾客需求结构一般包括四个方面的内容：一是功能需求，如酒店餐饮产品能解决顾客"饿"的实际问题，只要吃饱就满足了顾客的功能需求；二是形式需求，指顾客对酒店餐饮产品的外观、构成、名称、方式等方面的需求；三是价格需求，顾客对酒店提供的餐饮产品合理收费的需求及在一定价格波动空间内获得定价选择权的需求；四是外延需求，指顾客希望获得的附加利益和服务的需求。外延需求的核心是心理需求，即达到精神上的满足。

2.注重品质特性

酒店餐饮产品要满足顾客需求，必须具有以下品质特性。

（1）功能性，即酒店提供的餐饮产品能够满足顾客基本需求所具备的作用和效能的特性，这是酒店餐饮服务品质的最基本特性。

（2）经济性，即顾客为得到一定的餐饮服务所需要的费用的合理性。这里所说的费用是指在接受服务的全过程中所需的费用，即服务周期费用。经济性是相对于所得到的服务品质而言的，即经济性与功能性、安全性、及时性、舒适性等密切相关。这是关系同类产品的竞争力，即在其他品质特性相同的情况下，顾客选择酒店的主要决定因素。

（3）安全性，即酒店保证餐饮服务过程中顾客的生命不受危害，健康和精神不受伤害，货物不受损失。安全性也包括物质和精神两方面。这是酒店餐饮服务品质的底线，绝对不可突破，否则后果非常严重。

（4）时间性，即酒店餐饮服务工作在时间上能否满足顾客的需求，包含及时、准时和省时三个方面。

（5）舒适性，主要是指酒店的用餐环境、餐饮设施、设备、用品等物质条件给顾客带来的一种享受。舒适性主要来自顾客的感知，即通过视觉、听觉、嗅觉、味觉与触觉，感知客观事物，由此产生的一种生理与心理反应。这往往是顾客评价酒店餐饮档次的一个直观要素。

（6）愉悦性，主要是指酒店餐饮服务过程中为满足顾客精神需求的质量特性。顾客期望得到一个自由、亲切、受尊重、友好、自然的气氛，有一个和谐的人际关系。这是酒店餐饮服务品质的重中之重。

3.注重服务成本

任何餐饮产品的提供均需要酒店的一定的付出，关键在于是否适度。适度，就是指根据目标客源的等级要求及付费标准，以合理的成本，为目标客源提供满意的具有适度质量的酒店餐饮产品，以实现酒店餐饮经营长期利润最大化的目标。"适应"强调要投顾客需求类型之好，"适度"强调要投顾客需求等级之好，这两者都是在使顾客满意的基础上，为实现酒店餐饮经营长期利润最大化的目标服务。

为此,餐饮服务品质规范设计必须注重价值工程,即以产品功能分析为核心,以提高产品的价值为目的,力求以最低寿命周期成本实现产品使用所要求的必要功能。餐饮服务品质规范设计,必须清楚了解顾客的关键需求以及满足顾客各种需求的成本,科学制定各类服务需要达到的最低标准、较高标准与极致标准。

扩充阅读　　　　　　价值工程理论

（三）准确原则

准确原则,就是酒店餐饮服务品质标准能全面反映酒店餐饮品质水平,并且可以客观考量与评价。为此,一方面须注重餐饮服务品质标准的全面性,另一方面餐饮服务品质标准要做到定性和定量相结合,尽可能使用量化标准,对不能定量的标准则要用清晰、准确的文字来表达。酒店餐饮服务品质必须在以下三个方面提出相应的标准。

1. 设施质量

设施设备是酒店餐饮业务存在的必要条件,也是酒店餐饮劳务活动的依托,更是酒店餐饮接待能力的反映。设施质量标准主要包括设施的配套与完好程度、设施的功能布局的合理程度与酒店的装修质量所营造的餐厅氛围。

2. 产品质量

产品质量,这是指实物产品质量,是满足顾客物质消费需要的直接体现,是酒店餐饮服务品质的重要内容。餐饮实物产品质量主要包括酒店菜点、餐具、用具等方面的质量。

3. 服务水平

服务水平,即软件服务水平。主要是由酒店服务人员态度和行为所表现出来的服务状态和水准,主要包括以下六个方面。

(1)服务项目,即为满足顾客的需要而规定的服务范围和数目。酒店餐饮服务项目的多少,一方面反映服务的档次,另一方面直接关系到顾客的方便程度。

(2)服务态度,即酒店餐饮员工在对客服务中表现出来的主观意向和心理状态,直接决定顾客的心理感受。

(3)服务方式,即餐饮服务活动和行为的表现形式,如站立方式、递送物品的方式、斟酒、派菜的方式等。服务方式在一定程度上反映了服务的规格。

(4)服务时间,在什么时候提供服务,包括营业时间(如餐厅营业时间)和某一单项服务行为提供的时机(如出菜时间)。服务时间在一定程度上反映了酒店餐饮服务的适应性和准确性。

（5）服务效率，即酒店餐饮员工在对客服务过程中对时间概念和工作节奏的把握。

（6）服务技能，即酒店餐饮员工在对客服务过程中所表现出来的技巧和能力。由于酒店服务提供与顾客消费的同一性特点，员工的服务技能就直接构成服务品质的要素。

扩充阅读　嘉兴开元观堂酒店休闲餐饮产品设计

二、餐饮服务提供规范

餐饮服务提供规范，是提供餐饮服务的内容、方式、方法、程序等方面的规定，是实现餐饮服务品质规范的具体措施。

（一）明确性

明确性，即对餐饮服务提供规范的边界、内容等加以清晰界定。餐饮服务提供规范必须在以下方面加以明确规定。

（1）清楚地规定提供服务的过程，具体包括：规定必需的工作阶段；规定每个工作阶段中的活动；规定各个工作阶段（活动）的接口；规定各个工作阶段（活动）的责任。

（2）清楚地规定每一项服务各个工作阶段（活动）的提供特性，包括顾客可经常观察到的和顾客不能经常观察到的但又直接影响服务业绩的特性。

（3）规定每一项服务提供特性的验收标准。验收标准应能够评价服务提供特性的基本特征，并可采取相应的方法做可重复的评价和记录，确保服务的可追溯性要求。

（4）明确资源的要求和配置，具体包括：实现服务规范所需的设备、设施；对人员的技能和配置要求；对提供产品和服务的分承包方要求。

（二）先进性

先进性，就是餐饮服务提供规范要遵循餐饮服务规律，实事求是，优化组合，以指导员工创造理想的服务效益。在此，须特别注重以下三个方面。

1. 客观性

因地制宜，就是餐饮服务提供规范设计，要充分尊重酒店自身的客观实际，一般来说，需考虑以下三个基本要素。

（1）酒店特征，主要是指酒店的所在区域、类型、等级、规模等有形要素。不同的酒店特征，既反映了不同的服务品质要求与顾客的不同期望，又反映了酒店所拥有的不同的服务资源与客观基础。

(2)客源结构，包括年龄、性别、家庭、民族、区域等。酒店需要分析自身主要的客源特征来设计酒店餐饮服务提供规范。

(3)管理条件，主要指酒店管理目标、管理模式、员工队伍素质等主客观因素。

2.经济性

经济性，是指餐饮服务提供是建立在优化基础上，以实现服务效率的最大化。泰勒科学管理理论中的作业管理研究值得酒店借鉴。泰勒认为只有用科学化、标准化的管理替代传统的经验管理，才能实现最高工作效率。为此，他提出了制定科学工作方法的思路。他认为采用科学的方法对工人的操作方法、使用的工具、劳动和休息的时间进行合理的搭配，同时对机器安排和作业环境等进行改进，消除各种不合理的因素，把最好的因素结合起来，从而形成一种标准的作业条件。① 餐饮服务提供规范设计，必须在以下三个方面加以优化。

(1)劳动工具，即选择得心应手的劳动工具，以降低员工的劳动强度，提高工作效率。

(2)服务程序，即选择合适的时间、恰当的时机，以合理的顺序，提供恰到好处的餐饮服务。

(3)操作方法，即选择简单、快捷、有效的方法，提高服务的效果与效率。

扩充阅读　　泰勒科学管理理论

3.合理性

合理性，即酒店餐饮服务提供规范作为员工服务的基本指南，必须注重标准化与个性化的有机统一。对于顾客共性需求的基本服务，必须严格规定，而对于顾客个性与即时性的特殊需求，必须在"顾客至上"的前提下，给一些员工提供灵活服务的空间。

(三)体验性

体验性，即酒店餐饮服务提高规范必须注重给顾客以美好的感觉、认知与记忆。随着顾客对体验价值感知关注度的显著提高，顾客正逐渐从"价格敏感型"向"价值敏感型"转换，他们关注的往往是全方位的价值感体验，而不单单关注消费金额。酒店要想提高餐饮服务的

---

① [美]弗雷德里克·泰勒.科学管理原理[M].马风才，译.北京：机械工业出版社，2013.

顾客价值,就必须注重为顾客创造一种难忘而美好的个性体验。为此,酒店餐饮服务提供规范须注重以下基本特征。

1. 独特性

既然是体验,就要令顾客印象深刻,难以忘怀。这就要求酒店在体验化的餐饮服务创新设计中,必须有效结合特色来确定主题,从而突出餐饮产品的独特性,以及与市场同类产品的差异性。

2. 情感性

体验活动是满足个人心灵与情感需要的一种活动。所以,顾客在注重酒店餐饮产品功能价值的同时,更加注重情感的愉悦和满足,偏好那些能与自我心理需求产生共鸣的酒店感性产品与活动。

3. 参与性

为了追求体验,顾客不再仅仅是被动地接受服务,而是在接受服务的同时要求更多地参与到餐饮服务的设计与活动之中。

三、餐饮服务控制规范

如果说餐饮服务品质规范规定了"做什么",餐饮服务提供规范规定了"怎么做",那么餐饮服务控制规范则主要检查"有没有做到"所提供的餐饮服务,是否有效地达到了餐饮服务标准,即规定评价和控制餐饮服务及餐饮服务提供特性的程序。餐饮服务控制规范应能有效地控制每一服务过程,以确保服务始终满足服务规范和顾客的需要。

(一)全员性

餐饮服务控制首先必须确定谁控制的问题,即控制主体。为了保证餐饮服务品质不同层面的标准都能得到落实,就必须坚持全员性原则,并确立不同层次的控制主体的职责。

1. 高层领导的重点控制

高层领导,即对餐饮经营负有决策、组织、领导之责的管理者,如酒店正副总经理、餐饮总监等。酒店餐饮重要项目、重要接待、重要活动对酒店餐饮的声誉、形象和未来经营状况产生重大影响,高层领导要亲自参与策划、设计,亲自检查、监督运行情况,不能有半点闪失。

2. 各级管理者日常控制

餐饮各部门管理者按管理职责进行现场控制,保证各项服务活动按计划、按标准有效实施。

3. 全体员工的自我控制

员工自我控制,这里主要是指员工的积极主动意识与零缺陷管理的工作作风。员工是餐饮品质控制的最重要主体,因为所有服务都是员工做出来的,而不是检查出来的。为此,所有员工必须树立把工作一次做好的理念,注重自我激励、自我规范、自我检查,把失误率尽可能降至为零。

扩充阅读　　　　零缺陷管理理论

（二）全覆盖

餐饮服务控制规范应该覆盖餐饮服务品质控制的基本范畴，主要包括以下方面。

（1）关键活动的识别与控制。明确每个服务过程中对服务有重要影响的关键活动；规定关键活动的控制方法（往往包括过程业绩的测量和控制）。

（2）质量特性的评价与控制。明确需重点控制的质量特性（服务特性和服务提供特性）；规定对质量特性的测量和控制方法。

（3）明确与质量控制活动有关的责任。对所选出的特性规定评价的方法。

（4）建立在规定界限内影响或控制特性的手段。如实现质量控制规范所需的设备、设施；对人员的技能和配置要求等。

（三）全过程

餐饮服务品质控制，必须体现在服务品质管理的全过程。

1.事前控制

事前控制，一方面体现在对餐饮服务活动目标和资源投入的筹划上，以保证餐饮服务活动的方向正确，各种资源要素的投放合理；另一方面体现在餐饮服务准备工作的控制上，保证各种资源配置到位，各项准备工作就绪。

2.事中控制

事中控制，主要体现在服务提供过程的控制，主要是管理者在现场对正在进行的活动给予指挥、指导与检查，以保证活动按规定的目标、程度和方法进行。

3.事后控制

事后控制，主要是根据事先确定的标准与实际工作绩效，对餐饮服务品质进行比较、分析和评价。

第二节　餐饮服务现场控制

餐饮服务现场控制，就是餐饮管理人员通过深入现场，有效运用各种管理职能，保证餐饮服务活动的顺利进行,并达到理想的服务效果。只有加强现场的控制和管理,餐饮管理人员才能真正感受质量、对质量进行有效的控制,才能及时解决各种质量问题,才能不断研究服务、改进服务。

一、餐饮服务对象控制

餐饮服务对象,即用餐的顾客。对于酒店而言,要加强对餐饮服务品质的控制,应从重视顾客感知开始。顾客感知管理应围绕"使顾客拥有好心情"为中心,并注重三以下个基本点。

(一)关注对客交流

酒店服务的特点是人对人、面对面,服务活动实际上是一种人际沟通的活动。为此,餐饮管理人员现场管理的首要任务即与顾客交流时,使顾客有受尊重、受关照的感觉。

1.热情问候顾客

初次来酒店用餐的顾客,一般对新的环境有一种陌生感,有些独自前来的顾客甚至会有一种孤独感,此时一般需要餐厅员工的亲切问候与关心;餐厅的常客,尽管他们没有陌生感,但希望有一种家的温暖感觉,同样需要餐厅员工的问候与关注。所以,餐厅管理人员在服务现场必须给予每位顾客足够的热情与尊重,问候他们,记住他们,让他们体会到酒店的独特情怀。

2.欣赏赞美顾客

任何人都希望他人能理解自己,都希望能得到他人的赞美,来餐厅用餐的顾客更是如此。所以,餐厅管理者一定要懂得欣赏顾客、赞美顾客。为此,餐厅管理者必须用心观察顾客,善于从顾客的外形体貌、衣着打扮、语言表情、气质风度、工作事业、为人处事等方面,发现顾客的闪光点,给顾客以恰到好处的赞美。

3.征询顾客意见

众所周知,来酒店餐厅用餐的顾客既有共性的需求,又有个性需求。共性需求餐厅管理者容易掌握,而个性需求则往往需要通过与顾客的交流才能洞察。所以,餐厅管理者必须注意主动询问,察言观色,了解顾客的特殊需要,适时提供有针对性的个性化服务,帮助顾客解决一些特殊困难。

(二)关注重点服务

分清主次,抓住重点,这是管理的基本技巧之一。管理人员在开餐过程中,同样必须关注重点服务。一般来说,餐厅管理人员需要特别关注的重点服务顾客有以下几类。

(1)重要顾客:餐厅管理人员必须通过参与服务、现场指挥,保证接待的规格与水平。

(2)爱挑剔、难以侍候的顾客:这类顾客通常要么因服务人员缺乏服务他们的经验而产生不满,要么因服务人员惧怕或厌恶他们、不愿接待他们或冷落他们而导致他们的投诉。所以,餐厅管理人员必须关注这些顾客,帮助并指导服务人员做好各项接待工作。

(3)曾经投诉过餐厅的菜点和服务的顾客,或用餐前在酒店遇到过不愉快事情的顾客:此时餐饮服务的好坏对顾客的情绪影响及顾客对酒店的印象至关重要。所以,餐厅管理人员必须要提供特别精心、细心的服务,化解顾客心中的不愉快。

(4)消费低的顾客:这类顾客可能是由于身体不适,可能是因为赶时间,也可能是因为囊中羞涩或有节俭的习惯。无论何种原因，都是需要特殊关照的，绝不能使顾客有受冷落、受怠慢之感。

（5）独自一人进餐的顾客：这类顾客可能会因无交谈的对象而有一种孤独之感。所以，餐厅管理人员必须注意和这类顾客加强交流。

（6）临近营业结束来用餐的顾客或超过营业时间进餐的顾客：此时，服务人员大都已到了或快到下班时间，身心疲惫，容易急躁。所以，餐厅管理人员必须特别注意控制，保证最后一桌顾客乘兴而来，满意而归。

（三）关注顾客投诉

投诉，是顾客对酒店提供的设施、设备、项目及员工的服务等各方面表示不满而提出的批评、抱怨或申诉。餐饮服务现场控制的目的在于防微杜渐，尽可能避免出现投诉，或者是亡羊补牢，尽量把坏事转变为好事。

1．主动寻找

由于酒店和顾客的各种主客观原因，顾客对餐饮环境、菜点、服务、价格等不满意的情况是难以避免的。但顾客对待不满意的态度是不同的，有些人会告诉酒店，有些人则不会主动告诉酒店。有些人可能会再次光顾，有些人则不会再来。所以，顾客投诉并不可怕，可怕的是顾客不投诉。因为顾客不投诉并不等于顾客都满意，他在酒店不说，并不意味着他在酒店外面不说。所以，餐饮管理人员必须具有"寻找"顾客投诉的意识，随时注意顾客的表情和情绪，主动征求顾客的意见，及时把顾客的不满情绪消灭在萌芽状态。

2．注重差异

顾客投诉的原因、内容千差万别，顾客心理、服务缺陷都存在差异性。此外，顾客投诉处理也会占用酒店服务资源，而不同顾客的价值对酒店效益的贡献也不尽相同。因此酒店应针对具体情况，对投诉实行差异管理。

（1）顾客心理差异。从顾客心理来看，投诉可以分为三类：一是挑剔型顾客的意见投诉；二是理智型顾客的索赔投诉；三是宣泄型顾客的抱怨投诉。所以，酒店在处理投诉的过程中，必须关注顾客的心理差异，掌握顾客的投诉动机，采用不同的处理策略。

（2）服务缺陷差异。酒店的服务系统是一个复杂的、综合的系统，服务缺陷的产生会涉及众多的服务环节和影响因素，顾客投诉的内容也因此不尽相同。酒店应在仔细甄别投诉内容的基础上，针对具体情况，采用不同的处理对策。

（3）顾客价值差异。任何一个酒店的资源和能力都是有限的，完全满足所有投诉顾客的需求既不现实也不经济。因此，酒店应在保证公平的基础上，重点保证高价值顾客的投诉万无一失。

3．讲究技巧

对于顾客的投诉，酒店应给予足够的重视并注意处理的技巧。

（1）选择合适的地点。顾客投诉是不会考虑场合的。对于情绪激动、大声嚷嚷的顾客，最好请他到较为僻静的地方坐下来慢慢说，以免影响其他顾客，造成不良影响。

（2）耐心倾听，弄清事实。不管什么样的顾客投诉，都应该全身心地倾听，以了解事情的原委并判断顾客投诉的目的。在倾听过程中，不要随便打断顾客，即使顾客的投诉有误，也不要急于解释。在听取顾客陈述时,应认真做好记录,这既是采集信息的需要,又可借此表示对顾客反映问题的重视。顾客为了配合记录,自然会放慢语速,情绪也会慢慢平静下来,这对处理问题是有利的。

(3)表示同情和歉意,感谢顾客的批评指教。无论顾客投诉什么问题,接待投诉的人都应当表现出对顾客问题的关心,以及对顾客遭遇的同情。态度要冷静、诚恳,说话要亲切柔和。冷漠的态度是最让顾客反感的。表示同情,可以减少顾客的敌意,改善现场的气氛,让顾客觉得他的投诉并没有被否认。如果顾客投诉的是服务人员的态度、服务效率、设备等方面的问题,应立即向顾客表示歉意,此类问题大多不必待调查事实后再处理,应立即承认顾客投诉的事实,并迅速做出处理的决定。在大多数场合下,这种负责任的态度会博得顾客的好感,顾客也不会提出过分的要求,事情就会妥善得到解决。某些需要赔偿的问题,道歉则要十分慎重。因为道歉往往意味着承认错误,准备承担责任,有可能产生负面的结果。

(4)根据投诉事实与动机,提出解决方案。顾客投诉主要有三种动机:一是求发泄;二是求尊重;三是求补偿。前两种相对比较容易处理,而第三种相对复杂。总的来说,如果酒店的确有责任,应给予顾客补偿。补偿的办法应该由处理投诉的酒店管理者根据事实与酒店的制度提出,最好能提出两到三种方案,让顾客选择,让顾客感到自己掌握着决策权。注意一般不要请顾客先提出解决办法,这会使处理变得被动。

(5)检查落实,记录存档。处理顾客投诉并要取得良好效果,最主要的一环便是落实、监督、检查已经采取的措施。要确保各项改进措施真正落实,使酒店的服务水准达到最佳状态。可能的话,与顾客联系,询问顾客对投诉处理的满意度。最后,必须把投诉处理的全过程写成报告,存档备用。

扩充阅读   服务补救理论

经典案例   让不满意顾客转化为惊喜顾客

一天中午,酒店常务副总经理邹先生正按自己的工作习惯在酒店营业场所巡视,当来到以杭帮菜为主的中餐零点餐厅时,听到三位顾客正在用方言评价已经上的一道热菜——龙井虾仁,说不够有味,作为杭州名菜,没有想象中那么好,不如重庆菜有劲。邹副总想，尽管顾客没有投诉，但肯定会影响顾客情绪及对酒店服务的满意度。顾客之所以会认为食之无味，可能是依据自己的口味来评价杭州的菜肴。想到这里，邹副总立即找到了看台服务员，了解了他们的点菜情况，并请服务员转告厨师，其中有两个还没上的菜肴适当加重一点口味。邹副总来到这桌顾客的旁边作了自我介绍，然后根据口音询问三位顾客是否为来自重庆的朋友并得到肯定的回答。邹副总说自己到过重庆，重庆是一个好地方，然后简单地从人杰地灵、美食小吃等方面加以赞美。此时，三位顾客的脸上开始洋溢着喜悦。见时机成熟，邹副总开始进入正题："真的不好意思，都怪我们服务不周，没有考虑到重庆朋友的口味，也没有给你们介绍我们杭州菜的一些特点，才让你们感到有些遗憾。"顾客没想到酒店领导如此重视，反倒觉得有点不好意思。此时，他们点的东坡肉上桌了。邹副总简单说明了这道菜的来历及口味特点，然后介绍了杭州菜的基本特点及他们点的其他菜的口味特点，并不忘夸奖他们很会点菜，说他们点的几道菜是许多名流与美食家钟爱的。最后，邹副总又免费给他们提供了一份水果。这三位顾客非常感动，说这是来到浙江出差三天吃得最满意的一餐，并表示以后来浙江出差一定还住这家酒店，而且还会推荐他们的朋友入住这家酒店。

（案例来源：由邹益民根据其自己的工作经历撰写。）

154

二、餐饮服务主体控制

餐饮服务的主体是员工，与顾客接触的高交互性决定了酒店员工每天都要面临情绪劳动的挑战，情绪劳动会影响员工的工作倦怠感及工作满意度。所以，餐饮员工管理的重心是工作状态的管理，应以"使员工处于最佳工作状态"为中心，尽可能使员工处于正确、高效、愉快的工作状态，并注重以下三个基本点。

（一）有效指挥

指挥就是管理者借助指令等手段，促使下属机构和人员履行自己的职责，实现既定工作目标的领导行为。

1.正确指挥

餐饮管理者应准确下达各种指令，让员工去做正确的事。餐饮管理者应注意工作的预见性。要根据客情预报及餐饮业务规律和本餐厅的营业情况，合理安排班次和上班的人员，尽量避免闲时无事干、忙时疲劳战的状况。同时，要注意各尽所能，优化群体结构，根据每个员工的业务水平、身体状况等因素，合理分配任务。为了做到分工明确、职责清楚、责任到人，餐饮服务一般采用分岗分区域负责制。但是在开餐过程中，顾客的分布及抵达时间往往不可控，所以必然会出现忙闲不均的状况，这就需要餐饮管理者现场调度，进行第二次、第三次分工，以保证接待服务品质。另外，顾客的用餐有高峰和低谷，当用餐高峰过后，餐饮管理者应适时安排部分员工休息，以节约劳动力。

2.有序指挥

餐饮管理者须遵循组织管理的等级链原则，依次发布命令、指挥业务。要注意避免多头指挥、越级指挥的现象。

3.清晰指挥

餐饮管理者的指挥性质、形式必须恰当,内容必须明确具体,让员工易于执行。根据对员工的制约程度,指令大体可分为:①命令,即员工必须无条件服从的指令,一般适用于职责清楚、任务明确、可控性大、时间性强的工作;②要求,即员工必须执行,但可商量执行条件和相关细节的指令,一般适用于情况不太清楚、任务相对复杂、牵涉面较广的工作;③建议,即员工可执行也可不执行,但必须反馈的指令,一般为不在管理者的职权范围内但又要员工去做的工作,或者是自己有一定想法,希望员工去思考的问题。

(二)正确督导

为了让员工高效工作,餐饮管理者必须给予员工正确的督导。

1.业务指导

由于任务的难度、员工的经验等原因,员工难免会出现不知道怎样做或者方法不当等问题,这就需要餐饮管理者给予员工技术上的指导,让员工知道并掌握正确的方法。

2.提供帮助

由于人性的弱点及知识、经验、能力、情绪等原因,员工在工作中难免会出现各种问题。餐饮管理者通过现场走动,主动寻找员工在工作中遇到的问题与困难,及时帮助员工解决各种难题。

3.纠正偏差

在餐饮服务过程中,难免会因为各种主客观原因导致计划与现实、工作要求与实际执行出现差异。这就要求餐饮管理者必须加强检查督导,及时发现问题,纠正各种偏差。当然,在员工对客服务过程中,餐饮管理者要注意不露声色地弥补员工的不足与过错。

(三)及时激励

员工情绪对工作质量至关重要,餐饮管理者现场管理的重要使命就是帮助员工处于正常的情绪状态,使其愉快地工作。

1.感情交流

人是有思想、有感情的,餐饮管理者在服务现场要注意管理态度,注重与员工的思想交流,增加情感投资,让员工有备受重视的感受。

2.适度授权

授权是指餐饮管理者根据工作的需要,授予员工一定的职权,使员工在其所承担的职责范围内有权处理问题、作出决定,以提高服务工作的绩效。授权体现了管理者对员工的一种信任,而信任能极大地满足员工内心的成功欲望,因信任而自信无比、灵感迸发、积极性骤增。当然,餐饮管理者授权应该适度,要因人而异、因事而异、因时而异,并注重授控结合,达到授权目的。

3.及时认可

任何人都有得到他人认可的强烈愿望,所以当一个人在工作中有所发明、有所成绩时,总希望有人赏识、有人分享。因此,餐饮管理者要善于发现员工的闪光点,及时给予认可与鼓励。

三、餐饮有形产品控制

餐饮有形产品控制，这里所指的是有形设施与实物产品的控制，如场地景设计、设施设备、菜点出品等方面的控制，餐饮有形产品适合进行标准化控制。餐饮有形产品控制应以"达到产品标准"为中心，注重五个基本点，即通过自己的视觉、嗅觉、听觉、味觉、触觉去感知产品质量。

（一）明确控制标准

餐饮有形产品控制的基本要求如下：凡是顾客看到的，都应该是美观的；凡是顾客闻到的，都应该是清新的；凡是顾客听到的，都应该是悦耳的；凡是顾客吃到的，都应该是可口的；凡是顾客触到的，都应该是舒适的。酒店应据此明确相应的定性与定量控制标准。

（二）做好物资准备

开餐前，餐饮管理者应根据当天的营业预测开好领料单，督促并指导有关人员准备好开餐过程中的物资用品，如酒水、摆台及翻台用品等，并对其规格、质量等进行检查，做到万无一失。

（三）做好餐前检查

开餐前，餐饮管理者必须对开餐前的准备工作进行全面检查，主要内容包括以下方面：一是设施设备的完好状况；二是餐车、托盘、点菜单、开瓶器、台布、口布、餐巾纸、刀叉、火柴、牙签、烟灰缸等用品、工具的数量和质量；三是餐台布置规范；四是各种装饰陈列规格；五是卫生质量标准；六是安全可靠程度。

（四）控制产品标准

控制产品标准，就是要通过各种管理措施和手段确保酒店设备、设施、菜肴、客用品等物质因素达到安全、卫生、可靠的标准。例如对出菜速度与出品质量的控制，开餐期间，餐饮管理者要与厨房保持联络，掌握好各餐桌的出菜速度，既不能太慢而让顾客久等，又不能太快而出现压台，同时还必须加强菜肴质量的检查和控制；又比如对顾客用餐环境与范围的控制，餐饮管理者必须检查餐厅的整洁情况和空调等设施设备等运行情况，时刻注意并及时处理突发事件（如顾客不小心摔倒、醉酒、碰翻酒具等），有效控制餐厅的气氛。

第三节　餐饮服务品质评价

按照 PDCA 循环管理思想，餐饮服务品质管理必须注重餐饮服务品质评价，目的在于识别和积极寻求餐饮服务品质的改进机会，以实现餐饮服务品质的持续改进。

一、餐饮服务品质调查

要准确评价餐饮服务品质，首先必须多层次、全方位地收集顾客的意见，以把握酒店餐饮服务品质状况。

（一）现场征询

现场征询，就是在服务现场通过和顾客的直接接触了解顾客的需求和意见。现场征询是了解顾客并满足其需求最方便、最经济、最有价值的方法。餐饮服务的现场征询，应体现在服务的各个环节，贯穿服务的全过程，并做到人人参与。例如：在迎宾时应征询顾客对餐位布局安排的意见；在点菜时应询问顾客对菜点口味的喜好及对菜单设计的意见；在服务中应观察顾客的表情，倾听顾客对菜点的评价；在结账送客时，可通过询问或者提供书面的顾客意见书，积极诚恳地征求顾客对用餐环境、菜点质量、餐饮服务及价格的意见。

（二）问卷调查

问卷调查，就是酒店将设计好的调查问卷当面交给被调查者或者通过邮政、电子邮箱、微信等渠道寄发给被调查者填写，并按约定的时间收回的一种调查方法。餐饮部门可以单独设计餐饮服务品质问卷进行调查，也可以包含在酒店的顾客满意度调查中。

1.问卷结构

问卷，又称调查表，是指调查者根据调查目的与需求，设计出由一系列问题、备选答案及说明等组成的向被调查者收集资料的一种工具。一般而言，一份完整的调查问卷包括问卷标题、问卷说明、被调查者背景材料、调查问题（问卷的主题部分）、编码、备注等内容。

（1）问卷标题，即明确表明调查的主题，被调查者可对主要问题有一个大致了解，并能较准确、客观地回答有关问题。如餐饮质量调查表、餐饮需求调查表等。

（2）问卷说明，即向被调查者说明调查的目的和意图，借以引起被调查者的兴趣和重视程度。

（3）调查问题，即向被调查者提出的一系列问题，包括调查的问题和回答方式等内容。

（4）被调查者背景材料，即便于分类与分析被调查者的相关情况。

（5）编码，即为了便于计算机汇总、分类、排序、分析而设置的计算机编码。

（6）备注，即其他有关补充说明。

2.问题类型

问题是问卷的核心，必须根据调查的目的及其具体情况选择不同类型的问题。

（1）事实性问题，即要求被调查者根据自己和周围发生的情况进行回答。如"您通常午餐都吃快餐吗？"

（2）观点性问题，即关于被调查的态度、喜好、意见等问题。如"您是否喜欢本餐厅推出的家常菜？"

（3）评价性问题，即要求被调查者根据问卷所给出的评价尺度对餐饮产品作出评价。如"您觉得本餐厅的价格如何（很贵、比较贵、适中、便宜）？"

（4）动机性问题，即要求被调查者回答产生某种行为的动机。如"您为什么选择来本餐厅用餐？"

（5）行为性问题，即了解被调查者的行为特征。如"您是否习惯于分菜服务？"

3.问卷题型

问卷可采用的题型主要有以下几种。

（1）是非题。也称二项式问题，主要适用于互相排斥的"二选一"问题以及调查一些事实性问题。例如：

您喜欢喝本餐厅自酿的啤酒吗？　　喜欢□　　不喜欢□

您是否第一次来本餐厅用餐？　　是□　　　否□

（2）选择题。所提出的问题往往有两个以上的答案，被调查者可以在几个限定的答案中任选一个或多个答案。例如：

您在选择餐厅用餐时，主要考虑下面哪几个因素？

用餐环境□　　　停车场地□　　　餐厅特色□

菜点味道□　　　出菜速度□　　　卫生情况□

服务态度□　　　餐饮价格□　　　有无熟人□

（3）排序题。在列出的各项选择中，根据自己的喜好和判断，排出先后顺序，例如：

在下列因素中，您选择餐厅时考虑的先后顺序是：

用餐环境□　　　停车场地□　　　餐厅特色□

菜点味道□　　　出菜速度□　　　卫生情况□

服务态度□　　　餐饮价格□　　　有无熟人□

（4）评价题。要求被调查者表示某个问题的态度和认识程度。例如：

您觉得本餐厅的温度：

偏热□　　　　偏冷□　　　　适中□

（5）开放题。不提供任何备选答案，让被调查者根据提问自由回答，以获得较为广泛的信息资料。例如：

您认为本餐厅应在哪些方面加以改进？

4.问卷设计的注意事项

餐饮问卷设计的注意事项如下：一是要注意问卷的问题与调查的目的紧密相关；二是问题应简单易懂，问题的排列应先易后难；三是设计的问题应使被调查者能够回答且愿意回答，不要设计被调查者不了解、难以回忆、技术专业性太强的问题，尽量避免设计涉及私人生活或使人窘迫的问题；四是设计的问题要有明确的界限，避免使用模棱两可的词语，如也许、有时、偶尔等；五是问题应保持中性，不能设计暗示调查人员的观点和见解；六是问题的数量要适中，不宜占用被调查者太多的时间。

（三）访问调查

访问调查，就是通过拜访顾客，进行面对面的交谈，了解收集餐饮有关信息的方法。餐饮管理者一般应有计划地对一些常客和重要顾客进行登门拜访，征求他们的意见，以了解本酒店的餐饮服务品质状况，掌握他们的消费需求和消费倾向，并了解酒店餐饮市场的发展趋势。当然，根据移动互联网时代的特点，酒店也可根据顾客的偏好，运用新媒体手段进行访问调查。

二、餐饮服务品质分析

餐饮服务品质分析可以按照服务质量差距模型法、ABC分析法和因果分析法进行。

（一）服务质量差距模型法

服务质量差距模型（Service Quality Model），也称为5GAP模型，是20世纪80年代中期到 90 年代初期,由美国营销学家 Parasuraman、Zeithamal 和 Berry 等人提出的(见图 6-1)。5GAP 模型专门用来分析质量问题的根源。该模型认为,顾客感知的服务与顾客期望的服务之间存在差距。顾客差距即顾客期望与顾客感知服务之间的差距——这是差距模型的核心。服务质量是服务差距的函数,测量企业内部存在的各种差距是有效评估服务质量的手段。差距越大,顾客对企业的服务质量就越不满意,因此,服务质量差距分析可以作为复杂服务过程控制的起点,为改善服务质量提供依据。

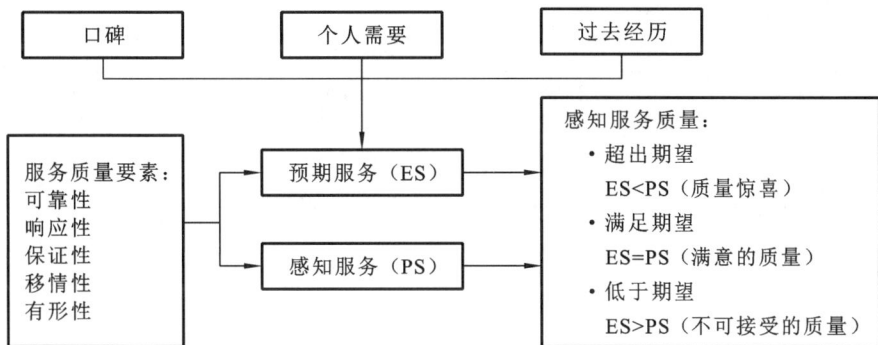

图 6-1　服务质量差距模型

差距 1:顾客对服务的期望与管理人员对这些期望的认识之间的差距。产生这种差距的主要原因包括:酒店设计服务产品时没有进行充分的市场调研和需求分析;进行市场调研和需求分析时得到的信息不准确;一线员工了解顾客的需求和愿望,但由于管理系统的障碍,这些信息没被及时地传递给管理层。

差距 2:管理人员对顾客期望的认识与服务质量规范之间的差距,或者说管理者没有建立一个能满足顾客期望的服务质量目标并将这些目标转换成切实可行的标准。这一差距由以下原因造成:酒店没有明确的质量目标;服务质量管理的计划性差;计划实施与管理不力,使计划流于形式。

差距 3:服务质量规范与服务提供之间的差距,即员工未能按照酒店服务质量标准和操作规范提供服务。引起这一差距的原因大体上可以归为三类:一是服务质量标准、操作规范不切实际,可操作性差;二是酒店设备设施、技术支持系统不能达到服务规范的要求;三是管理、监督、激励系统不力。

差距 4:服务提供与外部沟通之间的差距,也可称为许诺和守诺之间的差距。产生这一差距的原因包括:酒店对外宣传促销活动与内部经营管理、服务质量控制脱节;对外宣传促销时不客观或过分许诺;酒店高层管理者对市场营销活动没有进行严格控制和管理。

差距 5:顾客的期望与实际感受之间的差距。它是以上四种差距导致的必然结果,与上述四种差距的大小和方向直接相关。

(二)ABC 分析法

ABC(Activity Based Classification)分析法由意大利经济学家弗雷多·帕累托首创,因此又称帕累托分析法、主次因分析法。它是根据事物在技术或经济方面的主要特征,进行分类排队,分清重点和一般,从而有区别地确定管理方式的一种分析方法。ABC 分析法将被分析的对象分成 A、B、C 三类，以"关键是少数、次要是多数"的原理为基本思想，通过对质量各方面的分析，以质量问题的个数和发生问题的频率为两个相关的标志进行定量分析。

ABC 分析法主要有以下几个步骤。

(1)确定分析对象，如原始记录中的服务人员工作记录、顾客意见记录、质量检查记录、顾客投诉记录等，如实反映质量问题的数据。

(2)将收集到的质量问题进行信息分类、统计，制作服务品质问题统计表（见表 6-1），并计算比率和累计比率。

表 6-1　服务品质问题统计表

质量问题	问题数量/个	比率/(％)	累计比率/(％)
菜肴质量	130	65	65
服务态度	36	18	83
外语水平	20	10	93
娱乐设施	8	4	97
其他	6	3	100
合计	200	100	100

(3)根据表 6-1 绘制排列图。左侧纵坐标表示问题数量，右侧纵坐标表示累计比率（见图 6-2）。

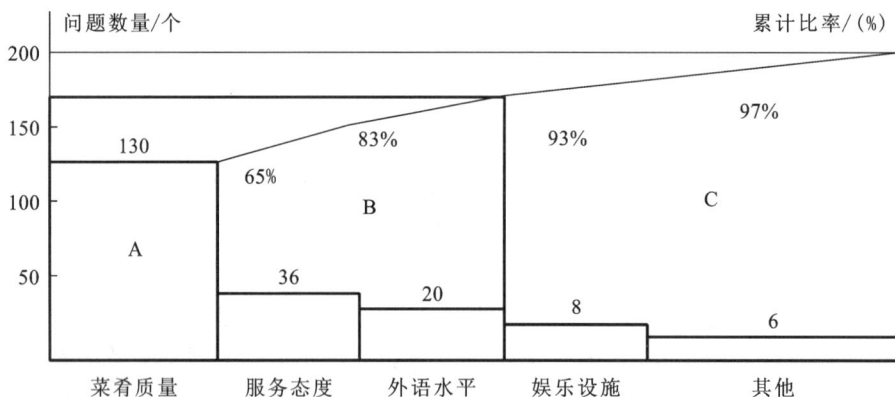

图 6-2　排列图

(4)将分析结果总结出的问题按出现次数和重要性进行排序，优先采取措施解决出现次数最多且最主要的问题。排列图上累计比率在 70％以内的因素为 A 类问题，即主要因素；累计比率为 70％～90％的因素为 B 类因素，即次要因素；累计比率为 90％～100％的因素为 C 类因素，即一般因素。

运用 ABC 分析法进行质量分析有利于管理者找出主要问题，但在运用过程中应注意以下几点：一是 A 类问题所包含的具体质量问题不宜过多，1～3 项最好，否则无法突出重点；二是划分问题的类别也不宜过多，不重要的问题可单独归为一类。

（三）因果分析法

因果分析法是餐饮质量分析常用的方法。使用这一方法,先找出那些较大的影响餐饮产品质量的原因,再从大原因中找出中原因,从中原因中找出小原因,直至找出具体解决问题的方法,应用因果分析法分析餐饮产品质量时,应采用民主方法,听取餐饮部门一线员工的意见,记录和整理大家的意见。在餐饮经营中,产生质量问题主要的原因来自人员、设备、环境、技术、原料和服务六个方面。每一个方面可细化为中原因和小原因,通过逐步分析,可发现具体质量问题的原因并采取适当的改进措施(见图6-3)。

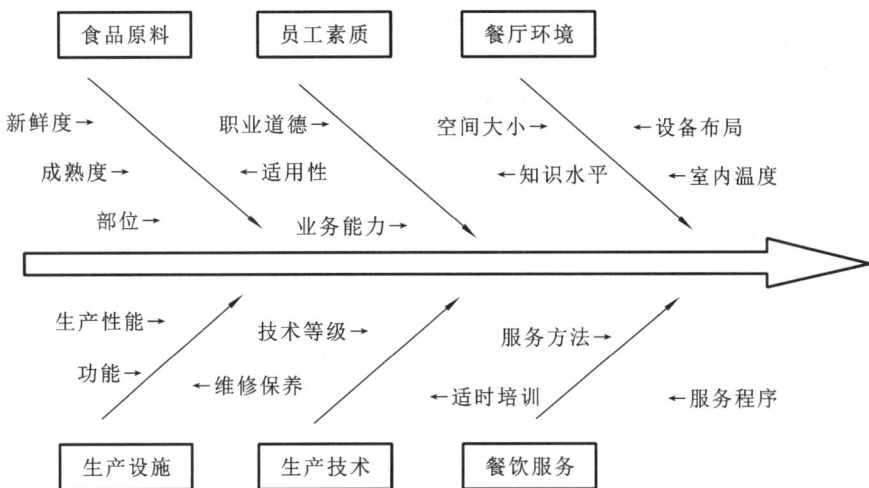

图 6-3　因果分析法

三、餐饮服务品质改进

餐饮服务品质反馈评价的目的在于发现酒店餐饮服务的亮点,找到餐饮服务品质与管理的不足及原因,而依据 PDCA 循环管理的思想,必须让新一轮的管理循环在原有基础上有所进步、有所发展。为此,餐饮服务品质管理必须建立持续改进的管理机制。

（一）服务信息系统

过去打仗强调"兵马未动粮草先行",而现代战争则必须奉行"兵马未动信息先行"。现代管理也是如此,信息直接关系到管理的成败,尤其在大数据时代,更是如此。酒店餐饮品质的持续改进,必须强化信息管理系统。信息管理是指在整个管理过程中,人们收集、加工和输入、输出的信息的总称。在移动互联网时代,大数据为酒店服务信息系统构建奠定了非常坚实的技术基础。酒店餐饮服务信息系统必须注重以下三个基本要求。

1. 全面

信息必须全面,否则就难以做出正确的决策。餐饮服务品质信息主要包括三个方面。

1）顾客信息

顾客信息主要有两个方面:一是顾客消费观念、消费方式、消费习惯的变化趋势;二是酒店顾客的身份信息、需求信息、贡献信息和价值信息等。

2）运行信息

酒店餐饮服务在提供过程中，会涉及整个管理系统和服务流程的运行，包括服务人员、服务部门、服务设施、服务模式、服务环境等多个方面，还包括各种突发事件、顾客意见、现场管理等方面的内容。这些方面的服务运行信息必须及时记录、科学管理，以便形成酒店的知识财富。良好的酒店餐饮服务运行信息管理最终有助于提高酒店餐饮服务品质和顾客满意度，从而赢得更多的忠诚顾客，实现酒店企业的经营目标。

3）服务档案

按照接待流程，可分为服务前、服务过程中和服务后的餐饮服务信息档案三种；按照内容，可分为常客档案、重大餐饮服务活动档案、优质服务典型案例档案、投诉及服务事故档案、服务设备档案。此外，酒店还应特别关注行业动态及国内外同行业的餐饮服务管理的先进经验等。

2. 及时

所谓及时，就是信息管理系统要灵敏、迅速地发现并提供餐饮管理活动所需要的信息。一方面，要及时地发现和收集信息。现代社会信息纷繁复杂、瞬息万变，有些信息稍纵即逝，无法追忆。因此信息的管理必须迅速、敏捷地反映工作的进程和动态，并适时地记录下已发生的情况和问题。另一方面，要及时传递信息。信息只有传输到需要者手中才能发挥作用，并且具有强烈的时效性。因此，要将有用信息迅速、有效地提供给餐饮部门有关人员，使其成为决策、指挥和控制的依据。

3. 准确

只有准确的信息，才能使决策者做出正确的判断。失真以至错误的信息，不但不能对管理工作起到指导作用，相反还会导致管理工作的失误。

为保证信息准确，首先要求原始材料可靠。只有可靠的原始材料才能加工出准确的信息。信息工作者在收集和整理原始材料的时候必须坚持实事求是的态度，克服主观随意性，认真核实，使其能够准确反映实际情况。其次是保持信息的统一性和唯一性。管理系统的各个环节既相互联系又相互制约，反映这些环节活动的信息有着严密的相关性。所以，系统中许多信息能够在不同的管理活动中共同享用，这就要求系统内的信息应具有统一性和唯一性。因此，在整理和加工信息时，既要注意信息的统一，又要做到计量单位的统一，以免在信息使用时出现混乱现象。

（二）服务预警管理

服务预警，是指酒店通过对一定时间段、一定服务区域内的餐饮服务活动的监测、诊断分析工作，并对餐饮服务活动的规律性加以总结提炼，从而提前对餐饮服务活动可能出现的问题做出相应的防范与应对。

1. 建立预警组织

餐饮服务预警管理是整个酒店服务预警的一个重要组成部分。为了有序开展服务预警工作，酒店应成立一个专门的组织，如"服务质量研究会"，该组织人员除了酒店分管领导、职能管理者外，还应有各部门具有丰富实践经验的一线业务人员或管理人员参加，每月应定期集会,分析研究服务质量问题。餐饮部门应该建立相应的研究小组,开展相应活动,并落实相关工作。

2.分析寻找规律

预警机构应全面收集关于服务质量的各方面信息,如将顾客意见表、大堂经理日志、顾客信件、各部门早会纪录、服务失误记载、顾客投诉档案等反映出来的服务质量问题录入电脑,重点记录酒店大型主题服务活动,如节庆活动、大型会议等的服务档案。预警组织应对出现的服务质量问题进行分析,着重分析某些倾向性问题的发展趋势及其规律和特点。据此研究相应的防范与应对措施,即服务品质具体问题管理预案。比如在多场婚宴同时举行时较容易出现哪些问题,如何防范与应对;又比如在餐厅营业时间即将结束时较容易出现哪些问题,如何预防与控制等;还比如在换季时较容易出现哪些问题,如何防范与控制等。

3.发布预警信息

服务品质具体问题管理预案制定后,应该选择合适的时机发布。一般可以采取两种形式:一是每月定期发布,主要基于当月的服务质量情况和倾向性问题的发展趋势基本上已经明朗,并与各部门安排的下个月的工作计划时间基本吻合,有利于各部门工作计划的制订;二是灵活发布,主要基于具体任务与特别需要加以确定。

4.督导与实施

预警机构的服务品质预报发出后,各部门应依此采取相应行动。服务预警机构还应与各部门深入探讨防范的具体措施,奖励先进,鞭策后进,确保预报的落实。

(三)服务促进机制

要保证餐饮服务品质持续改进,须通过一定的活动,构成积极的促进机制。

1.服务创新活动

1)服务设施创新

餐饮服务设施是酒店向顾客提供餐饮服务时依托的各项物质设施和设备的综合。从创新的角度来看,酒店餐饮服务设施也可称作服务景观,是影响顾客对酒店餐饮服务品质的第一印象的重要因素。酒店餐饮服务设施创新,需要紧随时代步伐适时更新,遵守风格统一、布局合理、配置先进和注重特色的原则。

2)服务产品创新

酒店向服务市场推出新产品,满足顾客对餐饮新产品的需求。酒店餐饮服务产品创新的内容可以是局部的,也可以是整体的。酒店餐饮服务产品的创新包括全新产品、改进产品、引进产品和联合产品四种形式。酒店餐饮服务产品创新活动应遵循市场导向,兼顾主题性、特色性、参与性、文化性和经济可行性的原则。

3)服务方式创新

通过服务理念和服务规范的创新,采用新的服务方式引导、吸引和满足更多顾客对酒店餐饮服务产品的需求。酒店应不断创新服务方式,以利于提高餐饮服务品质,增强自身的竞争力。酒店餐饮服务方式创新应遵循注重服务细节、紧跟顾客需求、与社会发展阶段和水平相匹配的原则。

2. 服务主题活动

1）主题选择

酒店餐饮服务主题活动的选择，必须以顾客满意为中心，以顾客的需求为出发点，以提高餐饮服务品质为基本目标。活动主题的选择范围可以从三个方面考虑：一是构成酒店餐饮服务品质的基本要素或重要问题；二是酒店餐饮服务品质中存在的薄弱环节；三是结合消费时尚、酒店餐饮服务的发展趋势，创造新的服务或消费理念。相应的，餐饮服务品质主题活动可以分为保证餐饮服务标准的主题活动、查找餐饮服务细节质量问题的主题活动和提高餐饮服务品质的主题活动三大类。

2）方案设计

酒店餐饮服务主题活动必须形成科学的方案，做到有目标、有步骤、有措施，形成整体性和系统性。主题活动的时间安排要恰当，不宜太短。一般主题活动可以分为几个阶段，每一个阶段都有所侧重或逐步深入。需要强调的是，酒店餐饮服务主题活动只有调动全员参与的积极性才能达到活动目标。

3）组织实施

酒店餐饮服务主题活动的组织工作必须严密扎实，做到组织到位、宣传到位、措施到位。每次质量管理主题活动结束后，总结评估及表彰非常重要，主题活动中涌现出的先进事迹要予以表彰和奖励，激发员工参与活动的热情。同时，可以通过问卷调查、观察、工作分析、员工座谈、宾客意见等多种渠道对主题活动中的每个要素进行评估。通过评估，可以发现存在的不足，并把相应的内容纳入下一个活动中，以形成一个品质管理的良性循环系统。

3. 服务承诺活动

服务承诺也称服务保证，是指在餐饮服务产品销售前，以口头或书面的形式，公布餐饮服务品质或效果的标准，并对顾客提供利益上的保证和担保。服务承诺是酒店餐饮服务标准、员工素质的体现，是使顾客形成对酒店服务品质期望的重要组成要素，也是酒店餐饮营销的一种手段。因此，酒店的服务承诺须做到以下三点。

1）有效性

有效性，即服务承诺须以顾客价值为导向，以酒店利益为目标，以国家法规、标准为依据，具有客观现实基础与积极意义，并对顾客与酒店双方均是有利的。

2）明确性

明确性，即服务承诺应当表达简洁明确、通俗易懂，易于沟通，顾客与酒店双方均可客观准确地加以考量。同时，承诺应该是无条件的，在援用和赔付过程中没有太多约束和阻力。

3）适度性

适度性，即服务承诺应当处在酒店的承受能力之中，酒店有兑现承诺的能力，避免过高承诺和过低承诺。过高承诺是指酒店在承诺时不顾兑现承诺的现实能力，承诺的成本超过利润，使得服务承诺无法实现；过低承诺是指酒店在承诺时过分强调风险意识，不愿付出补偿成本,结果造成服务承诺根本不能引起顾客的兴趣,对酒店形象反而起到负面的影响作用。

本章小结

(1)餐饮服务品质规范,即餐饮服务所要达到的水准和要求,也就是通常所说的餐饮服务品质标准,反映的是餐饮服务的结果质量标准。基本方法是把需顾客评价的服务特征与特性形成定量或定性的质量指标或要求。餐饮服务提供规范规定了提供服务的方法和手段,反映的是服务过程的质量标准,是实现餐饮服务品质规范的具体措施。餐饮服务控制规范则主要检查"有没有做到"所提供的餐饮服务,是否达到了餐饮服务标准。

(2)服务现场管理是保证餐饮服务品质的关键环节。餐饮管理人员通过深入现场,有效运用各种管理职能,以保证餐饮服务活动的顺利进行,并达到理想的服务效果。餐饮服务现场管理,主要应做好餐饮服务对象的控制、餐饮服务主体的控制和餐饮有形产品的控制。

(3)餐饮服务品质评价包含征询、问卷调查和访问调查;可运用服务品质差距模型法、ABC分析法和因果分析法进行评价分析,需要依据 PDCA 循环管理的思想建立起持续改进的管理机制,包括服务信息系统、服务预警管理和服务促进机制。

思考与练习

1.餐饮服务规范设计应遵循哪些原则?

2.如何有效进行餐饮服务对象的控制?

3.如何正确激励餐饮服务主体?

4.如何根据自己的"五官"进行有效的餐饮有形产品控制?

5.餐饮服务品质调查可以运用哪些方法?

6.如何根据 ABC 分析法进行餐饮服务品质评价?

7.如何理解"顾客不投诉比投诉更可怕"这一观点?

8.当在现场发现员工面对顾客的服务操作不到位,甚至错误时,酒店餐饮管理人员应怎么办?

9.教材中的经典案例"让不满意顾客转化为惊喜的顾客"说明了什么?从邹副总对此事的处理中,你有哪些感悟?

10.请把以下情景故事改编为服务小品,并以角色扮演的形式和同学在课堂上表演。

故事情景：顾客说汤不正宗。

一天中午，某酒店咖啡厅服务员小李看到迎宾员小张引领四位顾客朝着她负责的区域走来，她赶紧迎上前去，然后按服务规程，拉椅帮助顾客入座，接着她给顾客斟水，并呈上菜单。此时，一位顾客开始给三位同伴讲解西餐与中餐的差异，以及点菜、刀叉使用、喝汤等的方法，最后还告诉三位同伴："我在国外三年，几乎每周都要到餐厅吃西餐，那些经典的西餐菜肴我不用吃，一看就知道正宗不正宗。"小李一听，暗自想，今天可是碰到了一位行家，自己要加倍小心，千万不要出现差错，以免遭到投诉。顾客开始点菜，显然其他三位顾客是第一次用西餐，不知道如何点菜，都表示与那位顾客点的菜一样。第一道上来的是头盘，这个顾客倒没说不正宗，只是告诉三位同伴，这道菜肴主要是刺激味蕾，增加食欲。而当意式蔬菜汤上桌之后，这位顾客似乎很认真地观察了一番，然后说："你们这个汤不正宗，我在国外整整喝了三年的汤，你们糊弄得了别人，但糊弄不了我。"小李想到这位顾客开始的那一番表述，也不敢询问顾客哪里不正宗，只好表示抱歉，并把顾客的汤暂时撤下。然后，她赶紧来到厨房，告诉做汤的厨师，顾客说汤不正宗。厨师问哪里不正宗，小李回答这位顾客说在国外待了三年，喝了三年的汤，对汤是否正宗非常了解。也许是今天这位厨师上班前碰到不愉快的事情，心情不好，于是很不耐烦地说："他在国外喝了三年的汤有什么了不起，我整整做了八年的汤，很多外国人都喝过，他们从来没有说不正宗。假洋鬼子，不用理他！"小李想，的确如此，也许汤没有问题，顾客说不正宗只是为了显得自己是"西餐美食家"而已。于是她赶紧用新的碗盛汤并加温，然后来到餐厅恳请顾客稍等。过了一会，她端上用新的碗盛装的加温后的汤，并询问顾客这次汤是不是正宗了。顾客认真地看了一会，并用汤勺拨弄了一番，然后表示这次上的汤才是正宗的。小李长长地舒了一口气，暗暗为自己当时的正确判断而感到庆幸。后面，一切均按正常程序顺利进行，顾客也感到满意。为了感谢顾客的"理解与支持"，小李根据酒店服务授权，给四位顾客分别送了餐厅的小礼品。

案例分析

今天，海蓝大酒店召开了半年度经营管理总结分析会。会上，财务部做了上半年度财务报告，人力资源部做了员工满意度调查的报告，市场部做了顾客满意度调查报告。从报告来看，餐饮部各项数据均比去年同期有了不同程度的增加与提升，且均完成了半年多的各项预算。不过，与本地同行标杆酒店相比，在顾客满意度方面，还是有一定差距。调查报告显示，餐饮服务存在的问题主要表现在服务的个性化、服务的稳定性、服务的创造性等方面。最后，总经理做了总结发言，他充分肯定了各部门在上半年度取得的成绩,尤其表扬了餐饮部这半年的表现,并对下半年酒店的工作计划落实进行了部署。在谈到服务品质管理时,总经理特别强调"服务品质是酒店经营的生命线",为此他还讲了一个他朋友在本地一个酒店用餐的经历。某日晚上,他朋友一行四人到一家酒店用餐,点菜时,连点两个菜都因原料缺货无法提供,顾客表示想吃菜都没有,只有请服务员介绍并推荐一些菜,接着顾客点了服务员介绍的菜。冷菜过后,上的第一道菜竟然是青菜腐皮,顾客觉得不合适,脸上已有不悦。接着当贝壳类菜肴上桌时,顾客说明明点的一斤,这一看就明显分量不足,服务员表示不可能。这时,顾客要求称一斤生的做比较,结果熟的一盘明显少于生的。原来厨房加工时,发现几颗坏的,就弃之不用,加工完毕又拣出几片空壳,故出现上述情况。顾客大为不满,表示以后再也不会来这家酒店消费。总经理希望各部门通过这个案例,重视服务品质问题,分析导致问题的原因,采取针对性措施,提高服务质量。

问题:

1.你如何理解总经理强调的"服务品质是酒店经营的生命线"这一观点?

2.你认为导致顾客严重投诉的原因是什么? 从这个案例中,我们可以得到哪些启示?

3.根据总经理的指示,在服务品质管理方面,下一步应进行哪些工作?

第七章 →

酒店餐饮经营效益管理

学习导引

评价酒店经营成功与否的核心指标是经济效益,因为酒店是企业,而获取经济效益则是企业的天性。餐饮部门作为酒店主要的经营部门,必须承担创造理想经营效益的职责。酒店经济效益体现了资本投入与产出的对比关系,餐饮经营效益,即餐饮经营活动的资源投入与取得的经济收益。提高餐饮经营效益的基本途径是增收节支。那么,酒店餐饮经营效益如何进行收入管理和成本控制?酒店餐饮预算又该如何编制、控制和分析?本章将针对这些问题提供一些解决思路与方法。

学习重点

通过本章学习,学生应该重点掌握:
(1)酒店餐饮预算编制的方法;
(2)酒店餐饮预算实施控制的步骤和结果的分析;
(3)酒店餐饮收益管理的基本策略;
(4)酒店餐饮收入的特点和常见的错误;
(5)酒店餐饮成本的构成、类型及控制方法;
(6)酒店餐饮销售分析和收益分析的方法。

第一节 餐饮收入管理

由于酒店餐饮业的竞争日益激烈,尤其是社会独立餐馆业的涌现和蓬勃发展,使得酒店餐饮管理者面临巨大的压力。餐饮收入是酒店营业收入的重要来源,餐饮收入管理至关重要。

一、餐饮收入控制

(一)餐饮收入内部控制

1. 餐饮收入的特点

餐饮和客房是酒店经营的两大支柱。与客房收入内部控制相比,餐饮收入内部控制有以下特点。

(1)餐厅种类多,相应的收银点多。同一家酒店可能有几个甚至十几个风格、主题、服务方式、服务时间不同的餐厅、酒吧,每个餐厅都需要设置相应的收银点。

(2)餐厅服务项目繁多,价格差异较大。餐厅提供的服务项目既有食品、菜肴,又有酒水、饮料,还有香烟及其他服务。各种服务项目价格各异,因此,计价的工作量较大。即使是同一种服务,在不同的餐厅或不同的时间,收费标准也不同,有的设最低消费、有的给折扣,种类繁多。

(3)餐厅空间大、人员流动性大。餐饮营销活动是在一个较大的空间内进行的,服务及管理需要较多的人手,顾客及服务人员都处于流动之中。这为控制餐饮收入增加了一定的困难。

总之,餐饮收入的内部控制既重要又有难度,需要我们从实际出发,调查研究,根据上述特点进行管理和控制。

2. 餐饮收入常见的舞弊和差错现象

在酒店餐饮工作中,常见的舞弊和差错主要有以下几种。

(1)走单,即故意使整张结账单走失,以达到私吞餐饮收入的目的。其舞弊的情况如下。①有意丢失或毁掉结账单,私吞相应的收入。②不开结账单,私吞货款。③一单重复收款,收银员或其他人取出已收过钱的结账单向另一顾客收款。通常一张餐单只能用于一个对象、收一次钱,如果用同一张结账单收了两次款,则可把其中一次装入私囊。

(2)走数,即结账单上的某一项目的数额中的一部分走失。其舞弊的情况如下。①擅改菜价。在结算时把价格高的项目金额擅自改为价格低的项目金额,或者开结账单时,把实际消费价格高的餐饮换成价格低的项目,使实际收取的餐饮费用大大少于应该收取的费用。②漏计收入。在结算时故意漏计几个项目,以减少餐饮费用总额。

(3)走餐,即不开结账单,也不收钱,白白走失餐饮收入。其舞弊的情况为餐厅服务人员与顾客串通,顾客用餐后,让其从容离去,而不向其结算餐费或顾客实际消费的菜肴式样多,而送到收银台结账的餐单菜肴较少,顾客少付款。在餐饮服务人员的亲朋好友用餐的情况下,这类舞弊尤易发生。

(4)差错,即酒店餐饮收入工作繁杂,计算、汇总环节多,即使完全杜绝了舞弊问题,也不能绝对保证营业收入永远正确。常见的差错主要表现在以下方面。①餐单遗漏内容或计算错误。②外汇折算不正确。③给予顾客的优惠折扣错误。④餐单汇总计算发生错误。

3. 内部控制的"三线两点"

餐饮收入活动涉及钱、单、物三个方面。三者的关系为物品消费掉、单据开出去、货币收进来,从而完成餐饮收入活动的全过程。在钱、单、物三者中,物是前提,因为若不消费物品,

其余两者不会发生；钱是中心，因为所有控制都是紧紧围绕款项收入而进行的，正确无误地收入款项是内部控制的基本任务；单是关键，因为物品是根据单据制作和发出的，款项是根据单据计算和收取的，失去单据，控制就失去了依据。因此，设计餐饮收入内部控制的基本程序，既要把握三者的有机联系进行综合考虑，又要将三者分开单独进行考察和控制。许多酒店一般采用"三线两点"加以控制。所谓"三线"，指的是物品的传递线、餐单的传递线、货币的传递线。所谓"两点"，指的是在三条线的两个终端设置的两个核对点，即点菜单与餐单核对点、餐单与货币核对点，以连接三线进行控制。

（1）物品传递线。从厨房出品到送达顾客桌上，要有专人负责，并在出品时打印出品单，送达时签收。

（2）餐单传递线。从顾客点菜到结账收款，要有专人负责，并在点菜时打印点菜单，结账时打印结账单。

（3）货币传递线。从收银员收款到存入保险箱或银行，要有专人负责，并在收款时开具发票或收据，存款时填写存款凭证。

（4）点菜单与餐单核对点。在顾客点完菜后，服务员要将点菜单与厨房出品的餐单进行核对，确保数量、价格和规格一致。

（5）餐单与货币核对点。在顾客结账前，服务员要将餐单与结账单进行核对，并将结账金额告知顾客。在顾客付款后，服务员要将货币与发票或收据进行核对。

扩充阅读　传统酒店餐饮的"三线两点"流程

（二）电子点餐系统控制

电子点餐系统集无线软件系统和触摸屏硬件系统于一体，是一种通过无线传输实现可视化的餐厅点菜工具。电子点餐系统实现了从点菜、配菜、退菜、催菜到结账的全过程自动化，不但极大地提高了点菜与结算的效率，还可详尽地统计出菜品消费情况、营业收入情况等重要的企业运营数据并生成报表，并且系统后台采用多级权限管理模式，解决了经营数据失密问题，实现分权限打印报表功能，从根本上解决了餐饮企业的成本管理问题、账务错漏等问题。电子点餐系统控制的主要优势在于以下三点。

1. 保障餐饮收入的真实性

电子点餐系统能辅助内部收入控制，防止漏记或多记营业收入，防止员工舞弊，减少顾客逃账事件，不仅减轻了收银台和后台的工作量，还能保证餐饮收入的真实性，体现餐厅经营的状况。

2.提高点菜效率和质量

电子点餐系统通过可视化的点菜工具,让顾客全面了解菜品的信息,同时减少了服务员的工作量,通过无线传输将点单信息及时送达厨房和结账台,减少错误和等待时间,简化后厨和传菜的业务流程,加快了点菜和出菜的速度。

3.加强库存管理和成本控制

电子点餐系统可以实时监测菜品的销售情况和库存变化,并根据需求调整采购计划和原料使用,以降低浪费和损耗。

不可否认,电子点餐系统需要一定的设备成本和维护费用,需要保证网络稳定性和安全性,防止数据丢失或泄露。此外,由于减少了顾客与服务员的互动,电子点餐系统的应用也有可能影响餐厅的氛围。

(三)餐饮应收账款控制

餐饮应收账款,是指酒店餐饮产品已经销售但款项尚未收回的赊销营业收入。酒店可以通过内部的管理,通过自身信用政策的变化,来改变或调节应收账款的数额,对餐饮应收账款加以控制。

1.信用期限

信用期限,是指酒店允许顾客推迟付款的时间。酒店信用政策在期限上的变化,是将信用期限延长或缩短。

延长信用期限,给顾客的信用条件就较为优越,因此可以增加酒店的竞争力,刺激销售。但是,信用期限的延长也造成了平均收款期的延长,使得酒店占用在应收账款上的资金增加,酒店需要另外筹资填补这一部分流动资金的短缺。同时,平均收款期的延长,也使得餐饮应收账款得不到回收的可能性增大,有可能增加坏账损失。因此,酒店是否延长信用期限取决于信用期延长后的利润增加部分,即增量利润数值的大小。

2.信用标准

信用标准,是指酒店同意授予顾客信用所要求的最低标准,代表酒店愿意承担的最大的付款风险的金额。从酒店角度来看,如果信用标准很严,只给信用最好的顾客赊欠,那么酒店遭受坏账损失的可能性就很小,与信用管理相关的许多费用也可避免。可是,酒店一旦采用了严格的信用标准,那么在减少风险的同时,势必也会失去一部分机会,丧失一部分顾客的消费和由这一部分收入产生的利润,更何况这种失去的收入可能会大于所希望避免的支出。因此,信用标准的制定同样应对增量利润的变化做出分析。

酒店在考虑信用标准时,最根本的一点是要对顾客的信用做出评估,一般主要考虑以下一些问题。

(1)顾客的品质,即顾客履行偿债义务的可能性。

(2)顾客偿还欠款的能力,通过咨询调查,包括其资本、盈利等情况,了解其在信用期满时的还款能力。

(3)顾客的财务状况,即顾客的有形净资产和获利可能性。

(4)顾客的抵押品,必要时能否提供银行担保或预付保证金。

（5）经济情况，社会经济形势、地区经济的发展对顾客的影响。

（6）其他需要考虑的问题。

3. 收款方针

收款方针是指酒店对超过信用期限尚未付款的餐饮应收账款所采用的收款程序。酒店对逾期未付的餐饮应收账款，可以采用不同的方式加以催收。但是，这种催收有时候也可能会付出较大的代价。例如，如果收款方针过紧、催收过急，就可能得罪那些并非故意拖欠的顾客，造成信用上的损失。一般来说，酒店可采用信件、电话或派人登门催收等方式。在催收过程中，有时也需要必要的妥协，例如有时可能顾客确有困难不能支付，那么通过协商同意，可再延期付款。酒店收款方针的松紧，直接影响着酒店餐饮营业收入、平均收款期、坏账损失和收款费用，进而影响酒店的利润。

二、餐饮收入分析

（一）菜单销售分析

由于顾客需求和市场竞争情况的变化，餐饮产品始终要不断地调整、创新，以保持其动态的竞争优势。而调整的依据便是菜单上各类菜肴的销售状况分析。

1. 菜单 ABC 分析法

菜单 ABC 分析法根据每种菜肴销售额的多少，将所有菜肴划分为 A、B、C 三组。A 组菜肴，目前的主力菜肴，也可称为重点菜肴。B 组菜肴，过去或未来的重点菜肴，可称为调节菜肴。C 组菜肴，销售额低的菜肴，一般包括滞销的菜肴、新开发的尚未打开销路的菜肴，这一部分菜肴可称为裁减菜肴。

根据 ABC 分析法原理，A 组菜肴销售额占总销售额的 70%，B 组菜肴占 20%，C 组菜肴占 10%。其具体做法是首先将每月每种菜肴的销售份数乘以单价，计算出每种菜肴的销售额；然后求出每种菜肴的销售额在餐厅菜肴总销售额中所占的百分比，并按百分比大小，由高到低排出序列；接着再按序列求出累积百分比，占总销售额前 70% 的菜肴归入 A 组，71%～90% 的菜肴归入 B 组，剩下的 10% 归入 C 组。一般可以用菜单 ABC 分析法（见表 7-1）完成上述步骤。

表 7-1 菜单 ABC 分析法

菜肴编号	单价/元	销售量/份	总销售额/元	占总销售额百分比/（%）	序列号	累积百分比/（%）	分类
C1	8.00	500	4000.00	22.70	1	22.70	A
C2	3.50	910	3185.00	18.07	2	40.77	A
C3	2.50	1100	2750.00	15.60	3	56.37	A
C4	10.00	210	2100.00	11.91	4	68.28	A
C5	2.50	800	2000.00	11.35	5	79.63	B
C6	12.00	70	840.00	4.77	6	84.40	B

续表

菜肴编号	单价/元	销售量/份	总销售额/元	占总销售额百分比/(%)	序列号	累积百分比/(%)	分类
C7	2.00	400	800.00	4.54	7	88.94	B
C8	2.00	360	720.00	4.09	8	93.03	C
C9	3.00	200	600.00	3.40	9	96.43	C
C10	11.00	30	330.00	1.87	10	98.30	C
C11	6.00	50	300.00	1.70	11	100.00	C
合计			17625.00	100.00			

菜单 ABC 分析法能确定今后销售中应当加强推销的重点菜肴,以及应当裁减的菜肴,指导原料采购和供应,调整厨房烹调作业等,对研究如何开发新菜肴、决定菜肴的价格都有一定的指导意义。

2. ME 分析法

ME 分析法是从顾客对菜肴的喜好程度、毛利额两个角度同时分析菜单,进而分析餐饮销售的方法。菜单 ABC 分析法,主要是从菜肴销售额的角度对菜单进行分析,由于各种菜肴的价格和成本率是不同的,因此重视菜肴毛利率和顾客喜好程度的 ME 分析法比 ABC 分析法更为合理。但是,要确定毛利率,就必须进行各种菜肴的标准成本计算,在管理人员不了解各种菜肴的标准成本,只知道价格的情况下,ABC 分析法更为方便和实用。

在各种菜肴的标准成本已知的情况下,假设有 n 种菜肴,采用 ME 分析法首先要计算加权平均毛利率,然后根据菜肴销售份数得出顾客对菜肴的喜好程度,具体的计算公式如下:

$$加权平均毛利额 = \frac{(第\ i\ 种菜肴的价格 - 第\ i\ 种菜肴的成本) \times 菜肴销售份数}{n}$$

$$菜肴毛利额 = (菜肴的价格 - 菜肴的标准成本) \times 菜肴销售份数$$

$$顾客对某种菜肴的喜爱程度 = \frac{某种菜肴销售的份数}{所有菜肴的平均销售份数}$$

在确定了菜肴的平均毛利额和顾客对菜肴的喜好程度之后,管理人员就可以以顾客对菜肴的喜好程度为纵轴,毛利额为横轴,建立坐标系,根据惯例,以喜好程度 0.7 和加权平均毛利额为界限,将坐标分为四个区域(见图 7-1);然后将每种菜肴的不同顾客喜好程度和毛利额描在坐标图上,对不同区域的菜肴进行分析。

Ⅰ区,该区域菜肴的顾客喜好程度高,同时毛利额也高,这一区域的菜肴对买卖双方都有利。

Ⅱ区,该区域菜肴的顾客喜好程度高,但毛利额低,这一区域的菜肴可以起到吸引顾客的作用,可以满足注意节约开支的顾客的要求。

Ⅲ区,该区域菜肴的顾客喜好程度和毛利额都比较低,所以,应对这一区域的菜肴进行筛选。

Ⅳ区,该区域菜肴的顾客喜好程度低,但毛利额高,这一区域的菜肴有些属于酒店的招

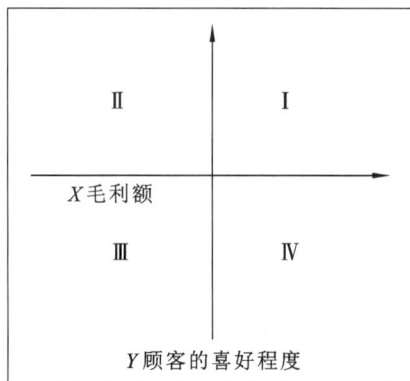

图 7-1　ME 分析法

牌菜肴,有提高餐厅的等级、引起顾客的注意的作用。

　　无论是 ABC 分析法还是 ME 分析法,都是通过对菜单进行整理、分析,明确各范围的性质,从而调整菜肴的价格、形象、名称、说明、方法、菜单总体设计、烹调方法等,寻找各范围的菜肴应采取的餐饮销售战术。

　　（二）每餐位销售量分析

　　每餐位销售量可以通过每餐位销售额及平均每餐位服务的顾客数来表示。每餐位销售额是由总销售额除以餐位数来得到。

每餐位销售额＝总销售额/餐位数

　　每餐位销售额这一数据可用于比较相同档次、不同酒店的经营好坏的程度。比如 A 餐厅的年销售额为 458 万元,有餐位 200 个;而 B 餐厅的年销售额为 250 万元,有餐位 100 个;A 餐厅的每餐位年销售额为 22900 元,而 B 餐厅的每餐位年销售额为 25000 元,可见 B 餐厅的每餐位经营效益要好一些。

　　每餐位销售额也常用于评估和预测酒吧的销售情况。在酒吧中,一位顾客也许喝一杯饮料匆匆而去,也许整个下午在那里商谈公务,多次购买饮品,这样就难以统计餐位周转率和平均消费额,所以往往用每餐位销售额来统计一段时间的销售状况。

　　（三）餐位周转率分析

　　餐位周转率,是以某段时间的就餐人数除以餐位数而得。

餐位周转率＝某段时间的就餐人数/(餐位数×餐数×天数)

　　如果 A 餐厅的年就餐人数为 24 万,而 B 餐厅的年就餐人数为 11 万,这两个餐厅每天都供应两餐,它们的餐位周转率如下:

A 餐厅餐位周转率＝240000/(200×2×365)＝1.64
B 餐厅餐位周转率＝110000/(100×2×365)＝1.5

　　餐厅早餐、午餐、晚餐客源的特点不同,餐位周转率往往分餐统计。餐位周转率反映餐厅吸引客源的能力。上例中,A 餐厅吸引客源能力高于 B 餐厅,但每餐位产生的收入却低于 B 餐厅,说明 A 餐厅的菜单价格较低或销售低价菜的比例较高。

（四）时段销售量分析

某时段（各月份、各天、每天不同的钟点）的销售量数据对于制订人员的配备、餐饮推销计划和制订餐厅最佳的开始营业和打烊时间计划是特别重要的。

某时段的销售量可以两种形式表示：一段时间内所服务的顾客数和一段时间内产生的销售额。例如，某咖啡厅 15:00—18:00 所服务的顾客数为 40 位，产生的销售额为 900 元；而在 18:00—19:00 所服务的人数为 250 位，产生的销售额为 7000 元。很明显，在这两个不同时段应配备不同人数的服务员。又如某餐厅原定 24:00 停止营业，但在 22:00—24:00 期间只产生 60 元的销售额，管理人员经过计算发现这两个小时的营业费用和成本超过了收入，因此管理人员决定提前结束营业。

（五）人均消费分析

人均消费额是指平均每位顾客每餐支付的费用。人均消费额是掌握市场状况的重要数据，由于不同餐厅经营内容与等级不同，人均消费额会有很大差别。

$$人均消费额 = \frac{计划期餐饮收入}{座位数 \times 座位周转率 \times 每日餐数 \times 期内天数}$$

人均消费额反映菜肴的销售情况，反映餐饮销售工作的业绩，能帮助管理人员了解菜单结构是否合理，定价是否过高或者过低，了解服务员的推销是否到位。通常，餐厅每天分别计算食品的平均消费额和饮料的平均消费额，但也有一些酒店将食物和饮料的平均消费额一起计算，不管采用哪一种方式，都应考虑三个因素：一是各餐厅应该达到和已经达到的水平；二是市场环境可能对餐饮人均消费的影响；三是不同餐厅的档次结构和不同餐次的顾客消费水平。

175

三、餐饮收益管理

收益管理（revenue management 或 yield management）诞生于 20 世纪 80 年代，最早由民航系统开发。由于酒店餐饮经营具有接待容量限制性、顾客消费的不确定性等特征，要实现理想的餐饮经营效益，就必须实施收益管理，即在合适的时间，以合适的价格，为合适的顾客提供合适的餐饮产品。

（一）餐饮收益管理绩效指标

提高酒店餐饮收入的基本途径不外乎两条：一是提高餐位上座率；二是提高顾客平均消费水平。但从现实来看，这两者往往是矛盾的。餐饮收益管理，关注的焦点是如何找到餐位上座率与顾客平均消费的最佳平衡点，以达到餐厅收益的最大化。那么，怎样衡量餐饮收益管理的绩效指标？从直观上看，餐饮收入主要取决于餐位上座率和顾客平均消费额这两个指标，但是餐位上座率只看重顾客数量，顾客平均消费额只看重顾客的消费金额，这两个指标均难以客观衡量餐饮收益的最大化，所以必须设计一个可以正确考量收益管理绩效的基本指标。这个指标就是餐厅收益率，即每个与时间相关的存货单元的收益。由于餐厅提供的产品可以定义为一个座位的可用时间，餐厅收益率可以具体表示为每小时每个座位上产生的收益（revenue per available seat hour，RevPASH）。

（二）餐饮收益管理基本步骤①

美国康奈尔大学酒店管理学院的卡尔莫斯教授认为，通过实施收益管理来提高餐饮收入，需采取以下五个基本步骤。

1. 设定基线

要准确计算餐厅每餐位单位时间平均收入（RevPASH），设立基本的目标。餐厅经营管理人员必须收集顾客预订餐位和到达的规律、用餐时间、对食品和服务的偏好（不同类型的食品和酒水的销售情况）、顾客的消费金额等信息和数据。其实，这些信息和数据的收集并不难，可以从不同渠道得到，如餐厅的过账系统（POS system）、顾客的账单以及专门组织的问卷调查等。一旦收集到这些信息和数据，便可用统计的方法算出它们的平均数、众数和标准差等，最后算出 RevPASH 的指数，参考同行的情况，确立可以衡量本餐厅工作绩效的 RevPASH 标准。

2. 理解潜在的驱动因素

收集到基本数据后，餐厅经理应该分析影响用餐时间和 RevPASH 表现的因素，如用餐时间、餐位数量和种类等。餐厅经理可以通过绘制常用的管理分析工具图（如生产服务流程图、鱼骨图等）分析从顾客预订餐位到坐下点菜，享用菜品，再到结账离店的全过程，分析顾客用餐时间太长等问题的原因。

3. 提出整改意见

在发现问题及分析问题之后，餐厅经理应该提出纠正和解决这些问题的建议和意见，如缩短用餐时间、修正服务程序、提高点菜及食品制作效率、简化传菜和上菜的程序等，还可能涉及迎送顾客的程序以及结账的程序，等等。

4. 调整和实施

餐厅管理者及所有员工应理解餐饮收益管理策略，明确自己在餐饮收益管理过程中的角色、责任和作用，以及餐饮收益管理策略对他们的影响。另外，有必要把餐饮收益管理方面的权责纳入员工的奖惩计划，以激励他们更好地执行收益管理策略。

---

① 胡质建. 收益管理［M］. 北京：旅游教育出版社，2009.

5.跟踪监控结果

在设定基线和实施餐饮收益管理的策略之后,餐厅管理者必须将实施的效果与基准进行比较,如将 RevPASH 以及平均用餐时间与基准相比,诊断和分析餐厅遇到的问题,提出改进的方法。

(三)餐饮收益管理基本策略

根据影响餐饮收益管理绩效的基本因素,提高餐厅收益的基本策略主要有以下几个。

1.价格管理策略[①]

餐饮产品的价格会影响客源市场和餐厅的营收水平,餐饮产品具有价格形成特殊性、价格水平灵活性、价格形式多样性、价格管理时令性的特点,在进行价格管理时要注意其特点,根据市场竞争需求和自身需求,选择合适的价格策略。

1)时段差价

在市场需求高峰期和需求低峰期进行差别定价应体现在执行价格的折扣上,而不是在菜单上显示不同的价格。在需求高峰期制定一个相对较高且合理的价格,平时或淡季向顾客提供折扣价格,而不是在需求高峰期直接提高价格,这样会让顾客觉得公平。这就需要管理者根据顾客的消费习惯和行为采用适合的定价方式,使顾客觉得既合理又不失公平感。否则,顾客会因此而离去,给餐厅带来收益损失。根据市场需求的不同,餐厅在每天或每个星期的不同时段实行不同的折扣价格。例如,在市场需求低峰期提供特价早餐、特价菜、买一送一、免费品酒或现场音乐等服务来吸引顾客。这些策略并没有使顾客感觉餐厅对价格进行了调整,从而使餐厅在市场需求高峰期取消这些特价或服务时顾客不会感觉到不公平。

2)会员奖励

开设会员俱乐部,为会员提供消费奖励积分服务。这些奖励积分在顾客以后消费时享受相应的折扣优惠。

3)产品差价

基于不同的细分市场可以进行差别定价。例如:散客和团客的就餐价格通常是不同的,餐厅多会给团客一定的折扣,通过较大的销售量来获取更大的收益。团客消费也可通过价格等级来进行差别定价,如婚宴的最低价格等级要高于会议或旅行团的最低价格等级,高级商务宴请的最低价格等级又高于婚宴的最低价格等级等。

2.时间管理策略

一般来说,餐厅服务时间的构成如图 7-2 所示,时间构成主要包括顾客等待时间、顾客用餐时间和翻台间隔时间。

一般来说,餐厅的翻台间隔时间比较容易控制,而顾客的等待时间与用餐时间是不可控的。顾客的等待时间取决于顾客到达时间和当时的座位占用情况,用餐时间则是受到个性特征、消费心理等因素的影响。因此,餐厅的时间管理主要在于减少等待时间与用餐时间。

---

① 组长生.酒店收益管理[M].北京:中国旅游出版社,2016.

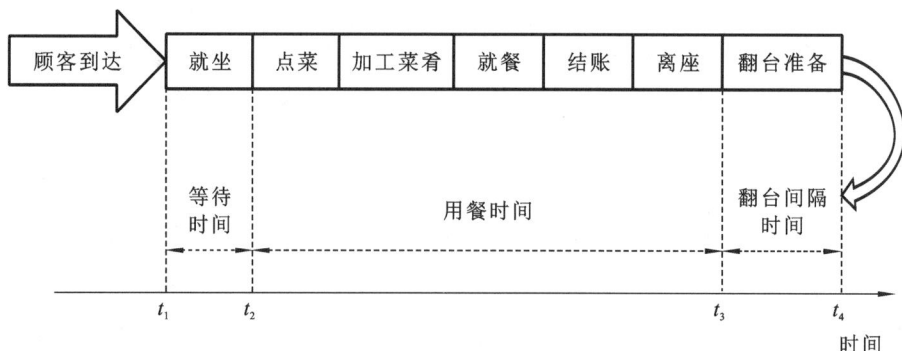

图 7-2　餐厅服务时间的构成

减少等待时间能使顾客第一时间进入餐厅用餐,减少用餐时间则能使得餐厅的翻台率提高而增加餐饮收入。收益管理水平的提高可以采用以下三大策略。

1)提高点菜速度

顾客点菜时间是顾客用餐时间的重要组成部分,提高点菜速度,既能节省顾客的用餐时间,也能有效缩短餐厅的餐位占用时间,可谓一举两得。可采取的措施如下。①优化菜单设计,通过合理的菜单设计有效提高顾客的点菜速度。例如:对菜单中的菜系和价格进行清晰的分类、使用菜点实物图片等,有助于顾客迅速找到他们想要的合适的菜品,缩短顾客点菜的时间;对于制作时间长或过程复杂的菜点,可以采取提前预订的方式,避免顾客长时间等待。②优化服务流程,通过服务流程的合理设计,缩短顾客等候点菜的时间。比如,在用餐高峰时段,让门口等待的顾客提前浏览菜单并点菜,既能充分利用顾客的等待时间,又能缩短顾客的用餐时间。③提高点菜技巧,服务员对顾客进行正确的咨询引导与及时适度的帮助来提高顾客的点菜速度。

2)提升服务能力

顾客用餐时间与出菜速度和服务效率有着紧密关系,所以要想有效缩短顾客的用餐时间,酒店就必须采用先进的科学技术手段,进行合理的资源分配及科学的任务调度,使用娴熟的生产服务技能,以提高餐饮产品的生产与服务能力。

3)制定激励策略

经常会有情侣或团客在就餐结束后停留交谈,从而导致用餐时间延长,针对这种情况,餐厅可以使用优惠政策引导顾客及时结束用餐,比如顾客在一定时间内结束就餐可以获得一定的优惠折扣,或者进行强制性时间限制,在超过餐厅营业时间后需要支付一定金额的服务费,或者餐厅可以另外设置一片区域,如顾客用餐完毕后可以移动到甜品区继续交谈,这样不仅能缩短顾客的用餐时间,还能让顾客增加愉悦感,给顾客留下好的印象,从而促使顾客二次消费。

3.容量分配策略

容量,这里是指餐厅的供给能力,容量分配策略,主要是指在何时,以何种结构,供给何种类型顾客的策略。

1) 存量控制

存量控制,即预留餐厅或者一定数量的餐位,在特定的时间,以特定的价格销售给理想的顾客。被誉为"现代营销学之父"的菲利普·科特勒指出:收益管理背后的概念就是通过定价的差别来有效地管理收益和库存,而它的基础是被选择出来的细分市场的需求弹性。[①]酒店餐饮客源多元,不同类别的顾客的消费需求、消费价格和消费特点各有差异,其消费行为模式也不一样。例如:家宴顾客一般仅使用餐厅,而且一般只需要一到两餐;会议顾客不仅使用餐厅,还需要使用客房,租用会议设施,使用商务中心的服务等。商务宴请顾客与零点散客的消费不同。在某些特定时段,整个餐饮市场往往还存在某类餐厅严重的供不应求的情况。据此,酒店应思考是否需要选择理想的顾客类型,以实现餐厅直至整个酒店效益的最大化,如不同婚宴顾客的选择、婚宴顾客与会议顾客的选择、一天会议顾客与三天会议顾客的选择等,不同的选择最终将产生不同的酒店经营收益。

2) 餐位组合

尽管酒店餐饮供给能力在很大程度上受到设施规模、员工数量和流程的限制,较为固定,然而其供应结构却具有一定的灵活性。如果一个餐厅的座位组合可以更好地与顾客的需求相匹配,就可以实现更高的收益。餐位组合的优化,关键要思考不同大小、形状餐桌的结构与比例,既要考虑零点餐厅的配比,也要考虑包厢餐桌大小的配置。餐位组合配置的基本依据是餐厅的性质、定位、客源结构及用餐习惯等。餐位组合主要有两种,一种是可拼拆式餐桌,另一种则为固定式布局。可拼拆式餐桌多为小容量餐桌,譬如2人桌或4人桌,如果顾客用餐人数多于4个人,就可通过拼桌来解决;固定式布局是指餐桌椅组合一旦设定,无论顾客的需求如何,都不会改变,顾客只能按现有的布局落座。当然,固定式布局并不是一成不变的,而是在与市场需求和客源结构相适应的情况下保持相对的固定。当市场需求发生变化或客源结构变化时,需要根据变化后的市场或客源结构情况来调整。

3) 预订保证

餐厅管理者通常无法预知当天有多少顾客到店用餐或预订顾客有多少会取消就餐,即便是开展了预订业务,餐厅管理者还是难以通过预订的方式来获得顾客到店的信息、掌握顾客到店的情况,因为并非所有顾客都能严格遵守他们的承诺,总会有顾客不能到店,从而给餐厅带来潜在的餐位闲置风险。解决此类问题的方法如下。一是及时核对预订。有些顾客提前很长时间预订,但会因种种原因而无法如期抵达,但不是所有顾客都会主动通知酒店。预订部门要在顾客抵达前通过电话与顾客进行多次核对,一旦变更迅速做出调整,通知相关部门将餐厅重新预订或销售给其他顾客。二是增加保证类预订。收取预订金,将风险合理转嫁给顾客,尤其在酒店营业高峰期,如节假日、当地举办重大经贸活动时,更需如此操作。三是签订团体协议时设置限制性条款。由于多种原因,团客预订失约对于酒店餐饮造成的损失相对较大。所以,酒店与团客签订协议时可考虑设置一些限制性条款,以增加团客取消餐饮、会议消费的门槛与成本。

---

① Philip Kotler. Marketing for Hospitality and Tourism[M]. Upper Saddle River:Prentice Hall,2013.

扩充阅读　　　　　西餐厅的收益管理

第二节　餐饮成本管理

餐饮成本管理，就是按照酒店规定的成本标准，对餐饮各成本因素进行监督和调节，及时揭示偏差，采取措施加以纠正，将餐饮实际成本控制在计划范围之内，保证实现企业成本目标。餐饮成本管理关系到餐饮的质量和价格，进而影响酒店营业收入和利润，同时也关系到顾客的利益。

一、餐饮成本的构成与类型

（一）餐饮成本构成

餐饮成本可以分为狭义的餐饮成本与广义的餐饮成本。狭义的餐饮成本是指餐饮的原材料成本，广义的餐饮成本还包括餐饮产品制作和销售所支出的各项费用。广义的餐饮成本主要包括三个方面：原料成本、人工费用和经营费用。

1. 原料成本

原料成本是指生产加工菜点实际耗用的各种原料价值的总和。依据不同的原料在菜点中的作用，大致可以分为主料、辅料（也叫配料）和调料三类。

1）主料

主料是制成某一菜点的主要原料。其特征或是分量多，或是价值高，或二者皆备。例如：韭芽炒蛋中蛋的分量较多，是该菜点的主料；而海参锅巴里的海参的分量虽不多，但价值较高，也构成该菜点的主料。

2）辅料

辅料是制成某一菜点的辅助材料，其特点正好与主料相反。如滑炒鸡皮中的青椒和香干炒肉丝中的香干丝为该菜的辅料。

3）调料

调料是烹制菜点的各种调味品，如盐、酱油、料酒、葱、姜、蒜等。调料在单位产品里用量虽小，但在菜点的调味中起着很大的作用。

2.人工费用

人工费用是指在餐饮生产经营活动中耗费的活劳动的货币表现形式。它包括工资、福利费、劳保、服装费和员工用餐费用。人工费用率仅次于食品饮料的成本率,因而也是餐饮成本中的重要支出。

3.经营费用

经营费用指在餐饮经营中,除原料成本和人工费用外的支出,如餐饮生产经营过程中发生的管理费用、财务费用和销售费用。经营费用包括房屋租金、生产和服务设施的折旧费、燃料和能源费、餐具用具及其他低值易耗品费、采购费、清洁费、广告费、公关费和管理费等。

(二)餐饮成本类型

餐饮成本与其他成本一样,可以按多种标准进行分类,分类的目的在于根据不同成本特征采取不同的控制策略。

1.固定成本、变动成本和半变动成本

从餐饮成本的性质分类,餐饮成本可以分为固定成本、变动成本和半变动成本。

1)固定成本

固定成本是指在产品销售量发生变动时并不随之变动的成本,即当产品销售量有较大变化时,成本开支的绝对额一般相对稳定。在餐饮成本中,固定员工工资、设施设备折旧费等均属于固定成本。这些成本即使在酒店没有销售量的情况下也会照样存在。

2)变动成本

变动成本是指随着产品销售量的变动而相应变动的成本。当产品销售量增加时,其绝对额同方向、成比例地增大;反之,随着销售量的减少,成本发生额便会同方向、成比例地减少。食品成本、饮料成本、洗涤费等均属于变动成本。

3)半变动成本

半变动成本是随着产品销售量的变动而部分产生相应变动的成本,它与销售量不是成比例地发生变动。半变动成本是由固定和变动两部分成本组成,如人工总成本、水电费等。以人工总成本为例,餐饮部员工可分为两类:第一类员工为固定员工;第二类员工为临时员工,临时员工的人数不确定,随业务量的变化而变化。第一类员工工资总额不随业务量的变动而变动,第二类员工的工资总额随着业务量的变动而变动。因此,人工总成本是半变动成本。

2.可控成本和不可控成本

从成本管理角度分类,餐饮成本可以分为可控成本和不可控成本。

1)可控成本

可控成本是指在短期内可以改变其数额的成本。变动成本一般是可控成本。管理人员若更改每份菜的份额,或在原料的采购、验收、储存、生产等环节加强控制,食品成本会发生变化。大多数半变动成本、某些固定成本也是可控成本。例如,广告和推销费用、大修理费、管理费等都是可控成本。

2)不可控成本

不可控成本是指在短期内无法改变的成本。固定成本一般是不可控成本。例如,租金、

折旧和利息等都是无法立即改变数额大小的不可控成本。

3.单位成本和总成本

单位成本通常是指单位平均成本，如每份菜肴成本、每杯饮料成本。总成本则是单位成本的总和。例如，烹制鱼香肉丝，批量为10份，每份鱼香肉丝成本为18元（单位成本），则10份鱼香肉丝的总成本为180元。

4.标准成本和实际成本

1)标准成本

标准成本是指根据餐厅过去几年生产和经营成本的历史资料，结合当年的原料成本、人工成本、经营管理费用等的变化，制定每份菜肴和饮料的单位成本和总成本，作为企业的标准，这种成本通常称为标准成本。标准成本是餐厅在一定时期内及正常的生产和经营情况下所应达到的成本目标，也是衡量和控制餐厅实际成本的一种预计成本。

2)实际成本

实际成本是指餐厅在报告期内实际发生的各种食品与饮料成本、人工费用和经营费用，是餐厅财务成本反映的基础。

二、餐饮成本的控制与核算

（一）餐饮成本控制

1.制定标准成本

在餐饮成本控制中，首先应当制定生产和经营餐饮产品的各项标准成本。标准成本是对各项成本和费用开支所规定的数量界限。

2.实施成本控制

实施成本控制就是依据酒店或餐厅制定的标准成本，对成本形成的全过程进行监督，并通过酒店或餐厅的每日或定期的成本与经营情况报告及管理人员的现场考察等信息反馈系统及时揭示餐饮成本的差异，实施成本控制。实施成本控制不能纸上谈兵，一定要实践，管理人员不能只看报表，一定要对餐饮产品的实际成本进行抽查和定期评估。

3.确定成本差异

成本差异是标准成本和实际成本的差额。管理人员通过对餐饮产品制作和销售中的实际成本和标准成本的比较，计算出成本差额（包括高于实际成本或低于实际成本两个方面）并分析实际成本脱离标准成本的程度和性质，确定造成成本差额或差异的原因和责任，以便为消除这种成本差异做好准备。此外，当本酒店的原料成本低于市场上同级别的酒店或餐厅的原料成本，或本酒店的餐饮经营成本高于同行业的水平，也属于成本差异。酒店必须及时消除这种差异，否则会导致经营失败。

4.消除成本差异

餐饮管理人员组织员工挖掘潜力，提出降低成本的新措施或修订原来的标准成本的建议，或对成本差异大的责任部门和个人采取相应的考核和奖罚等一系列措施，使他们重视成本控制，并加强生产和经营的管理，从而使实际成本尽量接近标准成本。

(二)餐饮原料成本核算

餐饮原料除了极少部分无须加工处理,可按实际用量直接计入成本外,绝大部分要经过加工处理才能用来制作菜品。没有经过加工处理的原料称为毛料,经过加工处理用来制作菜品的原料则称为净料。净料成本直接构成菜点的成本,而从毛料到净料,必然会产生一定的损耗,所以,要计算菜点的成本,首先必须核算主辅料的净料率。

1.净料率

净料率,亦称原料的利用率,就是净料重量与毛料重量的比率。净料率的计算公式如下:

$$净料率 = 净料重量 \div 毛料重量 \times 100\%$$

例1:一条重2.4千克的草鱼,经宰杀,去鳞、鳃、内脏,洗涤,得净鱼1.96千克。求这条草鱼的净料率。

解:净料率 = $1.96 \div 2.4 \times 100\% \approx 81.7\%$

答:该草鱼的净料率约为81.7%。

与净料率相对应的是损耗率,也就是毛料加工处理时所耗费的重量与毛料的比例。其计算公式如下:

$$损耗率 = 损耗重量 \div 主料重量 \times 100\%$$

为了便于成本核算,一般酒店根据有关原料加工净料率的测算,计算出一般情况下的各种主要原料的净料率,作为控制和核算的依据。

2.净料成本核算

原料经过加工处理后,重量发生了变化,这样其单位成本也发生了变化,故应进行净料成本核算。净料根据加工方法和程度,可分为主料、半成品和熟制品三类。其单位成本则可按这三类核算。

1)主料成本的核算

主料就是只经过拣洗、宰杀、拆卸等加工处理,而没有经过烹制处理的各种原料的净料。具体的计算方法主要有以下两种。

第一种是一料一档计算法。它可分为两种情况:一是毛料经过加工处理后,只有净料而无可利用的下脚料;二是毛料经过加工处理后,除了得到净料,还有可利用的下脚料。其计算公式分别为

$$净料成本 = 毛料总值 \div 净料重量$$

$$净料成本 = (毛料总值 - 下脚料价款) \div 净料重量$$

例2:50千克芹菜,价值120元,经过加工处理,得净菜45千克,求净菜每千克的成本。

解:净芹菜成本 = 120元 $\div$ 45千克 ≈ 2.67(元/千克)

答:净芹菜每千克成本约为2.67元。

例3:带骨腿肉10千克,每千克11元。经加工,肉皮0.8千克,每千克作价4元,骨头1.2千克,每千克作价3元,出净肉8千克,求净肉每千克成本。

解:净肉成本 = $\dfrac{10 \times 11 - (0.8 \times 4 + 1.2 \times 3)}{8} = 12.9$(元/千克)

答:净肉每千克成本为12.9元。

第二种是一料多档计算法。如果毛料经加工处理后,得到一种以上的净料,则应分别计算每一种净料的成本,其计算公式如下:

$$某档净料成本 = \frac{毛料总值 - (其他各档价款总和 + 下脚料价款)}{某档净料重量}$$

例4:三黄鸡10只,重30千克,每千克10元,经宰杀洗涤得光鸡27千克。现分档切割,其中鸡脯肉占25%,作价每千克12元,鸡腿占40%,作价每千克11元,鸡翅占7%,作价每千克12元,鸡肝、心占4%,作价每千克6元,其他占5%,作价每千克7元,下脚料占19%,作价每千克2元,求鸡脯肉的单位成本。

解:鸡脯肉成本 = [(30×10) - (27×40%×11 + 27×7%×12 + 27×4%×6 + 27×5%×7 + 27×19%×2)] ÷ (27×25%) = 19.6(元/千克)

答:鸡脯肉成本每千克19.6元。

2)半成品成本计算

半成品是经过初步熟处理,但尚未完全加工制成品的净料。其计算方法可分为无味半成品成本计算和调味半成品成本两种,分别如下:

$$无味半成品成本 = \frac{毛料总值 - 下脚料总值}{无味半成品重量}$$

$$调味半成品成本 = \frac{毛料总值 - 下脚料总值 + 调味品成本}{调味半成品重量}$$

3)熟制品成本计算

熟制品是指用熏、卤、拌、煮等方法加工而成的制成品或卤制品。其计算公式如下:

$$熟制品成本 = \frac{毛料总值 - 下脚料总值 + 调味品成本}{熟制品重量}$$

3.调味品成本核算

调味品在使用上的特点是品种多、用量少、使用的间隔时间短,随着烹饪技术的发展,调品种不断增多,而且,有些新的调味品的价格不菲,因此某些菜点中调味品比例有上升趋势。所以菜点调味品的成本核算不可忽视。

单位菜点的调味品成本,通常是在对有代表性的菜点进行实验和测算的基础上估算平均值,其计算方法有以下两种。

1)单件菜点成本核算

单件菜点成本是指单件制作的菜点的调味品成本。该类菜点调味品的成本核算方法是,先把制作某菜点所需的各类调味品用量估算出来,然后按其进价分别计算价款,然后逐一相加即得该菜点的调味品成本。

2)平均成本核算法

平均成本是指成批制作菜点的单位调味品成本,如点心类制品、卤制品等就属于此类,其计算公式如下:

$$批量菜点平均调味品成本 = \frac{成批制作耗用调味品总额}{菜点总量}$$

三、餐饮成本的分析与报告

餐饮成本分析包含的内容很广,一切餐饮经营管理活动都存在成本控制问题,既然存在成本控制问题,自然就要进行成本分析。因此,餐饮成本分析涵盖餐饮经营管理活动的各个方面,是对餐饮经营管理活动的全面成本分析。具体来说,餐饮成本分析主要包括以下内容:餐饮原料采购成本分析;餐饮原料验收成本分析;餐饮原料储存成本分析;餐饮食品生产加工成本分析;餐饮市场营销成本分析;饮料成本分析;资产使用成本分析(重点是固定资产、低值易耗品和物料用品的成本分析);资金运营成本分析;用工成本分析;餐饮综合成本分析。

(一)餐饮成本分析方法

餐饮成本分析的方法很多,各酒店应根据自身情况,从最简单的方法开始,发现问题,然后逐渐深入分析,循序渐进地运用复杂的方法分析成本,最终解决问题。

1.对比分析法

对比分析法是餐饮成本分析最基本的方法,通过成本指标数量上的比较,揭示成本指标的数量关系和数量差异。对比分析法可将餐饮实际成本指标与计划成本指标进行对比,将本期成本指标与历史同期成本指标对比,将本企业成本指标与行业成本指标进行对比,以便了解成本之间的差距,进一步查明原因,挖掘潜力,指明方向。采取对比分析法应注意指标的可比性,要求所对比的指标在同一酒店的前后各期内容一致,同类型和同级别酒店的同一时期所包含的内容一致。

2.比率分析法

比率分析法是通过计算成本指标的比率,揭示和对比餐饮成本变动程序。比例分析法主要包括相关比率分析法,构成比率分析法和趋势比率分析法。采用比率分析法,比率中的指标应有相关性,采用的指标应有对比的标准。

1)相关比率分析法

相关比率分析法是将性质不同但又相关的指标进行对比,求出比率,反映其中的联系。例如,将餐饮毛利额与销售收入进行对比,反映餐饮毛利率。

2)构成比率分析法

构成比率分析法是将某项经济指标的组成部分与总体指标进行对比,反映部分与总体的关系。例如,将食品成本、人工费用、经营费用分别与餐饮成本额进行对比,可反映出食品成本率、人工费用率和经营费用率。

3)趋势比率分析法

趋势比率分析法是将两期或连续数期餐饮成本报告中的相同指标或比率进行对比,从中发现它们数额和幅度的增减及变动方向的方法。采用这一方法可提示餐饮成本执行情况的变化,并分析引起变化的原因及预测未来的趋势。

3.抽样分析法

抽样分析法就是根据抽样调查原理,抽取一项或几项成本控制的实际情况进行分析,以点观面,达到全面成本分析的目的。抽样对象可以是某项费用,也可以是某项费用的细项。下面以某食品原材料成本为例介绍抽样分析法。

(1)抽取某一期间使用某种原料的菜肴销售量,再根据这种菜肴的标准菜谱,计算出标准用量。标准用量计算可通过表7-2完成。

表 7-2　原料标准消耗计算表

抽查原料:虾仁　　　　　　　　　　　　　　　　　　　　　　时间:9 月 28 日

菜肴名称	每份用量/克	销售量/份	合计/元
清炒虾仁	300	32	9600
三鲜汤	500	40	20000
烧海杂拌	150	15	2250

（2）盘存实际用料,实际用料与标准用料之差就是这项原料成本分析的结果。根据表 7-2 计算的结果就可以对虾仁原料的成本进行分析,其分析结果见表 7-3,具体计算方法如下:

实际用料的计算:

本期出售菜肴使用原料量＝上期库存＋本期出库量－厨房剩余量－已经销售量－正在加工量＝3500＋10000－1000－500－500＝11500（克）。

成本差异＝11500－10650＝850（克）。

表 7-3　成本分析结果

日期:9 月 28 日—10 月 4 日

原料名称	上期库存/克	本期出库量/克	厨房剩余量/克	已经销售量/克	正在加工量/克	实际用量/克	差额/克
虾仁	3500	10000	1000	500	500	10650	850

（二）餐饮毛利率指标

餐饮产品的毛利率是考核酒店、餐馆餐饮经营管理的重要指标,其目的是检查厨房在餐饮经营中是否保持了合理的盈利水平和是否正确执行了酒店的价格政策。毛利率分为分类毛利率和综合毛利率两种。

1. 分类毛利率

分类毛利率的表现形式有销售毛利率（内扣毛利率）和成本毛利率（外加毛利率）两种。前者是以销售额为基础制定的毛利率,后者是以原料成本为基础制定的毛利率。

1）销售毛利率

按照现行财务制度的规定,餐饮毛利率是毛利额与售价之比的百分率,即销售毛利率,又称为内扣毛利率。

$$销售毛利率（内扣毛利率）＝\frac{毛利额}{餐饮制品价格}×100\%$$

按此毛利率计算餐饮制品的价格,则

$$餐饮制品的价格＝\frac{原料成本}{1-销售毛利率}$$

例 5：某菜肴的成本定额为 4.00 元，销售毛利率为 50%，则该菜肴的售价应为

$$4.00÷(1-50\%)＝8.00(元)$$

2）成本毛利率

成本毛利率是毛利额与原料成本之比的百分率。

$$成本毛利率(外加毛利率)＝\frac{毛利额}{原料成本}×100\%$$

从实际使用来看，两种方法各有优劣。一般来说以原料成本求餐饮制品价格，采用成本毛利率较为方便，而根据用餐标准（餐饮制品价格）求成本则以销售毛利率计算为好。因此，在实际工作中经常需要将两种毛利率指标加以换算。其换算公式如下：

$$成本毛利率＝\frac{销售毛利率}{1-销售毛利率}$$

$$销售毛利率＝\frac{成本毛利率}{1+成本毛利率}$$

2. 综合毛利率

综合毛利率，又称平均毛利率，反映整个酒店餐饮的毛利率水平。酒店内部的中餐厅、西餐厅、咖啡厅、酒吧的毛利率往往是不同的，综合毛利率是在各种分类毛利率和各类餐饮产品经营比重的基础上确定的。它的作用是控制酒店餐饮产品总体价格水平。

综合毛利率，是通过酒店在一定时期内的餐饮销售总额和毛利额来计算的。计算公式如下：

$$综合毛利率＝\frac{毛利总额}{销售总额}×100\%$$

其中毛利总额的计算公式如下：

$$毛利总额＝销售总额-原料成本总额$$

例 6：某酒店餐饮部 7 月份销售收入、原料成本与标准毛利率统计如表 7-4 所示，请核算在此期间各餐饮产品分类毛利率。

表 7-4　某酒店餐饮部 7 月份销售收入、原料成本与标准毛利率统计　　单位：万元

项目	分类					
	热菜	冷菜	面点	食品合计	酒水	总计
销售收入	158.61	85.50	66.19	310.30	77.91	388.21
原料成本	63.13	35.57	25.48	124.18	21.56	145.74
标准毛利率	58.20%	53.20%	56.30%	55.90%	73.40%	56.80%

根据餐饮毛利率的计算公式，该酒店餐饮分类毛利率分别如下：

热菜毛利率＝(158.61-63.13)÷158.61＝60.20%

冷菜毛利率＝(85.50-35.57)÷85.50＝58.40%

面点毛利率＝(66.19-25.48)÷66.19＝61.50%

食品毛利率＝(310.30-124.18)÷310.30＝59.98%

酒水毛利率＝(77.91－21.56)÷77.91＝72.33％

综合毛利率＝(388.21－145.74)÷388.21＝62.46％

根据计算,其餐饮标准毛利率与实际毛利率的误差如表7-5所示。

表7-5　餐饮标准毛利率与实际毛利率的误差

分类	项目		
	标准毛利率	实际毛利率	误差
热菜	58.20％	60.20％	2.00％
冷菜	53.20％	58.40％	5.20％
面点	56.30％	61.50％	5.20％
食品合计	55.90％	59.98％	4.08％
酒水	73.40％	72.33％	－1.07％
综合毛利率	56.80％	62.46％	5.66％

3.毛利额

有些酒店制定较高的餐饮毛利率后,实际毛利额却很低,而有些酒店餐饮毛利率虽然定得较低,但餐饮毛利额却较高。因此,在与其他酒店进行比较时,还要比较餐饮毛利额。餐饮毛利额首先要看餐饮营业额,然后看餐饮原料(饮料)成本,两者之差就是餐饮毛利额。

比较餐饮毛利额,一方面可以发现酒店餐饮营业收入的差异,另一方面可以看出原料成本控制水平高低。如果同样的餐饮毛利率,同样的餐饮营业额,餐饮毛利额差别很大,则说明实际毛利率差别大,原料成本控制水平相差悬殊。

(三)餐饮成本分析报告

餐饮成本分析报告是对酒店餐饮成本控制的过去和现状进行调查后,认真分析并形成逻辑严密的报告。

1.报告内容

餐饮成本分析报告一般应该包括如下几个部分:餐饮成本控制现状;餐饮成本控制存在的主要问题;餐饮成本控制存在问题的原因分析;餐饮成本控制对策建议。

2.报告类型

餐饮成本分析报告的类型主要有如下两种。

1)抽样成本分析报告

抽样成本分析报告是指针对某一项成本控制问题进行分析和报告的形式。这种报告一定要紧紧围绕所分析的问题,切勿跑题。

2)系统性成本分析报告

这种报告一般只在每年年终做一次,因为对于业务繁忙的决策者来说,平时很难有大段时间接受全方位的成本分析。系统性成本分析报告可分解成若干部分,一般来说有以下三部分。

第一部分提出问题,即根据企业成本控制的现状,通过对比分析,找出成本控制存在的差距和主要问题。

第二部分分析问题,即分析成本控制差异和存在问题的主要原因。例如:顾客打折的现象太多;采购及相关环节复杂导致采购成本较高;厨房原料的使用没有任何明确的控制措施;收银处与付货处没有监控等。

第三部分解决问题,即说明如何采取措施解决这些问题。例如:加强培训,提高服务质量,避免顾客不满而提出打折;简化采购环节,推出多功能表格;对厨房依标准菜谱进行抽样调查;财务人员每天核对收银单与付货单;采用指标法对全体员工以及厨房进行成本控制。

3. 报告要求

餐饮成本分析报告一般有两种形式,即口头分析报告形式和书面分析报告形式。一般在实际应用中采用书面报告形式,其基本要求如下。

1)直接性

餐饮成本分析报告要直接显示结果。如组织分析,可以说明现在各个岗位用人数与工资数,再说明改进后的结果,一定要清楚明白地显示结果,而不要设悬念做复杂推理。可以用图表显示数据信息,尽量用图表来说明,如表7-6、表7-7所示。

表7-6 原料使用分析报告

原料名称	出库量/千克	剩余量/千克	实际使用量/千克	标准用量/千克	差额/千克	百分比/(%)	原因
海参	40	13	27	25	2	8	原料质量不过关,产生损耗

表7-7 成本差异分析报告

	保本营业额/元	盈利利润率/(%)	最大营业额/元	原因分析
预计	4000	12%	30000	打折率太高,菜肴质量和服务不过关致使顾客不满而打折
实际	10000	5%	25000	

2)科学性

在说明成本控制的现状和存在的问题以及未来前景时,一定要用数字和事实表示。如某酒店现在毛利率是35%,远远没有达到预计毛利率和同行业水平,说明差异是10%～15%。存在问题的主要原因:顾客打折率在7%左右,如果能提高服务质量,尽量避免顾客打折,毛利率就可达到50%。

3)简洁性

餐饮成本分析报告不同于一般的学术报告,它以简明扼要为原则,让阅读者用最短的时间最大限度地接收报告的信息。

4)完整性

餐饮成本分析报告应包括提出问题、分析问题和解决问题的思路等内容。

第三节　餐饮预算管理

常言道,凡事预则立,不预则废。要实现理想的餐饮经营效益,就必须加强餐饮预算管理。餐饮预算管理,就是根据酒店的经营战略及年度计划,对未来的餐饮经营活动和相应财务结果进行充分、全面的预测和筹划,并通过对执行过程的监控,将实际完成情况与预算目标进行对照和分析,从而及时指导餐饮经营活动,不断调整和改进,帮助酒店及餐饮管理者实施有效的餐饮管理。

一、餐饮预算编制[①]

预算是一种资源分配,是对计划投入产出内容、数量及投入产出时间安排的详细说明。餐饮预算决定了酒店餐饮管理的方向与重心,通过预算编制,使酒店及餐饮管理者经营有目标、工作有方向。餐饮预算是由一系列预算指标组成的。预算指标又称为计划指标或管理参数,是用数字来表示餐饮部门在预算期内经营管理所要达到的水平或绩效,也是反映餐饮部门经营管理状况的重要数据。

(一)营业收入预算编制

餐饮预算方案的编制是以营业收入预算为起点,根据餐厅上座率、接待人次、人均消耗来编制。餐饮营业收入的高低受餐厅等级规格、接待对象、市场环境、顾客消费结构等多种因素影响。编制营业收入预算,需要区别不同餐厅的具体情况。餐饮营业收入预算的编制,一般有以下三个步骤。

1.确定餐厅上座率和接待人次

确定餐厅上座率和接待人次是以餐厅为基础,根据历史资料和接待能力,分析市场发展趋势和准备采取的推销措施,将产品供给和市场需求结合起来,确定餐厅上座率和接待人次。注意,酒店餐饮接待人次既要充分考虑住店顾客,同时又要考虑外来顾客。住店顾客的接待人次一般是根据客房出租率及住店顾客到不同餐厅用餐的比率;而外来顾客则根据历史资料和市场发展趋势来确定。

2.确定餐厅人均消费和饮料比率

确定餐厅人均消费时可将食物和饮料分开,食品以人均消费额计算,饮料以销售比率计算,部分酒店餐厅人均消费是将食物和饮料一起计算。然而不管采用哪一种,都要考虑三个因素:一是各餐厅已经达到的水平;二是市场环境可能给餐饮人均消费带来的影响;三是不同餐厅的档次结构和不同餐次的顾客消费水平。

3.编制营业收入预算方案

营业收入预算一般可通过季节指数分解到各月,也可逐月确定。季节指数的确定既可

---

① 该部分内容主要参考蔡万坤主编的《餐饮管理(第4版)》相关内容编写(高等教育出版社,2014年版)。

以餐厅为基础,又可以全部餐饮销售额为基础。通常营业收入预算方案的编制都以餐厅为基础,最后汇总,形成食品、饮料和其他收入预算。

（二）营业成本预算编制

营业成本,即食品原料成本。营业成本是在食品原料的采购、储藏、生产加工过程中形成的。营业成本预算编制以产品成本为主,其内容主要包括标准成本率、成本额和成本降低率指标等。营业成本预算可作为食品原料成本管理的依据。营业成本预算编制的步骤如下。

1. 确定不同餐厅的食品毛利率标准

确定不同餐厅的食品毛利率标准,即根据市场供求关系和酒店价格政策,结合酒店确定餐厅毛利率标准。毛利率标准一经确定,餐厅食品成本率和食品成本额也就确定了,其计算公式分别为

$$食品成本率 = 1 - 毛利率$$
$$食品成本额 = 计划收入 \times 食品成本率$$

2. 编制饮料成本预算

餐厅的饮料成本以进价成本为基础,受饮料销售额和上期成本率两个因素的影响。饮料成本额和饮料成本率的计算公式分别为

$$饮料成本额 = 去年实绩 \times (1 + 销售额增减率) \times (1 - 成本降低率)$$
$$饮料成本率 = \frac{饮料成本额}{计划收入} \times 100\%$$

3. 编制员工餐厅成本预算

我国酒店员工餐厅属于员工福利,在管理体制上分两种情况:一是员工餐厅归餐饮部管理,其原料成本从餐饮部转拨;二是员工餐厅归酒店行政部或人力资源部管辖,其成本预算不在餐饮部编制。员工餐厅不要求营利,其成本率较高,编制方法为

$$员工餐厅成本额 = 去年实绩 \times (1 - 成本降低率)$$
$$员工餐厅成本率 = \frac{成本额}{计划收入} \times 100\%$$

4. 确定签单成本消耗

酒店为了开发市场,组织客源,推销产品,开展业务经营活动,需要将一定的业务招待列入酒店预算,其中,相当一部分用于餐饮消费。当这部分费用发生时,均由有关主管人员签单,列入餐厅成本消耗,在酒店或部门业务招待费用中列支。因此,签单成本也是餐饮成本内容之一,其预算额一般根据酒店历史统计资料及年度营销计划加以确定。

5. 编制餐饮成本预算方案

编制餐饮成本预算方案时,员工餐厅成本和签单成本预算必须单列,以保证成本预算的真实性,从而有利于控制餐饮成本。如果员工餐厅归酒店行政部或人力资源部管辖,则实行单独核算,不列入酒店餐饮部门成本预算。

（三）营业费用预算编制

营业费用，即食品原料成本以外的其他各种合理耗费。按费用的主要职能可分为人工费用和营业费用两大类。前者包括员工工资、奖金福利和社保费用；后者是指原料成本和人工费用以外的各种（如水、电、洗涤和餐茶用品等）费用。按费用的性质可大致分为固定费用和变动费用两大类。前者包括房屋折旧费、家具设备折旧费、人工成本、销售费用、管理费用、业务招待费用、装饰费用等；后者是随餐饮销售额的变化而变化的费用，包括水费、电费、燃料费用、客用消耗品费用、服务用品费用、洗涤费用等。这些费用共同构成餐饮流通费用。编制营业费用预算就是要确定这些费用指标、费用率和变动费用率等。餐饮营业费用预算编制根据费用项目不同而变化，主要方法有以下五种。

1. 财务分摊预算法

财务分摊预算法以财务会计报表为基础，结合营业费用实际消耗来确定预算费用额，主要适用于房屋折旧、家具用具及厨房设备折旧等费用预算。财务分摊预算法有使用年限折旧法、综合折旧率法、工作量折旧法等多种方法，具体采用哪种方法，由酒店财务部门统一掌握，并算出酒店各部门的折旧额，作为营业费用预算指标。

2. 销售额比例预算法

销售额比例预算法以预算销售额为基础，分析费用所占比例，参阅历史统计资料来确定费用预算额，主要适用于餐饮管理费用、销售费用、维修费用、装饰费用、餐茶具消耗费用等费用指标预算。销售额比例预算法的具体方法是确定上述费用占预算销售额的比例，由此确定预算费用额。

3. 人工费用预算法

人工费用由固定人工费用和可变人工费用组成。前者以员工人数为基础，确定人均需要量，其内容包括固定工资、浮动升级、员工膳食、副食补贴、物价补贴、医疗补助、三险统筹等；后者主要指酒店餐饮部门中的临时工、季节工等人员的成本消耗。固定人工费用的计算公式如下：

$$固定人工费用＝人均需要量×员工平均人数$$

可变人工费用根据餐饮管理经济效益高低和业务需要来确定。

4. 业务量变动法

业务量变动法以历史统计资料为基础，分析费用消耗程度，结合餐饮业务量的变化来确定预算费用额，主要适用于水费、电费、燃料费、洗涤费等可变费用指标预算。这些费用一般是随餐饮业务量的变化而变化的。可变费用的计算公式如下：

$$可变费用＝上年实绩×（1＋业务增减率）×（1－费用降低率）$$

5. 不可预见性费用预算法

不可预见性费用是指企业管理中常常发生的捐助、赞助等其他费用消耗。这些费用支出往往是不可预见的，但又是必然会发生的。这部分费用通常由全店统一列支，做出预算安排，部门很少发生，其预算一般是根据历史统计资料确定的。

扩充阅读　　　餐饮预算指标预测方法

二、餐饮预算实施控制

餐饮预算实施控制是把预算由计划变为现实的关键步骤,也是整个餐饮预算管理工作的中心环节。

(一)构建管理机制

管理机制是指管理系统的结构及其运行机理。管理机制本质上是管理系统的内在联系、功能及运行原理,是决定管理功效的核心问题。酒店餐饮预算实施管理必须建立以下三个基本机制。

1.预算责任机制

有效实施酒店餐饮预算,必须把预算指标分解到餐饮部门的各个业务单元,明确各级管理者的相应责任。

2.预算约束机制

约束机制是指对管理系统行为进行限定与修正的功能与机理。预算约束机制的实施主要包括以下四个方面。

1)权力约束

权力约束是通过建立科学的职权体系与合理的授权策略,既利用权力对系统运行进行约束,又对权力的拥有与运用进行约束,防止出现权力越位或以权谋私等行为。

2)利益约束

利益约束既要以物质利益为手段,对运行过程施加影响,又要对运行过程中的利益因素加以约束,防止小集体与个人利益影响整体利益的实现。

3)责任约束

责任约束是指通过明确相关系统及人员的责任,来限定或修正系统的行为。

4)心理约束

心理约束是指运用教育、激励、社会舆论、道德与价值观等手段,对管理者及有关人员的行为进行约束。

3. 预算动力机制

预算动力机制就是能有效推进酒店预算实施，从而推动相关利益群体实现预算目标的激励机制。该机制必须明确并解决三个基本问题：一是激励对象，顾客、相关部门和员工三者的良性互动。二是激励核心，应围绕"如何让激励对象正确、高效、愉快地做事"这一核心命题构建管理机制。三是激励指标，应围绕预算指标的实现，设计相应的考核指标。为了确保各项主要指标的全面完成，必须制定严格的预算考核办法，依据各责任部门对预算的执行结果，实施绩效考核。可实行月度预考核、季度兑现、年度清算的办法，并做到清算结果奖惩坚决到位。把预算执行情况与餐饮经营者、员工的经济利益挂钩，奖惩分明，从而使餐饮经营者、员工与企业成为责、权、利相统一的责任共同体，最大限度地调动餐饮经营者和员工的积极性。

（二）强化控制职能

控制职能是按照既定的预算目标，对经营活动各方面的实际情况进行检查、监督与核算，以使工作能按原定计划实施。

1. 督导

酒店管理者根据既定的制度、标准、要求等对下属的工作行为进行检查、监督与指导。

2. 核算

酒店管理者有效运用会计核算职能，及时了解财务状况，发现存在的问题，并纠正偏差。

3. 审计

酒店管理者运用审查、监察等手段，对酒店餐饮经营预算执行情况进行事后监控，一般有常规性审计与专项审计两种。

（三）衡量实际绩效

为保证餐饮预算指标的达成，必须建立完善的信息反馈系统，逐天、逐月、逐季统计餐饮经营结果。在预算实施控制工作中，按控制标准对酒店的实际工作进行衡量是实施预算控制的关键环节，只有找出实际工作与控制标准之间的差异，才可能采取纠偏行动，从而达到控制组织活动和实现预期目标的目的。衡量成效的要点是用预定的标准对实际工作绩效进行检查，提交需要纠正的偏差结果，形成管理控制中的纠偏依据。

（四）采取纠偏行动

采取纠偏行动是在衡量工作成效的基础上，针对实际绩效与控制标准的偏离程度，及时采取措施予以纠正，使其恢复到正常状态。偏差可分为正偏差和负偏差。正偏差是实际绩效超过控制标准的要求；负偏差是实际绩效没有达到控制标准的要求。负偏差固然引人注目，需要纠正，但是，出现正偏差时并不意味没有问题，同样需引起注意并正确处理。酒店管理人员可以选择的方案有三种。

1. 不采取行动

当实际绩效与控制标准之间不存在偏差时，一般不需要采取任何行动。此外，存在偏差，但未超过允许的偏差范围时，也可以不采取任何行动。

2.改进工作绩效

如果偏差是由于部门内部管理产生的,且偏差已超出了允许的范围,则需要采取纠偏措施,以改进工作绩效。具体采取的方式通常包括改进流程、改善管理方式、调整组织结构、完善激励措施、重新配置资源、调整培训计划等。

3.修订控制标准

当标准不合理,实际绩效与控制标准之间存在较大差异时,可以采用提高标准和降低标准两种方式。标准的修订在管理控制中是不可避免的,这是因为在组织管理中,一些不确定因素的影响往往难以预测,环境的变化会导致预算目标和控制标准的变化。从某种意义上说,预算实施控制就是一个不断制定标准、实施标准、修订和完善标准的过程。当然,在酒店预算管理中要尽可能避免这种情况。

三、餐饮预算执行结果分析

要确保酒店餐饮预算的有效执行,并对下一年度的预算提供科学的依据,就必须通过比较分析对预算执行结果进行评价,以及时发现问题并解决问题。比较分析又称对比分析,即通过对同名指标相互对比来确定指标间的差距。一般常用的对比分析方法主要有以下几种。

(一)计划对比分析

计划对比分析是以计划为标准,将报告期实际数与同期的计划数相比。通过对比,酒店可以了解计划的完成情况、进度,以及实际结果是否符合期望或理想的标准,以便及时采取必要的措施,解决计划执行过程中存在的问题,保证计划的实现。但是,计划往往带有一定的主观性,计划也很难制订得恰到好处,可能会偏高或偏低,也可能会因客观情况的变化而失去公正衡量的意义。因此,在以计划作为衡量标准时要客观、如实地制订并及时予以修正。

(二)历史对比分析

历史对比分析是以历史为标准,将报告期实际数与去年同期或本酒店餐饮经营历史最高水平相比,即纵向对比。与本酒店餐饮经营历史标准比较,其优点是具有高度的可比性,可以帮助酒店了解餐饮经营在某些方面是否已有了改进,了解餐饮经营活动的规律,发现酒店经营的纵向变化发展。但是,历史标准只能说明过去,特别是在客观环境或酒店经营已有重大变化的情况下,这种对比就不够合理公正。因此,比较时应注意对历史数据做一些必要的调整。

(三)同行对比分析

同行对比分析是以同行业为标准,将报告期实际数与本地同行业的平均水平、先进水平相比,或是与国内外同行业的水平相比,即横向对比。这种对比可以使酒店了解本企业餐饮经营在同行业中所处的水平,以及与先进水平的差距,促使酒店改善经营管理。

本章小结

（1）由于酒店餐饮经营具有接待容量限制性、顾客消费的不确定性等特征，要实现理想的餐饮经营效益，就必须实施收益管理，即在合适的时间，以合适的价格，为合适的顾客提供合适的餐饮产品。提高酒店餐饮收入的基本途径：一是提高餐位上座率；二是提高顾客平均消费水平。餐饮成本管理，就是按照酒店规定的成本标准，对餐饮各成本因素进行监督和调节，及时揭示偏差，采取措施加以纠正，将餐饮实际成本控制在计划范围之内，保证实现企业成本目标。

（2）菜单 ABC 分析法，主要从菜肴销售额的角度对菜单进行分析。ME 分析法是从顾客对菜肴的喜好程度、毛利额两个角度同时分析菜单，进而分析餐饮销售的方法。

（3）餐饮成本分析报告是对酒店餐饮成本控制的过去和现状进行调查后，认真分析并形成逻辑严密的报告。其目的是让决策者和全体员工认识到现状的不利影响和改善现状的希望。餐饮产品毛利率分为分类毛利率和综合毛利率两种，它们是考核酒店、餐馆餐饮经营管理的重要指标，其目的是检查厨房在餐饮经营中是否保持了合理的盈利水平和是否正确执行了酒店价格政策。

（4）餐饮预算是由一系列预算指标组成的。预算指标又称为计划指标或管理参数，是用数字来表示的酒店和各部门在预算期内经营管理所要达到的水平或绩效，也是反映酒店和各部门经营管理状况的重要数据。餐饮预算需要通过四个步骤进行有效的实施控制，并通过比较分析对预算执行结果进行评价，以及时发现问题并解决问题。

思考与练习

1. 餐饮收入内部控制的"三线两点"包含哪些内容？
2. 餐饮收入分析对提高餐饮收入有何意义？
3. 餐饮收益管理的绩效指标有哪些构成要素？
4. 餐饮成本包含哪些内容？
5. 餐饮成本分析采用哪些主要毛利率指标？
6. 餐饮预算具有哪些特点？
7. 餐饮预算该如何进行有效的实施控制？

案例分析

又到了一年一度的总结与制订第二年工作计划的阶段。经过一年卧薪尝胆的变革，餐饮部肯定能全面超额完成酒店下达的各项预算的财务与管理指标，部门内部士气高涨，正朝着他设定的方向与轨道前进。餐饮部张经理深深地感到：知识是有用的，自己之所以在短短的一年内够迅速改变餐饮部的面貌，既归功于总经理的信任、餐饮部员工的支持与自己竭尽全力的工作态度，但更得益于自己以前在学校所学到的专业知识和培养的思维方式，使自己能够客观、全面地观察、分析与解决问题。不过，下午店务会议布置的年度预算工作又让他陷入沉思并感到一丝焦虑。因为会议上总经理要求餐饮部明年的经营效益原则上要比今年提升 15%。张经理想，今年为了完成预算指标，可谓使出了浑身解数，明年又要提升这么多，怎么才能做到呢？

事有凑巧，正在张经理冥思苦想之际，他的老师因为参加政府某部门的一个会议第二天要来酒店。张经理的老师被称为横跨教学科研与企业实践的酒店管理专家，张经理在学校学习与在担任餐饮部经理后曾多次得到他的指点，这次碰到了难题，何不再次向他请教，相信恩师一定会有办法。想到这里，张经理立即感到轻松了不少。

第二天上午早会一结束，张经理即回餐饮部匆匆布置了工作以后就来到大堂恭候他的恩师。上午十点，他的恩师如期来到酒店，张经理立即陪同他到达房间。寒暄过后他就直奔主题，向恩师请教。他的恩师听了以后说："我先给你讲一个我经历的故事吧。"

"我在兼任某酒店集团副总裁时候，旗下一家酒店管理层根据集团公司下达的基本任务，确定了 9700 万元的营业收入计划指标。但是，当准备进一步分解指标并制定方案时，我来到了该酒店，询问了第二年的营业计划。当总经理回答了 9700 万元营业收入的目标后，我问为什么是 9700 万元。总经理回答：一是集团公司给酒店下达的基数是 9500 万元；二是今年预计完成实绩 9500 万元。根据适当增长的原则，确定了跳一跳能够实现的目标。我问：今年你们在集团排名第几位？如果明年实现9700 万元，你们在集团的排名又是第几？总经理回答：今年是第二，估计明年实现目标还是第二。我又问：明年第一位的营业收入预算是多少？总经理回答：据了解是9800 万元。对此，我认为这一目标值得商榷。最后，酒店管理层提出了 1 亿元的营业收入目标。但到具体落实时，大家感到实现 1 亿元的营业收入缺乏现实基础。对此，我与酒店管理层进行了交流。我说：现在有一个桃子，挂在 2.8 米的高空，请问你们能否拿到？前厅部经理回答跳一跳就能拿到。我说：桃子在 4.8 米的高度，你们能拿到吗？客房部经理回答搭桌子与椅子就能拿到。我问：桃子在 9.8 米的高度，你们是否能拿到？工程部经理说用升降梯可以拿到。我又问：那么如果桃子在 25 米的高度，你们还能拿到吗？安全部经理回答可以借消防队的'云梯'拿到。我又提醒大家思考，为什么你们做不出 1 亿元营业收入的可行预算？大家顿时感到，按照原来9700万元的经营思路，当然难以做出 1 亿元的营业预算。最后，大家打开思路，积极寻找新的经营增长点，很快找到了实现亿元营业收入的思路与方案。"

　　张经理从他恩师的故事中,似乎已经找到了一些答案。接着,他的恩师又问了张经理三个问题:一是通过提高营销水平,使顾客在今年人均消费156元的基础上提高10%,你觉得有没有可能? 张经理未加思考就回答:这绝对可以做到。二是通过提高服务品质,增加顾客转移成本,使酒店餐饮消费的回头客增加10%,这有没有可能? 张经理略加思考回答:这应该能够做到。三是通过调动全体员工参与营销的积极性等措施,在今年基础上新增15%的顾客有没有可能? 张经理想了想说:这也应该没有问题。听完张经理的回答,他的恩师笑了笑说,增收的办法还有很多,其实你已经胸有成竹了。

问题:

1. 从该案例中,你得到了哪些启示?

2. 假如你是张经理,你在制定下一年的餐饮经营预算时会采取哪些措施?

第八章 →

酒店餐饮的挑战与创新发展

学习导引

社会在发展,时代在进步。随着社会财富的增长、人们消费需求的变迁,服务业开始向新的经济形态转移,在给酒店餐饮创造众多机遇的同时,也使酒店餐饮面临严峻的挑战。在新发展时期,酒店餐饮应该利用机遇,迎接挑战,与时俱进,变革创新,以创造竞争优势,实现可持续发展。本章就酒店餐饮的挑战与创新发展提供一些基本的准则、思路与方法。

学习重点

通过本章学习,学生应该重点掌握:
(1)审时度势、与时俱进的思维方式;
(2)酒店餐饮消费的基本趋势及对策;
(3)酒店餐饮业态面临的挑战;
(4)酒店餐饮创新的意识、重心与机制。

第一节　酒店餐饮消费趋势

市场经济是消费者经济,要赢得市场就必须赢得消费者。餐饮经营者必须仔细研究和揣摩消费者的消费欲望、消费心理和消费行为,以便为消费者提供所需的餐饮产品。

一、多样化

约瑟夫·派恩(B. Joseph Pine Ⅱ)与詹姆斯·H. 吉尔摩(James H. Gilmore)1998 年在《哈佛商业评论》上发文指出,体验经济时代已经来临。① 人们消费不仅仅是为了满足基本生

---

① Pine Ⅱ B J,Gilmore J H. Welcome to experience economy [J]. Harvard Business Review,1998,76(4):97-105.

理需要,还希望得到精神层面的满足,希望消费能够给其带来全新的过程体验,甚至是改变其原有的某些习惯、观念、特性等。[①] 在新的环境条件下,酒店餐饮消费呈现多样化的趋势,主要有以下五种类型。

1. 便利型消费

便利型消费,即以注重服务场所和服务方式的便利为动机的消费行为。该类消费行为的顾客大体有两种:一是生活方式简单、时间观念强的顾客;二是消费时间紧迫(如赶飞机、参加商务活动等)的顾客。这类顾客的共同特点是希望在接受服务时能方便、迅速、快捷。

为了满足这类顾客的需求,酒店餐饮经营首先需要考虑是否设置该类功能的餐饮设施、如自助餐厅、快捷服务餐厅等。如没有此类设施,则须在服务流程设计时,设置个性化服务项目,以方便顾客为宗旨,尽可能简化服务程序,提高服务效率,以提供便利、快捷、准确的服务。

2. 求廉型消费

求廉型消费,即以注重餐饮消费价格的低廉为主要动机的行为类型。这类顾客大都精打细算,具有节俭心理,十分注重菜点和服务收费的价格。

该消费群体虽说不是酒店餐饮的目标顾客,但在酒店住店顾客中,不乏有一些这种消费类型的顾客。所以,酒店也必须予以足够重视,尽可能使该类顾客能够找到他们所需要的餐饮产品。

3. 享受型消费

享受型消费,即以注重物质与精神享受为主要动机的消费行为。这类顾客一般都具有一定的社会地位和经济实力,他们比较注重用餐环境、服务档次,对价格则不太敏感。这类顾客应该说是酒店餐饮经营的主要目标群体。

为了满足这类顾客的需求,酒店不仅要注重餐饮设施、菜点及服务的设计,还必须注重员工素质的提升,加强服务现场的管理,给顾客提供愉悦、美好的餐饮服务。

4. 求新型消费

求新型消费,即以注重新颖、时尚、稀奇为主要动机的消费行为。这类顾客往往个性张扬、标新立异,属于典型的感性消费者,即以个人的喜好为购买决策标准,对餐饮产品"情绪价值"的重视胜过"机能价值"。

为了满足这类顾客的需求,酒店餐饮经营必须具有"新、奇、特"的理念,积极开展各种创新活动,做到餐厅装修别具一格、菜点制作别出心裁、服务提供独具神韵。

5. 健康型消费

健康型消费,即以注重食物的营养保健作用为主要动机的消费行为。这类顾客希望通过食疗达到营养保健的目的。回归自然、追求健康和无污染的绿色食品是这类顾客的主要需求。

为满足这类顾客的需求,酒店不仅要在菜点的原料上下功夫,还要注重开发符合营养保

---

① Pine Ⅱ B J, Gilmore J H. The Experience Economy: Work is Theatre & Every Business a Stage [M]. MA: Harvard Business School Press, 1999.

健需求的菜品,注重员工健康养生知识的培训,提高餐饮养生保健服务的专业水平。

二、圈子化

俗话说,物以类聚,人以群分。随着体验共享时代的到来,餐饮顾客消费日益呈现圈子化趋势。

圈子,是指具有相同兴趣爱好或者为了某个特定目的而联系在一起的人群。圈子里的人有可能是具有同一种生活品位,又或者是有相同的休闲爱好。大的圈子如商业圈子、娱乐圈子、文化圈子,小的如"驴友"圈子、摇滚音乐圈子、美食圈子等。随着移动互联网的发展,消费者的圈子化倾向日趋明显。曾几何时,一个人表达对另一个人的热情时,往往会邀请这个人到家中吃饭。现如今,小圈子的活动几乎都会选在酒店、酒吧等地方,而不是在家里。大家围坐在一起,饮饮茶、喝喝酒、聊聊共同感兴趣的话题,交流彼此获取的不同信息,既得到放松,也可从中受益。

这一趋势对酒店餐饮经营提出了精准化、细致化等管理要求,需要思考如何创造不同的餐饮产品以满足不同小众顾客的需要。

三、分享化

分享,是指与别人共同享受(欢乐、幸福、好处等)。分享的目的主要是传递信息、展示自我、社交及宣扬理念等,从情感的角度,任何引起人欢乐、灵感、震惊、惊喜等的事物都能激发人们分享的欲望。在网络高度发达的今天,自媒体已成为人们交流与传递信息的主要方式,而分享则是人们一种追求自我实现精神满足的行为。在体验经济时代,顾客到餐厅消费,希望得到分享的素材与谈资。

这一趋势告诉酒店餐饮经营者,要提高顾客的认可度,必须注重为顾客提供具有分享价值的用餐经历。具有分享价值的用餐经历主要包括三个方面。

一是独特的经历,即与众不同的餐饮体验。从目前中国餐饮经营实践来看,吸引顾客的餐厅都具有一些别出心裁、独具神韵的特点,如有体现品位特色的、有体现时尚特色的、有体现文化特色的、有体现浪漫的、有体现小资特色的。总之,只有让顾客察觉新意、感受特别,才能在众多品牌中脱颖而出。

二是愉悦的经历,即给顾客全方位的美好感觉。随着人民物质生活水平的提高、消费意识的改变、精神压力的增加,从饮食中寻找愉悦,越来越被人们看重。酒店除了烹制出美好滋味的食品来满足顾客由感官而至内心的愉悦追求外,还应注重上菜方式、用餐方式的创新,追求一种独特的用餐氛围。当然,不同的顾客在不同的用餐时间与场合,会有不同的目的与追求。

三是有价值的经历,即满足顾客的功能性与精神性需求。对现代餐饮消费者来说,餐厅是他们社会交际、商业洽谈、联络感情的舞台,能够展现其个性与身份。顾客正逐渐从"价格敏感型"向"价值敏感型"转换,他们关注的往往是全方位的价值感体验,而不单单关注消费金额。所以,如何在产品、服务和环境等方面全方位打造高价值感的就餐体验,是酒店餐饮经营者值得深思的问题。

四、绿色化

随着人们对环境污染、生态平衡、自身健康等问题的关心程度日益提高，现代人在餐饮消费上开始奉行"味美和营养并重"的消费理念，人们不仅追求菜品的口味，更加看重菜品的健康与营养价值，无公害、无污染的绿色食品及保健食品越来越受到广大消费者的欢迎，餐饮将朝着营养化、健康化的方向发展。在中国，轻盐、轻糖、轻油、轻脂肪、轻调味品的"五轻"烹饪原则被越来越多的消费者所追捧，追求"低盐、低油、低热量"、强调"本色、原味道和清淡"将成为菜点制作的一种基本趋势。

这一消费需求趋势告诉我们，酒店餐饮必须向绿色餐饮方向靠拢，要本着"营养、卫生、科学、合理"的原则，积极为顾客提供绿色的餐饮产品。

五、网络化

在移动互联网时代，人们越来越依赖网络，互联网已成为消费者获取餐饮信息、预订餐饮产品与评价餐厅优劣的主要渠道。应该说，互联网平台是一面放大镜，它既会成倍提高优质餐饮品牌的知名度，同时也会加速淘汰那些诚信度较低的餐饮品牌。

这一趋势表明，酒店的餐饮要想创造卓越的口碑，就必须充分借助网络平台，加强宣传促销，提供便捷服务，利用网络的一对一和交互式功能，加强与顾客的沟通，进一步了解顾客需求及其变化，提供高附加值的产品，共同创造和满足个性化的需求，提高顾客的满意度。

扩充阅读　煎熬的餐饮业，正迎来七大变化

扩充视频　餐饮消费与市场分析

第二节　酒店餐饮面临的挑战

酒店要想掌握餐饮市场竞争的主动权，就必须清晰地认识酒店餐饮面临的挑战，未雨绸缪，积极应对。从未来趋势来看，酒店餐饮的竞争压力日趋增大，主要呈现以下态势。

一、社会餐饮的挑战

社会餐饮，是指市场上除酒店餐饮外的与其具有同样功能和替代功能的产品的生产者。曾几何时，在消费者的心目中，社会餐饮管理水平较低，员工整体素质不高，缺乏标准化和规范化，常常采用低价劣质的原料，饮食安全难以保证等。然而，时过境迁，一部分社会餐饮博采众长，扬长避短，转型升级，脱胎换骨，跃上了一个新的台阶。

（一）餐饮名店层出不穷

近年来，我国餐饮市场上中高端社会餐饮名店不断涌现，且竞争优势日益明显，主要体现在以下三个方面。

1.组织优势

社会餐饮名店管理层级少，机构简单，信息传递速度快，管理者往往就是餐馆老板，餐馆老板亲自抓管理，且敢于创新，因而对市场反应敏锐，推向市场的速度也很快，时时有"新鲜卖点"。

2.特色优势

能与酒店餐饮竞争的社会餐饮名店，大都主题鲜明、环境幽雅、独具风格、菜式特色鲜明。此外，社会餐饮大都服务方式灵活，提供亲情化服务，富有亲和力，顾客就餐时感觉轻松、随意。这在人们普遍感到压力巨大的今天，优势日益凸显。

3.采购优势

社会餐饮名店采购制度灵活、环节少，有些餐馆老板亲自采购或直接管理，既充分保证原料的独特性与新鲜度，又较好地控制了采购成本。

（二）休闲餐饮遍地开花

休闲餐饮业态，是指含有休闲成分的，以轻松、自由为主要特征的餐饮业态。休闲餐饮带给顾客的利益点远非餐饮本身，而是落在"休闲"上，诚如请客吃饭的目的远非吃饭，而是会友、聚会、商务洽谈、休闲享受等。广义上来说，凡是能够满足顾客休闲时光需要的餐饮设施均属于休闲餐饮业态，比如各种咖啡馆、茶餐厅、酒吧、茶室、夜宵店、大排档、蛋糕店、奶茶店等。狭义上的休闲餐饮则是能提供正餐的休闲餐厅。从酒店餐饮经营角度，凡是具有替代酒店餐饮产品功能的餐饮设施均是酒店的竞争对手，但本教材中的酒店均指高端酒店，其客源市场是指具有较高品位与消费水准的消费者，所以与酒店餐饮构成直接竞争关系的主要是中高端的休闲餐厅、酒吧、茶室等。当然，其他休闲餐饮业态也会对酒店某些餐饮产品构成一定的威胁。

休闲餐饮是餐饮业适应休闲消费需求的一种体现。市场经济的高效率、快节奏使人们

只能在食堂、办公室匆忙吃完标准化、毫无个性的快餐，这使得人们工作时的饮食生活日益工作化、简单化、程序化，但随着人民生活水平的提高及劳动时间的缩短，人们希望在休闲日吃得轻松、吃得开心，也就是在休闲、自由的环境中享受餐饮生活，休闲餐饮已逐渐成为人民生活的必需。

目前，我国的休闲餐饮店一般都有自己独特的风格，装修比较考究，能让消费者释放自己的压力，舒缓紧张的心情，娱乐自己。一些休闲餐饮店通过温馨的用餐环境、舒缓轻松的音乐，营造愉悦的用餐氛围，使顾客就餐时心情愉悦。一些休闲餐饮店以独特的美食及展示方式，让顾客获得视觉、味觉、听觉、触觉上的多重美妙体验。如展示滋味纯正的现切牛排、令人难忘的手工寿司等，以及美式、日式、法式等各色美食的最直白呈现，这类休闲餐饮店自然成为都市年轻人大快朵颐的最佳场所。一些休闲餐饮店具有餐饮与娱乐的双重属性，兼营早茶、下午茶，各种甜点、饮料、咖啡应有尽有，无线网络信号强大，凭借优雅的环境、轻松的氛围、精致的简餐、人性化的服务满足顾客的用餐需求，成为吸引年轻顾客的亮点。当然，一些特色酒吧更是凭借独特的环境、轻松或刺激的氛围、丰富多彩的体验等，得到众多年轻人的青睐。所有这些，均对酒店餐饮业务构成了极大的冲击。

（三）预制菜点异军突起

预制菜，是指运用现代标准化流水作业，对菜品原料进行前期准备工作，简化制作步骤，经过卫生、科学包装，再通过加热或蒸炒等方式，就能直接食用的便捷菜品。预制菜一般可分为四种类型：开袋即食食品、开袋即热食品、开袋即配食品和开袋即烹食品。前两种以火腿肠、自热火锅等产品为代表，后两种则分别指加工、拼配好的食材以及有调料包直接可以下锅烹饪的半成品食物。预制菜简化了烦琐的买菜、洗菜、切菜等各种步骤，解决了家宴等宴席菜制作程序繁杂的问题，既兼具品质又兼具口感，迎合了当下年轻消费群体的生活方式和消费习惯。近年来，预制菜的菜品、菜系正在不断更新，为越来越多的顾客所推崇。由于酒店餐饮顾客本地化的特征，预制菜无疑是酒店餐饮产品的一个强有力的替代产品。

二、服务对象的挑战

随着国内经济水平的不断增长，酒店餐饮市场不断变化，国人的消费观念也发生了翻天覆地的变化，进入了新消费时期。如今，酒店餐饮市场依然呈现出供大于求的局面，顾客有了充分的选择空间，掌握了竞争的主动权。在此背景下，制约消费潜力释放和消费升级的主要矛盾已经转向了供给端的产品和服务生产。服务对象的挑战主要表现在四个方面。

（一）消费需求迭代升级

目前，我国顾客消费需求已呈现迭代升级趋势，在此背景下，顾客不仅关注酒店餐饮产品的核心功能，更注重产品的附加价值，主要体现在以下三个方面。

第一，顾客更在意餐饮产品的整体视觉和审美，其精神价值是顾客关注的核心需求。这种价值包括基于消费氛围、产品审美为顾客带来的消费体验以及体验所带来的精神和心灵上的满足。近年来，颜值经济盛行，顾客更倾向于选择高颜值、提高自身幸福感的产品。未来，有着商业审美力和生活美学观的酒店对于消费客群有着更强的吸引力。

第二，顾客对美好生活的追求决定了顾客对健康生活方式的追求和释放繁重压力的渴望。可以预见,未来酒店需以空间和设施设备为载体,提供包含健康有机饮食理念和精神疗愈服务的产品和服务,让酒店成为都市人群的心灵驿站,这将是一种趋势。酒店餐饮产品价值之一是延续奔波在路上的商旅顾客以及休闲度假顾客的健康生活方式,满足顾客的心灵需求。

第三,顾客对线上渠道的需求更加强烈与挑剔。虽然酒店是较早拥抱互联网经济的行业之一,但是从 OTA 到微博、微信,再到抖音、小红书、B 站等,顾客的网络社交步伐一直在前进。新的社交工具为酒店带来新流量的同时,也为酒店营销带来新的挑战。为了迎合年轻人的消费心理,酒店线上营销需要更加生动和多元,不能固守现有的营销阵地,而需要多采用年轻人喜欢的渠道,让酒店营销触达未来 10 年消费主力的年轻圈层。

(二)消费经验日益丰富

如今,顾客的餐饮消费经验非常丰富,他们不仅有众多国内不同酒店的餐饮消费经历,还有国外许多不同酒店及餐馆的餐饮消费体验。同时,在新消费时代,餐饮消费行为通过数字技术等新技术、线上线下融合等新商业模式以及基于社交网络和新媒介的新消费关系所驱动。在线点评、网络红人"种草"、酒店直播等平台的推广和共享,使得顾客能够更加便捷和广泛地获取餐饮消费信息,帮助顾客积累消费知识,进而降低因为为"酒店提供体验产品"而造成的信息壁垒。可以说,目前我国酒店已经真正进入了一个"专家消费"的时代。

(三)消费层次不断提高

人们对餐饮的需求与其他需求一样,具有层次性。首先,餐饮消费的基本需求是生理与安全需求,即吃饱、吃好,并保证人身与财产安全。其次是尊重需求,即受到热情接待,不因为消费多寡而遭受不同待遇。再次是审美需求,即感到赏心悦目,有一种美的享受。最后则是自我实现之需求,即自我个性的张扬,自我情感的满足,自我身份的凸显,此层次需求满足的最高境界是能给顾客提供凸显尊贵餐饮体验的"炫耀资本"。当然,在不同的地域环境中,人们的消费观念、消费偏好、消费口味是完全不同的,而顾客的生活方式、价值观念、年龄、受教育程度、职业特点等,都会给餐饮消费需求带上明显的人性差异色彩。同时,顾客在不同的阶段与不同情景下,具有不同的主导需求。在新消费时代,相当多顾客的消费行为呈现出理性与情感同频的情况。一方面,顾客希望通过酒店消费以及品牌选择来表达自我观点,拥有独立个性的身份标签,注重创意与美感,因此他们愿意为兴趣买单,愿意为颜值付费,更愿意"种草"具有设计感和高级感的产品和服务。另一方面,他们也强调功能和质量,追求性价比。

(四)维权意识逐年增强

顾客的维权意识,主要是指顾客对自身与消费相关的权益的知悉程度及在权益遭受侵害时的维权意愿。维权意识包括相关的两个方面:一是"权"的意识,即顾客对自身权益的知悉程度,可称知权意识;二是"维"的意识,即顾客发现自身权益遭受侵害时,自觉采用各种途径予以维权的意愿,可称维护意识。知权是维权的前提,知权意识是第一位的、基础性的,但知权而不维权,则是维护意识不强的表现。随着市场竞争的加剧、顾客经验的丰富和我国顾客权益保护法规的不断完善,酒店顾客的维权意识与维权能力也逐渐增强。

目前,餐饮顾客维权意识与能力的增强主要表现在:一是随着国家普法教育的深入与各种媒体的宣传,顾客对自身权益的知晓度大大增加;二是顾客对酒店的餐饮宣传推销,具有

较为理性的鉴别与选择，如有夸大与不实宣传会进行举报或索赔；三是在餐饮消费中，顾客遭遇自认为不公、不合理的服务时会及时投诉，并要求得到合理解释与补偿；四是酒店未及时处理自己的投诉或处理结果未达到自己要求的，顾客会通过媒体发声和曝光，给酒店造成舆论压力；五是面对一些餐饮消费纠纷，顾客会通过消费者协会等团体与机构协调解决，甚至通过法律途径解决。这就要求酒店必须真正确立"顾客至上"的服务理念，实施零缺陷品质管理模式，最大限度地保障顾客的合法权益。

三、经营环境的挑战

随着政治、经济、文化环境的变化，酒店餐饮经营的总体压力在不断增大。

（一）餐饮高端消费下降

酒店餐饮经营的主要目标客户是具有生活品质追求的高端顾客。多年以前，中国酒店的餐饮收入主要来源于"两款"消费，即"公款"与"大款"。随着中央反腐倡廉、转变作风举措的不断深入，公款消费大大压缩；同时，随着中国经济进入新常态及人们消费观念的变化，大款消费也明显呈下降趋势。所以，在未来较长时间内，餐饮人均消费水平总体将呈下降趋势。

（二）餐饮经营成本上升

随着我国向着"两个一百年"奋斗目标迈进，以及国家社会福利保障系统要求的逐步完善，未来餐饮人工成本必然不断上升。同时，餐饮原料成本也因为整个社会人工成本的上升而随之不断上涨。此外，可持续发展是中国实现高质量发展的一个重要标志，而可持续发展的重要标志是资源的永续利用和良好的生态环境。在过去的几年及未来的发展中，中国政府对于生态环保的要求越来越高。这不仅对酒店的经营管理提出了更高的要求，而且也会直接导致酒店生态与环境保护成本的上升。

（三）安全管理成本增大

随着国家安全生产的法规的进一步实施及国家对人权等问题关注度的提高，酒店餐饮经营安全管理的风险将有所增大，由此导致酒店餐饮经营的安全管理成本也随之增加。

（四）舆情危机一触即发

互联网与自媒体的迅速发展，既为酒店餐饮经营管理创造了条件，但也带来了巨大的挑战。由于文化的多元化以及酒店餐饮品质评价的主观性等原因，酒店餐饮经营的一个正常举措可能就会引来某种曲解而导致"网暴"，酒店餐饮营销与服务的一个小小失误，可能就会被无限放大，甚至引发严重的舆情危机。这就要求酒店必须做到防患于未然，完善舆情管理体系。同时，要求酒店管理的决策必须瞻前顾后、深思熟虑，管理的执行必须环环扣紧、步步到位、注重细节、追求完美。

四、行业属性的挑战

酒店餐饮作为一种餐饮业态，具有一些餐饮业态的自身属性，而有些属性本身就是对酒店餐饮经营者的严峻挑战。

（一）高接触性

高接触性，就是酒店餐饮服务活动是一种人对人、面对面的人际交往活动，酒店餐饮的服务水平高度依赖于员工的情绪、态度与技能。其他类型企业的员工的情绪与技能是影响产品质量的重要因素,而酒店餐饮员工的情绪、态度、技能直接构成酒店餐饮服务的水平,并直接形成顾客的体验。与此同时,酒店餐饮是以手工劳动为基础的企业,要保证酒店餐饮业务的正常运行并保持必要的品质,就必须有足够的人力资源作为保障。

酒店餐饮业态的这一特征,至少给酒店餐饮管理提出两个特别要求:一是建立酒店餐饮服务规范,加强员工培训,提高酒店餐饮从业人员的职业素养,关注员工情绪、实行快乐工作管理、激发员工积极性,是提高酒店餐饮服务品质的重中之重;二是在人工成本不断上涨的背景下,加强酒店餐饮人力资本的投资管理,合理控制人工成本,提升企业效益、增加员工收入,这是酒店餐饮管理的重要课题。

(二)高竞争性

市场供求关系决定酒店的竞争关系,而进入和退出壁垒则决定了酒店竞争的强度。酒店餐饮是高度市场化的企业,基本上没有进入的壁垒,但酒店本身的建筑和设施等特性又导致退出具有较高的壁垒,这就决定了酒店餐饮必定是高度竞争的产业。同时,酒店业是对外开放的行业,这就决定了酒店业必然存在着国内市场国际化、国际竞争国内化的现实。

酒店餐饮业态的这一特征,要求酒店餐饮管理者必须有全球视野与危机意识,充分认识到竞争的必然性与残酷性,懂得市场竞争之道,敢于竞争,善于竞争。

(三)高风险性

经营风险,即经营出现困境的不可确定性与不可控制性。由于酒店餐饮需求并非顾客的日常必需品,同时酒店餐饮业务基本上以人流为基本条件,所以,酒店餐饮易受到各种环境的影响而带来不同的风险。影响酒店餐饮需求的主要因素有四个:一是社会政治因素,即国家政策、社会秩序、外交关系等;二是文化因素,即社会习俗、舆论导向、消费观念等;三是经济因素,即市场经济的发展程度、国民经济的发展水平和人们的消费能力等;四是自然因素,即自然环境与条件,如气候变化、自然灾害、疫情冲击等。上述四个因素是变化的,同时也是酒店所不能控制的。而这些因素的变化将直接影响酒店餐饮的经营,导致酒店餐饮业务具有较大的波动性与风险性。

酒店餐饮业态的这一特征,要求酒店餐饮管理必须未雨绸缪,优化餐饮经营业务,增强抗风险能力。同时,酒店餐饮管理者必须对客观环境保持高度敏感,并对环境变化做出快速反应,以减少酒店餐饮经营的风险。

扩充视频　　　市场竞争态势分析

第三节　酒店餐饮创新发展

面对顾客消费需求的变化，以及餐饮市场竞争程度的加剧，酒店餐饮要想生存与发展，唯有与时俱进、变革创新。

一、创新意识

创新意识，是指人们根据社会和个体生活发展的需要，引起创造前所未有的事物或观念的动机，并在创造活动中表现出的意向和愿望。它是人类意识活动中的一种积极的、富有成果性的表现形式，是人们进行创造活动的出发点和内在动力。创新意识包括创造动机、创造兴趣、创造情感和创造意志。

（一）创造动机

创造动机是创造活动的动力因素，能推动和激励人们发动和维持创造性活动。创造动机源于居安思危、不断进取的意识。作为酒店餐饮管理者必须强化以下四个意识。

1. 逆水行舟，不进则退

现代社会瞬息万变，市场竞争日趋激烈。酒店餐饮经营绝对不能安于现状，必须与时俱进，否则就会被淘汰出局。

2. 千里之堤，溃于蚁穴

事情的发展是一个由小到大的过程，当存在微小的安全隐患时，如果不给予足够的重视和正确、及时处理，就会留下无穷后患。所以，在实际工作中要防微杜渐，从小事做起，避免事故或灾难的发生。

3. 巅峰之日，危险之时

酒店餐饮经营最好的时候，实际上也是最危险的时候。因为此时忙碌的员工的神经最为麻木，反应也最为迟钝，很难感到外界的变化，对顾客的某些需求往往也无动于衷。

4. 人无远虑，必有近忧

一个酒店若没有长远的考虑，就一定会出现眼前的忧患。酒店餐饮经营必须立足当前、放眼未来，既要对今日的工作总结反思，做到尽善尽美，也要对明天的工作深谋远虑，做到未雨绸缪。

（二）创造兴趣

创造兴趣是促使人们积极探求新奇事物的种心理倾向，能促进创造活动的成功。没有好奇，就不会有创造和创新。创新思维追求的好奇包括两个方面：一是求新，即主要表现为追求新观点、新设想、新方案、新规则等；二是求异，即主要表现为对一些司空见惯的现象或已有定论的观点等进行怀疑和批判，用转向、多向或逆向思维加以思考。酒店餐饮从业人员的创新求新求异兴趣主要可从以下四个角度加以培养。

1. 逆向创新

逆向创新，即对司空见惯的、似乎已成定论的事物或观点反过来思考的一种思维方式。

比如,大众酒店餐饮品牌一般采用价廉物美的营销策略,而高端酒店餐饮品牌则可运用逆向思维,采用物以稀为贵的营销策略。

2.纵向创新

纵向创新,即沿着一个问题,按照既定方向,由浅入深、由低到高,从而创造新发现与新思路的思维形式。比如把顾客的用餐价值从吃饭的功能价值提升到享受的体验价值。

3.侧向创新

侧向创新,即利用其他领域的知识和资讯,从事物或问题的侧(横)面进行思考,从而寻求新答案的思维形式。比如酒店餐饮从自主经营到合作经营、外包经营的转变。

4.优化创新

优化创新,即通过对事物进行有机组合、演绎归纳、系统提炼等,寻找新答案的思维方式。比如优化酒店餐饮产品设计,以达到既有效提升顾客价值又合理控制企业成本之目的。

(三)创造情感

创造情感是引起、推进乃至完成创造的心理因素,只有具有正确的创造情感才能使创造成功。在此,创新的灵感至关重要。灵感是一种突发性的心理现象,是有关心理因素协调活动所涌现出的最佳心理状态。创新思维往往处于灵敏的状态中,表现为注意力的高度集中、想象的骤然活跃、思维的特别敏锐和情绪的异常激昂。

(四)创造意志

创造意志是在创造中克服困难、冲破阻碍的心理因素。创造意志具有目的性、顽强性和自制性。而要增强创造意志,关键必须打破员工头脑中已有的一些思维定式,确立"一切皆有可能"的信念,张开想象的翅膀,然后通过训练,不断提高创新思维的能力。

1.从众思维定式

所谓从众,就是跟在众人后头,随大流,别人做什么自己也做什么,别人怎么做自己也怎么做。从众的最终表现是高度的一致性。在现实生活中,从众心理和从众思维十分普遍。这一方面是屈服于群体的压力,不愿意因自己与众不同而遭受群体攻击;另一方面,则是因为人心里可能都有"跟着大家走没错"的认识,以消除害怕和恐惧,获得安全感。要打破从众思维定式,就应该确立"真理往往掌握在少数人手中"的理念,培养敢为人先、标新立异的思维方式,养成凡事多问为什么的思维习惯。

2.权威思维定式

权威是一种思维的标尺和参照,任何领域都有权威存在。权威靠深厚的专业知识来确立,所以又称"专业权威"。在工作或生活中,人们往往习惯于引证权威的观点,以说明自己说法或行动的正确性。而一旦发现与权威相背离的观点或做法,便会想当然地认为其必错无疑,甚至大加批判。这就是典型的权威思维定式。要打破权威思维定式,关键是要破除"专家迷信",防止权威泛化。要学会正确审视权威,第一,要确认是不是本专业的权威;第二,要确认是不是本地域的权威;第三,要确认是不是当今的权威;第四,要确认其言论是否与其自身利益有关。此外,要意识到专家也是人,也会有失误与犯错的时候。

3.经验思维定式

经验思维,即人们过于依赖经验而形成固定的思维模式。其实,经验是一柄双刃剑,用

得好对任何人来说都是难得的宝贵财富，但人的思维如果陷入经验当中拔不出来，形成一种非常牢固的定式，就会变成阻碍个人创新或发展的强大阻力。要破除经验思维定式，关键必须意识到经验的局限性，任何经验都存在时空狭隘性和主体狭隘性。同时，必须意识到世界是复杂和千变万化的。

4. 书本思维定式

书本思维，即书本是经验的总结和提升，是理论化系统化的知识。换句话说，知识传达的是世界的"理想状态"。因此，学习书本，但不能迷信书本。毕竟理论与现实总是有一定差距的。如果迷信书本，照本宣科，不假思考，就可能脱离实际。在知识经济时代，知识传播越来越快，而有效期却越来越短，任何人要想获得发展，都要不断地从书本中学习新的知识并加以应用，而应用的过程实际上就是创新的过程。

二、创新重心

从理论上来说，酒店餐饮创新应该是多角度、多层次、全方位的，但酒店的资源总是有限的，所以应该有所选择，有所聚焦。从目前中国酒店餐饮的实际出发，以下创新则是重中之重。

（一）模式创新

模式创新是指餐饮盈利模式创新。盈利模式，就是企业通过特有的方式来创造顾客价值并获取利润的商业行为。盈利模式创新，简言之就是企业以新的有效餐饮经营方式赚钱。从某种意义上来说，这是酒店餐饮战略层面上的创新，也是一种系统性的创新。盈利模式创新应以价值创造为中心，协调好以下四个基本点。

1. 盈利对象

盈利对象，即酒店餐饮产品或服务的顾客，解决的是企业向谁提供价值。在餐饮经营过程中，酒店需要特别关注市场发展趋势，不断优化目标客源结构，精准把握目标顾客的消费倾向，以便做到将最合适的产品提供给最合适的人。

2. 盈利来源

盈利来源，即酒店餐饮通过什么来赢得顾客，创造餐饮收入。其主要包括三个方面：一是酒店餐饮产品的价值；二是酒店餐饮产品的提供方式；三是酒店餐饮吸引顾客的各种活动。盈利模式创新，需要通过发散与求异思维，打开思路，独辟蹊径，找到视角独特、前所未有、与众不同的盈利来源。

3. 盈利结构

盈利结构，即酒店餐饮的收入及比重。盈利模式创新要特别注重明确不同餐饮设施的功能及在创收中的地位，哪些是配套餐饮服务设施？哪些是特色餐饮服务设施？哪些是核心餐饮服务设施？哪些是免费产品？哪些是微利产品？哪些是关键盈利产品？酒店必须根据抓大放小、扬长避短的原则，合理配置酒店资源，以形成理想的餐饮收入结构。

4. 盈利屏障

盈利屏障，即酒店在技术、服务、营销与管理上构筑的进入与模仿壁垒以避免其他企业掠取自身的盈利，保障自身持续盈利。所以，盈利模式创新往往需要组织结构、资源配置、流程管理、管理机制等多方面的变革与优化，以形成酒店餐饮自身的核心竞争力。

(二)产品创新

餐饮产品主要由环境氛围、设施设备、实物产品(菜肴、点心、酒水、饮料等)、现场服务四个要素构成。产品创新，即通过整体或某个要素的变革，给顾客创造一种新的体验。餐饮产品创新必须以创造理想价值为目标，以顾客体验为主线，以优化提升为基本方式，努力做到人无我有、人有我优。产品创新的基本路径主要有三种：一是创造全新产品，即采用新原理、新结构、新技术、新材料、新方法研制的全新产品，这是过去人们未曾想到的产品；二是改进新产品，即采用各种技术，对现有的产品在性能、结构等方面加以改进，提高质量，以求得规格、式样等的多样化；三是仿制新产品，即市场上已经存在的，酒店通过模仿变革而生产出来的餐饮产品。

(三)营销创新

营销创新，即寻求营销要素在某一方面或某一系列的突破或变革，通过新的营销路径、方式与手段去达成营销目标。酒店餐饮创新，既要注重餐饮营销理念创新，也要注重餐饮营销渠道的创新，还要注重餐饮营销方法创新。

(四)科技创新

科技创新，是指在餐饮经营管理中采用新材料、新设备与新技术。科技创新的选择主要可以从以下四个方面考虑：一是提高顾客体验的新科技，如 3D 打印技术，全息技术等；二是提高餐饮工作效率的新科技，如手机 APP 自助点餐、结账、炒菜、送餐机器人及其他先进的厨房设备等；三是提高餐饮管理效率及精细化程度的新科技，如用全链路技术，高效协同，积累数据，形成针对酒店餐饮全场景的整体性数字化方案；四是提高餐饮安全性的新科技，如厨房安全新设备、食品安全检测新技术、厨房智能安防新技术等。

扩充阅读 **AR 餐饮**：万众瞩目的新技术将如何改变传统行业的未来

三、创新机制

创新机制，即不断追求餐饮创新的内在机能和运转方式。酒店餐饮创新活动是一个螺旋式上升的循环过程，它从创新设想的产生与形成到研究与开发，从创新内容的形成到创新结果的扩散，再到市场效益的形成，然后又由于市场需求发展再进入新一轮创新。在这个过

程中,既有顺序,也有交叉和交互作用,只有在正确有效的创新机制的支持和推动下,酒店餐饮创新活动才能真正得以不断循环,持续发展。

（一）创新动力机制

创新动力机制,即创新的动力来源和作用方式,是推动酒店餐饮创新实现优质、高效运行并为达到预定目标提供的一种机制。酒店餐饮创新的推动关键在于通过制定鼓励员工创新的政策和措施,以激发员工的创新积极性,从而推进酒店不断创新发展。根据美国心理学家维克托·弗鲁姆（Victor H. Vroom）的期望理论,酒店创新动力机制的设计,必须注意处理好以下三个关系。

1. 努力与成绩的关系

员工总是希望通过自己的努力达到预定的目标,如果自己认为通过努力有能力达到目标时,就会积极参与,竭尽全力;反之亦然。所以,酒店创新活动的目标设置要合理,要注意先进性与现实性的有机统一,并注意目标的层次性,让不同层次的员工都能通过参与活动得到收获,实现自己的目标。

2. 成绩与奖励的关系

一般情况下,员工总是期望能在达到预期的成绩后得到适当的奖励,以满足个人的需要。所以,酒店创新活动的方案必须注意给员工及时、适度的奖励。这主要体现在两个方面:一是激励的时机,要注意事前、事中和事后三个阶段的不同方式的激励;二是激励的力度,奖励程度要与员工做出的贡献相匹配。

3. 奖励与满足需要的关系

员工总是希望通过奖励来满足个人的需要。所以,酒店的奖励必须建立在员工需要的基础上,具有针对性。当然,由于员工之间存在不同的差异,酒店的奖励应该采取多种方式,以满足员工的不同需要。

扩充阅读   **弗鲁姆的期望理论**

（二）创新运行机制

创新运行机制,即创新管理的组织机构、运行程序和管理制度。酒店应注重建立知识、信息共享机制,建立学习型组织,完善创新项目的申报与认定机制,提高酒店整体创新能力。

扩充阅读　　　学习型组织理论

(三)创新保障机制

创新保障机制,即在创新利润的驱动下,酒店充分挖掘利用和发展内部资源并广泛吸纳外部资源,加强人才、技术、资金、信息等资源储备,不断谋求创新发展的保证机制。首先,要积极强化企业的人才优势;其次,要在技术与信息的基础上构建科学的机制;最后,要不断加大科研创新经费的投入,为员工从事创新提供必要的资金支持。

本章小结

(1)餐饮管理者必须仔细研究顾客的消费需求,准确把握餐饮消费趋势,以便为顾客提供所需的餐饮产品。目前,我国餐饮消费呈现出多样化、圈子化、分享化、绿色化、网络化的趋势,酒店餐饮经营者必须审时度势,采取相应的经营管理措施。

(2)市场经济就是竞争经济,酒店餐饮经营面临着经营环境变化、社会餐饮增强、服务对象成熟及行业自身属性的挑战,酒店餐饮管理必须扬长避短,苦练内功,增强优势,才能在竞争中站稳脚跟,求得发展。

(3)面对不断变化的经营环境与日趋加剧的竞争态势,酒店餐饮必须坚持变革创新,实现可持续发展。为此,酒店必须强化创新意识,找准创新对象、方向与方法,构建创新管理机制。

思考与练习

1.为什么要注重对餐饮消费趋势的研究?
2.除教材中提及的消费趋势外,还有哪些消费倾向?
3.酒店餐饮怎样应对经营环境变化的挑战?
4.在与社会餐饮名店的竞争中,酒店餐饮怎样做才能扬长避短?

5. 要增强员工的创新意识，关键要清除哪些障碍？

6. 酒店餐饮创新应确立哪些基本原则？

7. 通过网络学习或企业调查，你认为酒店餐饮服务可以在哪些方面进行创新？

8. 通过调查研究，你觉得酒店餐饮主要有哪些新技术值得应用？

案例分析

　　某酒店是一家按五星级标准建造的综合性商务会议酒店，地处某经济发达的地级城市。共有客房 526 间（套），自主经营的大小餐厅几十个（餐厅包厢 40 个），由社会某个餐饮机构租赁经营的餐厅 1 个，同时拥有配套的会议与康乐设施。

　　酒店开业的第一年，各部门营运基本正常，经营效益也达到了酒店预期。从第二年开始，客房与康乐等经营部门经营情况良好，尤其是房务部门，各项工作开始领先于其他部门，客房收益在当地同类酒店处于先进水平，但餐饮经营开始出现下滑，酒店的会议市场也因为餐饮经营不力而受到影响。总经理对于餐饮经营多次提出要求与建议，虽有一定的变化，但总体还是未能摆脱困境。究其原因，主要是餐饮总监比较保守，管理思路老是沉湎于过去的老经验。餐饮总监是从厨师成长起来的，具有烹饪高级技师职称，曾在其他酒店担任过厨师长、餐饮部经理。该酒店筹建时，他被聘为餐饮总监。在筹建及刚开业的第一年，他的经验为酒店餐饮正常运营起到了重要作用，也使酒店避免了一些重大损失。但是，随着顾客新鲜感的逐渐消失，加之其他酒店应对新酒店开业以后市场竞争加剧的针对性策略，该酒店餐饮经营缺乏创新与变化的弊端开始显现。随着时间的推移，这种劣势最终导致餐饮经营一路下滑。为了从根本上摆脱困境，酒店领导班子下决心调整餐饮部的管理人员。经过全面考察，最终决定让旅游管理专业毕业、现任总经理秘书的小李出任餐饮总监。

　　小李为中国某 985 大学旅游管理专业的毕业生，大学学习期间，曾经在国际品牌酒店餐饮部门实习过 3 个月。毕业以后在一家五星级酒店工作，做过总台服务员、总台领班、大堂副理。该酒店筹建时，他被聘入酒店，担任总经理秘书一职。小李此时可谓是临危受命，他非常清楚，根据目前餐饮部的现状，要想开创餐饮经营的新局面，就必须与时俱进、变革创新。于是，他决定根据酒店存在的问题，酒店面临的挑战及新时期餐饮业的发展趋势，制定一个餐饮部创新发展的改革方案。然而，他毕竟没有做过餐饮管理工作，在担任总经理秘书时虽也了解一些餐饮部的问题，但只不过是一些表面上的认知，餐饮创新究竟应该从哪些方面入手？管理变革又应该从哪些层面展开？方案确定后又如何实施？他陷入了深深的思考之中。

问题：

1. 该酒店餐饮经营出现的困境可以给我们哪些启示？

2. 小李要想制定切实可行的创新改革方案，需要做哪些基础工作？

3. 酒店创新改革方案实施，可能会遇到哪些方面的问题？应怎样防范与应对？

References

[1] 蔡余杰,纪海.场景营销[M].北京:当代世界出版社,2016.

[2] 蔡万坤.餐饮管理[M].4版.北京:高等教育出版社,2014.

[3] 蔡万坤,刘捷,于铭泽.餐饮企业市场营销管理[M].北京:北京大学出版社,2009.

[4] 戴桂宝.现代餐饮管理[M].2版.北京:北京大学出版社,2012.

[5] 方辉.餐饮企业营销模式与活动策划[M].广州:广东经济出版社,2016.

[6] 黄浏英.餐饮营销广告策划[M].沈阳:辽宁科学技术出版社,2000.

[7] 胡质健.收益管理[M].北京:旅游教育出版社,2010.

[8] 李光斗.事件营销[M].北京:清华大学出版社,2012.

[9] 李光斗.故事营销[M].北京:机械工业出版社,2009.

[10] 李勇平.酒店餐饮运行管理实务[M].北京:中国旅游出版社,2013.

[11] 罗伟,程丛喜,朱飞.餐饮实务与管理[M].武汉:武汉大学出版社,2014.

[12] 马开良.现代厨房设计与管理[M].北京:化学工业出版社,2008.

[13] 徐文燕.餐饮管理[M].3版.上海:格致出版社,2021.

[14] 王天佑.饭店餐饮管理[M].3版.北京:清华大学出版社,2015.

[15] 杨松霖.品牌速成大师[M].北京:中国经济出版社,2009.

[16] 吴坚.餐饮企业经营策略第一书[M].北京:中华工商联合出版社,2014.

[17] 周亚庆,邹益民.饭店员工管理新思维——快乐工作管理研究[M].天津:南开大学出版社,2008.

[18] 邹益民.现代饭店餐饮管理[M].3版.北京:中国财政经济出版社,2010.

[19] 邹益民,黄浏英.现代饭店餐饮管理艺术[M].广州:广东旅游出版社,2001.

[20] 邹益民,刘婷,王亮.饭店管理概论[M].北京:清华大学出版社,2016.

[21] 弗雷德里克·泰勒.科学管理原理[M].马风才,译.北京:机械工业出版社,2021.

[22] 迈克尔·波特.竞争优势[M].陈丽芳,译.北京:中信出版社,2014.

[23] 祖长生.饭店收益管理[M].2版.北京:中国旅游出版社,2021.

教学支持说明

    全国普通高等院校旅游管理专业类"十三五"规划教材系华中科技大学出版社"十三五"规划重点教材。

    为了改善教学效果,提高教材的使用效率,满足高校授课教师的教学需求,本套教材备有与纸质教材配套的教学课件和拓展资源。

    为保证本教学课件及相关教学资料仅为教材使用者所得,我们将向使用本套教材的高校授课教师赠送教学课件或者相关教学资料,烦请授课教师通过电话、邮件或加入旅游专家俱乐部 QQ 群等方式与我们联系,获取"教学课件资源申请表"文档并认真准确填写后发给我们,我们的联系方式如下:

地址:湖北省武汉市东湖新技术开发区华工科技园华工园六路

邮编:430223

电话:027-81321911

E-mail:lyzjjlb@163.com

旅游专家俱乐部 QQ 群号:758712998

旅游专家俱乐部 QQ 群二维码:

群名称:旅游专家俱乐部5群
群　号:758712998

华中科技大学出版社
http://press.hust.edu.cn

教学课件资源申请表

填表时间：_____年____月____日

1.以下内容请教师按实际情况写，★为必填项。
2.根据个人情况如实填写，相关内容可以酌情调整提交。

★姓名		★性别	□男 □女	出生年月		★职务	
						★职称	□教授 □副教授 □讲师 □助教
★学校				★院/系			
★教研室				★专业			
★办公电话		家庭电话				★移动电话	
★E-mail（请填写清晰）						★QQ号/微信号	
★联系地址						★邮编	

★现在主授课程情况	学生人数	教材所属出版社	教材满意度
课程一			□满意 □一般 □不满意
课程二			□满意 □一般 □不满意
课程三			□满意 □一般 □不满意
其 他			□满意 □一般 □不满意

教材出版信息						
方向一		□准备写	□写作中	□已成稿	□已出版待修订	□有讲义
方向二		□准备写	□写作中	□已成稿	□已出版待修订	□有讲义
方向三		□准备写	□写作中	□已成稿	□已出版待修订	□有讲义

请教师认真填写表格下列内容，提供索取课件配套教材的相关信息，我社根据每位教师填表信息的完整性、授课情况与索取课件的相关性，以及教材使用的情况赠送教材的配套课件及相关教学资源。

ISBN（书号）	书名	作者	索取课件简要说明	学生人数（如选作教材）
			□教学 □参考	
			□教学 □参考	

★您对与课件配套的纸质教材的意见和建议，希望提供哪些配套教学资源：